Grundtvigs Vidskabelige Skrifter

グルントヴィ哲学・教育・学芸論集 3

ホイスコーレ 下

N.F.S.グルントヴィ……著
小池直人……訳

風媒社

凡例

一　翻訳のもとになった諸テクストは「原テクスト一覧および訳注」に一括して掲げた。

二　訳文中の［　］内はすべて訳者による挿入である。

三　原注は各テクストの文中に＊を付して文中に掲げた。訳注は各テクストの文中に、（一）（二）（三）……の漢用数字を付し、巻末に一括して掲げた。

四　本書への写真の挿入とそのコメントはすべて訳者による。

五　訳文には現代的に見れば不適切な表現も用いられているが、著者の時代的制約のゆえのものであり、不適切ではあるがオリジナルのニュアンスに近い訳語を与えたところもある。

ホイスコーレ（下）■目次■

八　デンマークへの祝賀　79

＊参考資料

＊（上）目次

六　ソーアのデンマーク語

ホイスコーレ

スライプナーに乗るグルントヴィ
（コンスタンティン・ハンセン画、1846年）

グルントヴィはしばしば夢を話題にする。この挿絵で、彼はスライプナーに騎乗する夢を見ている。スライプナーは北欧神話の主神オーディンの乗る八本足の馬で、空を飛べ、冥界を含めて乗る者の望みの場に行けるといわれている。

（一）デンマークらしさと母語のための請願

白鳥のようなデーンの野を領す高貴な生まれの国王よ
この野で、仕合せの船はなお、その航跡をみごとに泡立てている
ヴァルハラの歌を引き継ぐスキョル王[一]の末裔は
その歌を木立の鳥たちのように思い起こす
ここに私はデンマーク民属の父に請い願う
国王の鏡[二]によって穏健さを尊び不正を憎むために
おお、耳を貸したまえ、この絶好の機会に

私が請い願うのは、権力と支配を共にするためではない
それらは分かたれずに、すべて国王クリスチャンの手のうちにある
我等の国王の手のうちにあり、高貴な者たちによって揺り動かされても
国王の愛の絆によってだけ取り直されるのだ
他方で、デーンの野は法の垣根に歓喜し
教会の尖塔はブナの森のように緑をなし

昼は夕べの歌とともに心地よい眠りに落ちる

私が請い願うのは、舌の束縛のためではない
信仰を守る主の盾のためでもない
自由に信じ、語り、歌うことを願うのだから
私は、デーンの野に住むすべての人々のために願うのだ
ただ一人だけが、恵みのために民の口をよくつぐませる
民の心を見抜けるその人だけが
信仰と思想にたいしてものをいい、手を施すのだ

私が請い願うのは黄金のためでも、緑なす森での安逸のためでもない
教会監督の座(三)のためでもさらさらない
私は、この世界との別離の日まで眼を見開きたいのだ
今や眼は満たされた心で、輝ける太陽を見るにちがいない
耳には鳥たちの歌声が木立のなかから聞こえる
心には暖かく、口には溶けるように
どんな日にも私に生のことばを届けてほしい

私が請い願うのは、女王（四）の復位ではない
彼女よりはるかに高貴で優しいものだ
当の彼女が王座にあれば、阿諛追従がめぐる
花咲く唇に口づけする小鳥たちによって
彼女は孤独に辛抱づよく仕えてきた
ヴァルデマーの（五）時代から意地悪い魔女たちにたいして
そして待ち続けたのだ、国王よ、貴方の黄金の時代を

陽光のもとで微笑んだ女王たちのなかにあって
かつて幾人もの唇が名指したこの上なく優しい女王は
野卑にたいする責めを負って召喚され
不当にも女王の座から追い払われ（六）
やがて「白黒はっきりして」無罪判決が言い渡されると
彼女は「すばらしい野と牧場」の女王と呼ばれたのだが
それでも意地悪い魔女になおも仕えたのだ

黄金の竪琴が奏でられる合唱隊の名において
緑の木立のなかのデンマークの女王のために
牧草地から集めた花々の輪のために
彼女の赤い唇から生まれる優しいことばのために
私は請い願う、国王よ、かつてのことだが
未亡人となった我等の女王を、ブラーギ（七）の正妻を
六百年にわたる不幸から救いたまえ

女性の名において、我等の心の喜びである女性の名において
デーンの野の最良の花輪は
自ずとこの上ない優美さで王座を飾り
茅葺の小屋にも輝きを投じる
私は請い願う、国王よ、この女王に幸を与えたまえ
彼女は優しさを、哀れを誘うように物語る
母語による歌謡のそれぞれによって

農民の名で作物は束ねられ

幼年期のスキョルの王座のために
フレゼリークやフレーゼ（八）のような人々の名で
暖かな手で直に冷たい広間にもたらされる
私は請い願う、国王よ、女王に栄誉を与えたまえ
その名は人々が用いることばに担われ
人々に知られるというより、むしろ優しく愛される

精神の名において、瞼に浮かぶのだが
星々は天空に蒼白く輝く
精神の名において、心のことばは愛され
そのことばは人魚の竪琴の調べと呼ばれる
私は請い願う、国王よ、女王の守護者となりたまえ
彼女を讃える調べは山々をみな越えてスウィングするだろう
精神が心の言語を語るならば

貴方の連合王国に風雅な学舎がある（九）
シェラン島の心臓部の、あざやかな湖のほとりに

静かに愛しい人を就けたまえ
小島にある緑の女王の座に
愛しく貴重な思い出の柔らかなクッションを添えて
思い出は青き光を放つ、我等の母の子どもらのもとに
その血が身体を巡るかぎり、その心臓が鼓動するかぎり

アクセル（一〇）が円筒の弧のもとに眠り
デンマークの貴人が闘士の花輪を纏うところで
老いた女王に民を謁見させたまえ
新時代の輝きのなかで麗しく若返った女王に
老いた者たちの心の調べと若人の心の調べとを
その場でデンマークのことばで、打ち解けさせたまえ
女王とデーンの国王を賞賛するために

そうだ、我等の古の女王がその座に栄誉とともに就くならば
青に染まった愛しい思い出の海辺のブナの木立のなかで
国王への賛歌は民謡の調べとともにある

雲雀や小夜なき鳥が囀るように
そこにヴァルハラでのように、死せる者たちが蘇り
毎朝、優しい心の調べとともに
クリスチャン（一一）のテーブルを囲んで座につく

おお国王よ、貴方は深く久しく感じてはいまいか
真のデンマーク人は野卑ではないことを
だが、デンマークの竪琴の調べのなかには
精神と心とがともに籠っている

おお国王よ、精神と心に勝利を与えたまえ
ライレの諸王（一二）の高らかな詠唱のために
ローマの皇帝どもに反抗する精神と心に

かくも優しい心と、かくも麗しい思い出と
かくも王国的で穏やかな吟唱詩人の合唱と
かくも素朴な農民と、かくも甘味な女性たちは
デーンの野のように、地上のどの国にもいるわけではない

ラテン語かぶれの者どもをどれほど怒らせようと
精神とともにある我等の請願を聞き届けたまえ
かの女王と民属のことばのための請願を

（二）国立デンマーク語ホイスコーレの概念

［母語の錬成の場としてのホイスコーレ］

母語は、祖国で錬成される少なくとも一つの場をもつべきである。母語がそれ自身のために、そして母語の名を広く知らしめる諸々の作品のために、錬成される一つの場をもつべきである。このことは私の古くからの主張で、誰もまだ「私を」宥めようと働きかけてくる者はいない。同様のことはもうひとつの主張にも当てはまる。すなわち、我が国で国家評議に「手工業者や農民」が議席を占めることが「予定され」冗談であってはならないのだから、デンマークで母語しか使えない人々が、民衆評議（一三）の座席に着くだけで彼らの声による表明は諦めるというのでなく、母語によって声をあげ、その声を妥当なものたらしめる［ことが肝心でその］ために必要な知識のすべてについて啓蒙が行われるひとつの場が、少なくともひとつの場がなければならないのだ。これら二つの問題を私は矛盾のないものとして前提にしている。だがそのような場がないということ、我が国には、母語と母語による［文芸］作品が［学習の］基本となるような公的施設がないということと、デンマーク語だけでできる人々がデンマークの市民として、その時代に国王の助言者として知りたいと願うにちがいないし、知る必要があるようなことについて啓蒙し情報を与える場がないということ、これらの二つの問題を矛盾のないものとして私は前提している。というのも、たしかに国王フレゼリーク六世は、未学の学生のために「ソーア・アカデミー」を開学したのだが、それがどのような具合になっているかといえば、［当該アカデミー開学の］許諾申請の半分の説明は［ラテン語による］未成年男子学校に仕上げるべきだとする関係者の主張に矮小化され、他の半分は、ごく最近編成された［養成］学校でまだ未学の学生にラテン語の時間を課すべきだと主張している。このことによって［ソーア・アカデミーの趣旨は］台無しになっているのである。

　しかしながら、国王フレゼリーク六世は、ソーアのアカデミーがとくにデンマーク語学芸に主権を与える場だと正しく判断した。デンマークの民衆の理にかなった主張、彼らが祖国を尊び、祖国に仕えるために啓蒙が必要だとした主張もまた明らかである。というのも、国王クリスチャン四世がソーアに設立し、クリスチャン七世（一四）が改装し、ホルベア（一五）が充実させた騎士のアカデミーは一連の時代の概念と要請にしたがって、まさしく愛国的ホイスコーレであったからである。それはたしかに、誤りによって［今から］二〇年弱前にラテン語派の無法に屈したにすぎず、［元来は］愛国的ホイスコーレであった。それゆえ、我々は、［現状における権力掌握者としての］［国王の鍵］がデンマーク語学芸への扉を開く第二の歩みに用いられ、ラテン語派がその扉を開けたまま容認することをあえて希望したい。

　この希望によってだけ、私はこれまでまったく何も達成されなかったと思える問題にかかわってもう一度ペンを執ることができるし、この前提によってのみ、どうしたらソーアのアカデミーが国立デンマーク語ホイスコーレになることができるのか、母語を用いるにふさわしく、あらゆる観点から祖国が必要とする、しかもまさしく民衆評議のために陽光に照らしてのように明らかに必要とする国立デンマーク語ホイスコーレになることができるのか、その方法について語ることが有益なのである。

［未成年男子の学問とその悲惨な帰結の克服］

　ところで、当のソーア・アカデミーがデンマーク語学芸を尊重し、デンマークに恵みをもたらすようなホイスコーレになることができるとすれば、まずなにより、コペンハーゲンの大学の付属施設であることを止めなければならない。したがって当のアカデミーは、以前のように自主的な管理運営を行うだけでなく、アカデミーに付設された［ラテン語］学校を卒業したラテン語派から自由にならなくてはならない。というのも、アカデミーによって最初の［学生資格］試験が行われ、二次試験で［ラテン語］講読が行われるかぎり(一六)、アカデミーはけっして学術探求をめざさない若者を対象とする民衆的陶冶形成を自由に行うようなあり方をしていないからである。

今まさにアカデミーは三つの仕方でラテン語派から自由になることができる。それは［第一に］ラテン語派がコペンハーゲンに異動し、彼らが他のすべての［ラテン語派の］人々と同様に良好に、二、三か所のアカデミーを保持できるという仕方か、［第二に、］デンマークにはラテン語学校［の数］は十分にあるのだから、［ラテン語］男子学校を［ある程度］廃止することによる、つまりそれほど損失にならないような学校を廃止することによるか、それとも最後に、［ラテン語］男子学校をデンマーク語学校に改組するという仕方によるかである。［とはいえ、］こうしたことがうまくいったとしても、現状では諸々の大きな困難が、おそらく乗り越えがたい困難があるのではあるが。

それゆえ、ラテン語作文が大学でのラテン語の乱筆やラテン語会話の義務と一緒に廃止されるとするなら、この未成年男子学校は、かつて設立されて固有の寄宿制度に結びついて以来の学術探求の学校であり続けること、そのような仕方で母語のために、より自然な発達のために何が行われるべきか、このことを示すのに利用されるのが最良であろう。このことで私は、第一の［学生資格］試験(一七)にラテン語作文の実施を禁じるべきだと、あるいは好きなだけ頻繁に大学でラテン語を書いたり話したりすることが禁止されるべきだと考えているのではない。というのも、学者・教養層の一部がまだ、ラテン語文法が「賢者の石(一八)」であり、ラテン語作文が思索深い人物の著書への入口だという信念をもっているからであり、彼らには、生きいきと自分たちの見解を主張する余地があってしかるべきだからである。啓蒙はつねに、ラテン語文章家の［ラテン語作文とは］別の有能さや学術的進歩と、たんにデンマーク語だけの文章家の［作文とは］別の有能さや学術的進歩とを比較できることで成功するだろう。しかし、この比較のためにさえ、ラテン語作文抜きに学生になることができ、教授にもなれることが必要である。さらに、少年たちが一七歳まで、デンマーク語から遠く隔たった言語、すなわち死せる言語を文法の諸規則に基づいて書くよう訓練をすべきだとするなら、デンマーク語が公立学校で不公正に扱われているにちがいないこと、このことは確実であろう。

なるほど、私の揺るぎない確信、あえていえばうまく根拠づけられた確信によれば、「ビザンティン式」の未成年男子の学問の全体や中国式試験制度[一九]の全体が、ある面できわめて空疎であり、ある面できわめて不自然で病的であるのだから、それらすべてが我々のデンマークで忘却の淵に沈み込んでしまうなら、それは人間精神の勝利であるだろうし、あらゆる年代の人々に恩恵をもたらし、喜びを与えるだろう。だが、精神世界のごく些細なことを絶対命令によって変えようとするのはつねに大きな誤りであり、しっぺ返しを喰うのだから、我々の学校制度の根本的改良への長期的な諸々の見通しは［そのさいには］誤りとなるだろう。というのも、学者として通っている人々のほとんどすべてが、彼らのもてるものすべてを［ラテン語］男子学校のおかげだと主張し、さらに、学者・教養層も非学者層も通常は、諸々の試験があらゆる種類の有能な官吏や教養人を無から創造すると信じているのであるが、そのかぎりでは、逆にいかなる法をもってしても、その［主張や信念を矯正しようとする］意図は失敗に帰すだろうからである。

これらの支配的な幻想や根深い偏見と闘うことのできる唯一の効果的な方法は、自由を与え、自然な発達と真の教養、陶冶形成に開かれた場を与えることであり、そうした発達と陶冶形成とが世人の著しい誤りを矛盾のない仕方で証明することである。なぜといって、世間では学習をはじめさせるのが早ければ早いほどいっそう本格的な学者になる、死せる言語と生ける言語をたくさんかじればかじるほど、母語を無視する点で偉大な達人になり、子どもの頃から諸々の書物にたえず陶酔すればするほど、それとはまったく関係のない人間的生において賢明になるとの主張が行われるからである。しかしながら、この［世間の誤りを］インパクトのある仕方で（実践的に）反証するのは、諸々のラテン語学校とそれらの基礎の上に設置された［学術的］ホイスコーレが唯一精神の仕事場であるかぎりでは不可能であり、そうした仕事場すべての源泉、モデルであるかぎりでは不可能である。だから純粋なデンマーク語フォルケリ・ホイスコーレは、母語の権利であり市民生活の要求であるというだけでなく、我が国の学校制度全体の根本的改良に向けた、唯一の正しい準備作業でもあるのである。

とはいえ、未成年男子の学問と諸々の暗記試験を廃止することとは別に、それらの悲惨な諸帰結を緩和し、軽減するために実施できることはたしかに怠るべきではない。そのためにできるのはまず、ラテン語作文を自由選択にすることである。なぜなら、そのことで少年の学習の不自然さと極度の倦怠をいっそう軽減することが可能になる、生と母語の価値を正しく認識し評価している教師には可能になるからである。最終的には維持されるであろう初歩的なラテン語学習さえ、端的にいって耐えられるだろう。だが、ここでラテン語初歩を希望する者の自由選択は政府による大いなる思いやりとなるであろう、つまりたんに子どもたちにたいしても、民衆［一般に］にたいしても、政府それ自身にたいしても思いやりとなるであろう。というのも、ラテン語で書かれたいわゆる古典的諸著作の大部分もまた、子どもの年代では退屈であり、消化不良のものだからである。そして「ラテン語学習が自由選択とは」別の仕方で行われる場合には、ひどく国王および民衆に敵対的であるか、心を失って非倫理的でしばしば不信心を醸し出すかのどちらかであるので、すべての子どもの魂を損なう毒物と呼ばれねばならない。それはとくに、ほとんどすべての「デンマーク」王国の官吏がラテン語の養成学校出身であるかぎり、この上なく悲しい諸々の結末をもたらすにちがいないであろう。

それゆえ、ソーアの学術探求の学校によりよいかたちを与えようとするなら、たんにラテン語作文を取り除くだけでなく、同時にラテン語講読を数冊のかなりましな書物に制限すべきであろう。これにたいして、アイスランド語やギリシア語（二〇）、そしてとりわけ母語が重視されるであろうが、そのさいの母語は少年たちがいとも簡単に楽しむことができ、思考を取りまとめることができるものである。母語は、デンマークの民衆とデンマーク政府がそこから有益なものを引き出し、そのことを喜びとしているのだから、我が国の最も学識ある部類の人々にとってさえ、ましてや実践的官吏（二一）にとってさえ発達と陶冶形成の確固とした土台、生きた土台である。民衆がたんに政府のために存在すると考えることは、まさにデンマークの最近の絶対王権がきわめて力強い仕方で放棄したトルコ的格率（二二）である。だが、政府があり民衆が暮らしているのはたんに、古代の古典家たちのため、ラテン語学校長のためと考えるのは精神を患った者のお喋りであろう。だが、この絶望的な前提のもとでだけ、幼年期からの将来の教師や王国官吏の育成が古典家や学校長の手中におかれ、国王と民衆の願いとは正反対に無数の欠落を伴う仕方で行われ、それが適切とされるであろう。そのさい欠落というのは次のことである。すなわち、母語とその古典的作品を用いて民衆および市民の生に密接に結びつきながら知見を得ることが、それゆえ、よりよい進路を拓く上で可能なすべての自由は賢明でもあり、理にかなう仕方で与えられることであるのだが、これらのことが欠落してしまうのである。

［デンマークの体制と学校運営］

こうしたことを私はソーアのラテン語学校にかかわって見解として表明してきた。［そこで進路を拓くためには］自由がよりよい行動様式を可能にするのだが、学校がどの程度現実的にその自由を拠り所とすることに喜びを感じ、自由を追求する能力をもつ教師・指導員たちを得ているのか、あるいは現時点で得ることができるのか、私は知らない。だから学校の改造が有益になるのかどうか、私は［具体的に］語ることができないので、［ここでの］論述上重視しなければならないことだが、そのアカデミーがフォルケリ・ホイスコーレになるとすれば、ラテン語学校があれこれの仕方で廃止され、アカデミー自身の運営が今日の栄誉ある人々の臨席の場に委ねられるべきである。国王陛下はこのように重要な啓蒙施設をそれらの人々に（以前に執事にたいしてそうしたように）あえて委ねるべきであり、もちろんその施設は国立であると同時に民属・民衆的であり、我々の国家体制の精神に基づくと同時に我々の民衆生活の精神の内にあるべきである。というのも、独自の道を行かねばならない啓蒙の仕事の全体を支配しようとすることはけっして有益ではないのだが、しかし政府自身が立ち上げ、運営する民衆的、市民的啓蒙の仕事場で、政府に反抗する活動が行われてはならず、政府のために全力を傾注した活動がなされるべきだからきである。

　たしかに、国家や政府はあまりに酷いもの、あまりに非民衆的なものと簡単に考えることができるので、［その場合には］啓蒙の施設は国家や政府の精神の場にも民衆の精神の場にも存在し得ないであろう。だが一方で、そうしたことはごく稀であろうし、他方で政府それ自身を傷つけることは政府にとってまさに愚かしいことであろう。最後に、私はデンマークの民衆も、政府や国家体制も熟知していて、それらが基本的にはきわめて緊密に一致することがわかっているので、神のご加護によって地上で可能なかぎりの仕合せを実現するために、我々が受け取るものは、このすばらしい一致についての知らせであり、そのことの啓蒙だけなのである。

　それゆえ、いずれにせよ大金をかけて外面上では大学に準じるものとして我々がソーアに国立デンマーク語ホイスコーレを保持するかぎり、今年［一八三九年以降］の騒乱や理不尽な変化のすべて（一三）が不可避であることを私は確信する。だが、このことはたしかに、我々が市民社会の現実的性質についての知識を、すなわち他のすべての執筆者が空隙を埋めるであろう市民社会の現実についての共通の啓蒙、共通の情報を切実に必要とすることについて、強い確信にも弱い確信にもなっていることである。だが、まだごくわずかな人々しか諸側面の全体を眼の前に見ていないし、いわんや全体を見通していない。だが、彼らは諸々の変化の帰結について責任をもって比較し、理解しなければならないだろう。

しかしながら私が、我が国のフォルケリ・ホイスコーレがその国家の体制の精神のもとになければならないというとき、もちろん私は、我が国が今保持している現行の体制を念頭においている。それは我々がかつて保持していたにすぎない体制でもなければ、新聞がしばしば我々のせいするような体制、我々が恣意（絶対主義）の精神あるいは奴隷制（総体的隷属）の精神に基づいて保持する体制でもない。むしろ、［現行の体制とは］絶対王権と民衆評議の精神による体制である。[二四]というのも、民衆評議が絶対王権と同様に本質的に我が国の国家体制に帰属するように、我々が白の上に黒を願うかのようで［矛盾に見える］にもかかわらず、ことがらは基本的に両者が同等に確実である。そのことはきっと、民衆評議がデンマーク語で十分に情報として伝達され、民衆が民衆の名において国王に請願すべきものが将来的観点を伴う保障（国憲的保障）であることが理解されれば、［ことがらは］「万人に明白に」なっているだろうからである。

とはいえ、我が国の国家体制の精神、すなわち国王の精神と民衆のそれとがともに働くには、当のホイスコーレもまた［デンマーク］王国と同じように管理され運営されねばならない。それゆえ、［ホイスコーレの］理事（あるいは管理者が他の名称で何と呼ばれようと）は自身の責任において彼の望むことを定めることができるであろうが、しかし、きわめて重要なことは学校評議会からまず意見を聞くこと、つまりメンバーのほとんどすべてが若者自身によって選出される学校評議会からからまず意見を聞くことでなければならなかった。というのも、学校評議会は全体として啓蒙の仕事に役立つようになるし、とくに民衆のもとで国家体制にいっそうの透明性と生、結束を与えるだろうが、他方で、［評議会に］選出されたメンバーは、学校評議会が［国家の］民衆評議会のための格好の準備機会となったことがわかるだろうからである。

［フォルケリ・ホイスコーレの課題と目標］

たしかに、古い学校長の諸々の恣意は依然として我々の心を突き刺してくる、それらの恣意に伴う叱責を我々が払いのけても突き刺してくる。このことを私は知っている。だから、我々が口で話すことに若者が熱心に耳を傾け、我々がお互いに口を使ってお喋りすることを若者が尊重すること、そうしたことが最良であるように思える。しかしフォルケリ・ホイスコーレでは、若者が懲罰に駆り立てられ、また［直接的な］生活の糧に誘われることはまったく適切ではなく、むしろ、彼ら若者は、ホイスコーレが有益であり同時に楽しいとわかるならホイスコーレを訪れ、それを評価すること、このことを我々は察知するようにならねばならない。彼らがホイスコーレをそういうふうに見るかどうかについては、彼らがいなければ語ることができない。だからそのためには、学校評議会に［参加する］公式の機会が若者に与えられねばならない。彼らが［学校評議会に参加せずに］いわば一致して不満を表明することは、ある種の観点からすればたしかにそれなりによいものであろうが、当のフォルケリ・ホイスコーレにとってはよいことではない。

ここに、なぜ私が必要に駆られてフォルケリ・ホイスコーレ設立の展開にこれほど深く関与するのか、この点にかかわる重要な理由の一つがある。なぜなら、この仕事が成功するなら、ホイスコーレの設立は個人の頭［から紡ぎだされるアイデア］によってではなく、民衆の頭に依拠しなければならず、若者の心にも、老人の心にも依拠しなければならないこと、このことがことがらの本質だからである。そうした［組織の］設立は可能なかぎり、［組織の］自ずからの創造と発展に委ねるべきであり、信頼のおける理事がいて、彼が自由裁量権を保持するだけで、何も心配せずにできることなのである。

同様に、これまで私が啓蒙の仕事に何を組み入れ、どのようにうまく追求できるかについて詳細に私の考えを展開する作業を躊躇してきたもう一つの基本的理由はまさしく、私が述べてきたこと、すなわち各人の生とその記述は、それゆえにフォルケリ・ホイスコーレの記述は行ったことや起こったことの経緯に基づく歴史でなければならず、先回りできないということにある。というのも、この理由からすると［フォルケリ・ホイスコーレについて］私がいいうるすべてのことは予言あるいは憶測、夢、推測と呼ばれねばならないし、私は愚かしいやり方の私の推測に聞きしたがいすぎる癖があるので、せいぜい必要な程度のことは別として、それ以上に多くの推測を、それ自体でたいへん優れ、明快なことがらに結びつけるべきではない。そうしたことがらは、まさに私の諸々の不分明なイメージに支配されてもならないが、［かといって］それらのイメージを嘲笑する他の人々の悦楽に左右されてはならない。それゆえ、私が今全国の若者に開かれたホイスコーレ、すなわち母語を用い、祖国に主要な関心を向けるホイスコーレのよりはっきりした概略を与えるよう努めるさい、私が単純化し、未決定のまま保持し、さらにははっきりと強調しさえしなければならないことがある。一つは、あらゆる仕方でデンマークとデンマークらしさ、つまりデンマーク的性格の啓蒙のために、若者向けのそうした施設が差し迫って必要だということであり、もう一つは私の思想である。つまり、現在および長期に獲得できるものについての思想であり、好ましい仕方で前進できる方法についての思想である。というのも、これらの思想はまったく愚かしいものでもあろうが、しかし、［ホイスコーレの］設立には［それが］まさに差し迫って必要になるからである。

［ここでの］私の提案が、入学や卒業時に試験を課す我が国の［コペンハーゲンの］大学のデンマーク語版の模倣であるとすれば、［ホイスコーレという］聖堂に入る許可が得られるには［何が必要か］、デンマーク語文法の他にどんな書物を学んで暗記していなければならないかなど、たしかに簡単に列挙できるだろうし、日ごと、週ごと、あるいは半年ごとにどんな専門の講義を聴講すべきかについても簡単に列挙できるだろう。そのさいの結果を予想するのは同じく簡単であろう。すなわち、誰も進んでそうした［死体保管所のような］陰気な場所を訪れないであろうし、生と覚醒の外見以上ものがあるわけでもなく、その［場の］全体がすぐに移り変わり、死に行くことであろう。しかし、遺憾ながら今私が当面している問題は、我が国でまったく新規なもの、すなわち啓蒙の施設である。それは、民衆がしだいに自意識に目覚めるような場であり、若者が教師・指導員から多くを学ぶと同様に、教師・指導員が若者から多くを学ぶ、そのような生きいきとした相互作用と相互教育の場であろう。すなわち口をぱっくりと開けた深淵が架橋される場であろう。つまり一方では位階制や貴族主義、ラテン語研究、立身出世主義が、他方では民衆の教師・指導員が一握りのいわゆる教養のあ

る啓蒙された人々とともに踏み固めることで、ほとんどすべての民衆のあいだで固定化されている奈落の深淵があるが、［その新規な啓蒙の施設はその深淵が］架橋される場であろう。この架橋がなければ、口をぱっくりと開けた深淵は市民社会全体と、静かに歴史的に進み行く発展の全体とを没落に導くにちがいないであろう。

［ロスキレやヴィボーでの］民衆評議会の設立といわゆる民主主義的で実質主義的な（つまり民衆的でしっかり定礎された）組織構成を、うまく機会をとらえ、熟慮を重ねたものと考える者は私を措いてはいない。現在及び今後の評議の価値や十全さにかかわって、評議（会）がどんなに理不尽であったにしても、評議（会）はまさしく始動しているのであり、民衆層の声の集成を止めることはないだろう。だが、民衆評議会の内外にいる市民も農民も自分たちを理解し、我々［民属・民衆全体］を理解しようと学ぶことがなければ、つまり全体利益を考え、過去および未来の祖国を考えようと学ばなければ、［評議会の設立は］結果的にはきわめて悲惨なものになるにちがいないだろう。大衆の読書や文字の力をこの上なく過信するとするなら、大衆紙が普及する啓蒙や情報はいっそう恐ろしいものであるにちがいない(二五)。

それゆえ真の民衆の友や祖国の友が、私の提案するようなフォルケリ・ホイスコーレの存在の可能性、成功の可能性を疑うとしても、実験はなされるべきであり、それは早ければ早いほどよい。ただしその実験によって失われるものは何もないのだが、得られるものがどれだけになるのか、おそらく得られるものはすべてではないのか、といったことは誰にもわからない。だが、我々の時代にあっては絶望的な諸状況のなかでまったく空想的なことがら、市民的観点からすれば有害極まりないことがらがしばしば行われるのであるから、我々は無害でまさしく理にかなうことがらを試行する勇気をもたねばならないのだ。ちなみに無害で理にかなうというのは、［第一に］陽の明るみのもとで、この上なく平和志向の民衆にたいして、彼らの平穏な生活に何が役立つのかを啓蒙すること、［第二に］この上なく愛溢れる民衆にたいして、祖国への愛とは何を意味するのかを啓蒙すること、最後に、快活で楽しいことがらに心底から開かれた民衆にたいして、どれほど彼ら自身のうちに、古い歌謡や新しい歌のなかに、諸々の民衆の読み物のなかに、そして「この上なくすばらしい野や牧場に」(二六)、無垢の楽しみや共にする喜びへの無尽蔵の泉があるのかを啓蒙すること、そうしたことだからである。

　さて、こうしたことでいわれているのは、いったいフォルケリ・ホイスコーレは何をめざしているのかであるが、何よりまず、それは民属・民衆について理解することである。民衆がいなければ、我々は彼らに向けて語ったり書いたりできないし、それゆえに彼らは我々を理解しないないだろう。次に［めざすものは］、恵みや喜びのための共同資産として存在可能なものすべてを伝達することであり、最後に、すべての圏域で最良の頭脳の持ち主たちのもとになければならない啓蒙［活動］あるいは情報［提供］である。その結果として、民衆評議会は共通の最善、すなわち公共の福祉のために選出され、働くことができる。公共の福祉は民衆の意思によって存立し、栄誉とともに年輪を重ねる社会にあってはどのようなものであれ、不磨の大典でなければならないのである。

　こうしたことがはっきりとした［ホイスコーレの］目標であり、そこへの径路は近いとはいえないとしても、まずは径路が開拓され、その大部分が保全されるべきである。もちろんそのことは、たんに集まる人々の有能さに応じ、［啓蒙する側、される側の］両側で負わされるであろう苦心の度合いに応じて成功するだろう。たしかに、利用すべきは最初から最後まで口だ、というのは簡単である。なぜなら、ある面で口は、精神が地上において保持する唯一の生ける身体器官だからであるが、ある面では口に座を占め、また自ずと口から口へと渡り移動することのできるものを措いて、我々が民衆と一緒に得るものはないからである。同様に、話すことが片や老人と若者、片や若者どうしで一緒に話すこと、つまり対話になるのと同じ度合いにおいて、ただその度合いにおいてだけ啓蒙は成功する。しかし、その口が［対話が流れるように］正しく歩むにいたるまで、どれだけ参加者が互いに助け合い、辛抱しあうよう気を配るのか、そのことは時が教えてくれるにちがいない。［こうして］その口は［対話の］両側で会話のために働いていて、ただ無茶な展開だけが働きを止めるにすぎないのだから、私は諸々の困難が克服されるだろうと確信している。とはいえ、私はそのこと以上にいっそうよく知り、確信しているのだが、それらの困難は対話から消え去ることはないのである。

それゆえ私は、［対話の］両部分にかんしてさらに少々意見を述べる場合、陽の明るみにもたらされるべきものを、私がじっさいによく知っていることを端的に示すのがいちばんよい。しかし私は、他の人々が何をなしうるのかについてはたんに自らの無知を知らなければならない。なぜなら、私自身が何をいいたいのか、あるいは何をしたいのか、そのことはじっさいに試みるまでわからないことがしばしばだからである。何かよいことができそうなとき、私はそれを成功するまで試し続けるのである。

［民属・民衆を理解するとは］

さて、私は民属・民衆の理解にかかわって何を第一に考えるべきかについて、すでに一六年前に次のように書いているが、それ以上に簡潔で要所をついた表現はありえない。すなわち、

民衆を的確にとらえようとする者は
荒野にあって熱烈に
民衆とともに叫ばねばならない
彼等が叫べないときであっても
民衆のために歌おうとする者は
彼等のことばを借りねばならない
そのことばから精神の呼吸を学ばねばならない

我等が何を書いたとしても
我等が何を語ったとしても
デンマーク語はそれを払い除ける

デンマーク語学芸にとっては間違いだから
民衆は切望するのだ
手の甲によって（二七）
我等の精神の喜びから来る
我等の底なしの学術的教養を得たいと
だから、我等が企図に費やしたことは
純粋に徒労なのだ
だが、民衆は彼等の時間を無駄にはしないのだ
（『元日』一八二四年より）

しかしそれ以来私は多くのことを試み、学んだのだから、たしかに次の点は少しはっきりさせることができる。すなわち、私が考えていることは「ポピュラーな大衆性」とはまったく別のものだという点を。すでにその名辞によって、「ポピュラーな大衆性」はまさしくデンマーク語に翻訳不可能な外国語であろうし、ましてやこの名辞から、その元になった「民衆」を、つまり「ポピュラーな、人気のある大衆性」という名辞が学ばれ引き出された元の「民衆」をイメージすることはできない。すなわち、我が国の人気があり大衆性のある学校長はある場合には、彼らの熟知していることを子どもたちに啓蒙しようと努めたにすぎない（二八）。だが、「彼らが啓蒙したことがらは」語るに価しない些細

なことに思える。つまり、豚には四本の足があるが鶏は二本だけ、鼻は両目のあいだにあって、元来が臭いをかぐためにつくられているといった類のことのように思える。またある場合にはその人気のある学校長は娯楽を「興味あること」と説明し、天を「蒼穹」、無関心を「対象の価値や重要さの誤認」と説明した。ある場合は学校長たちが行ったことはたかだか「子どもにたいしてしゃべった」だけのことで、非難されはしないが、しかし、おとなや若者の「関心を引きつけ」喜ばせることがない。学校長たちは民衆を啓蒙しない、民衆の自然な性格にかかわって、つまり彼らの関心や欲求、彼らの苦労や幸運、彼らの喜びと困窮にかかわって民衆を啓蒙しない。だが、それらのことについて、我々は彼らに教えるべきである。そうすれば、民衆は我々を理解するだろう。我々が民衆とともに語りあうべきことはそれらのことである。そうすれば彼らは元気づけられ、生きいきとし、啓蒙され、覚醒するのである。

　ところで、一つの民属・民衆を理解するには、すなわち我々がその民衆の心を語れるには、我々が民衆と心を共有し、我々が民衆から舌を、つまりことばを借りねばならない。小さな名もない人々や、民衆の口をついて発せられる母語を見下すなら、我々はもちろん民属・民衆的（フォルケリ）になることはけっしてない。しかし、我々が民衆の一部でないなら、真剣に民衆の自然な思考に身をおき、愚かさや退屈さ、不愉快さではなく、彼らの語り方の快活さや特徴を習得するために内的にも外的にも手段や支援策のすべてを動員する場合でさえ、我々は「民衆と」相互に学び合うさいに大きな困難に直面するだけである。我々の教養のなかの疎遠なものや不自然なもの、さらに民衆にたいする精神的理解の寒々とした貧しさとがあいまって、相互の学び合いをたいへん難しくし、当分のあいだはきわめて不完全なものにするだろう。

私自身にかんしていえば、スカルド詩人(二九)として、シェラン人として、ユランの里子として(三〇)、年季の入ったデンマーク語の本の虫として大方の人々より［陶冶形成の上で］一定部分先んじているが、その私は、書くことができるのと同程度に、まともなデンマーク語を民衆的に話せなかったことを知っているつもりである。それゆえ、［学校に集まった］大多数の教師・指導員がはじめに正しく文字通りに「講読すなわち」「読み聞かせ」を行わねばならないとしても、まったく驚くべきことではない。教師・指導員たちの読み聞かせが明瞭であり、民衆的（フォルケリ）である場合にだけ、その講読もまた有益なものであるが、しかし、講読は常態化されてはならず、臨時措置であるのが常であろう。

［教育方法について］

ちなみに、教え方（方法）と呼ばれるであろうものの問題は、私がむしろ話の贈り物と呼び、民衆が自分たちのことばを駆使する知恵と呼ぶものについても同様であろう。そのさい私が付け加えたいのはまさに、誰もそうしたものをデンマーク語文法に基づいて学ぶことはけっしてないが、心根が民衆的な場合にだけ、自分の耳を使い、デンマークの韻文年代記やペーア・シューの箴言集(三一)のような本を勤勉に反芻しながら熟読することで学ぶことができるのである。

こうしてようやく、人々が〔自分のものに〕できるような生きいきとした話題を借りて、フォルケリ・ホイスコーレで若者に何が伝達されるべきかという問題に我々は到達するのだが、そのさい我々が知ることとすべてを話すとしても、なるほどたいした啓蒙でも情報提供でもないのだが、我々が知ることで恵みと喜びをもたらし、共同資産であり公共財でありうるもののすべてを話すとすれば、大いなる啓蒙になる。だが、誰もが自分のもっている以上のものを与えることはできないのだから、そうした〔大仰な〕ことはあらかじめ確信をもっていえるわけではない。我々の知ることでどれくらいが民衆の興味を誘い、彼らが理解して自分のものにできるのか、このことについては経験だけが我々に教えることができるのである。

さらに、こうした簡潔な原則のなかには、通常の学校長の誤り、子どもたちにさえ〔知識を〕詰め込もうとし、ましてや〔当たり前のごとく〕若者たちにもそうする誤りにたいする警告がある。こうした誤りはすべて周知のことであり、とりわけごく乾いたものによって、消化不良を起こすやり方である。だから教える教授側が彼らの講義にかかわって別の〔高度な〕観点をもつなら、教授側自身が〔講義において〕自己訓練を実施しなければならない。何十、何百の仕方での自己訓練を実施しなければならない。このことはまさしくドイツ〔のホイスコーレすなわち大学〕に当てはまることである。ドイツでは諸々の大学の名が自治体を意味しているが、デンマークでは大学が〔コペンハーゲンに〕ひとつあるだけで、各専門のほとんどは、それに携わる教授が二人以上いることは稀であり、〔大学の名が自治体を意味するといえば大仰で、ドイツのようなことは〕望むべくもない。

そこで、ある種の学問的色合いが得られるだろうと考えて、［ドイツの大学に］類似した［高度な］ことがらをフォルケリ・ホイスコーレで実施しようとすれば、まったくの愚行を演じることになる。すなわち、［デンマークの］十分の一の若者［からなる選良層］の生活スタイルが［ドイツ風に］無茶で不愉快で実りのないものなるのだから、残りの十分の九の若者は［いっそう惨たらしい教育的な］拷問にかけられるであろう。しかし、このことがありありと我々の眼に映っている場合にさえ、それゆえ、我々が真剣に、デンマークで個々人として我が国に属するにすぎないこと、つまり、それがある種の信念あるいは偏愛であろうが、ある種の学術ないし技芸、哲学であろうが、個々人として我が国に属するにすぎないこと、このことと［我々が］、民属・民衆と共有できるものとを区別しようと努め、たんに後者だけを伝達し［啓蒙し］ようとする場合にさえ、諸々の誤りは不可避であり、とくにはじめのうちは、誤りが頻発するであろう。

こうして、ことがらの本性と我々の民属・民衆の特性の両者に基づいて予言できるのだが、デンマークのホイスコーレで主役を演じるのはとりわけ歴史［物語］と詩歌であるだろうし、それに付帯する祖国の歴史や［民衆］歌謡であろう。私の眼からすると、これらが最も明快な視野を開示する。というのも、この傾向が涵養され有益なものになるなら、名高い祖国が保持され、その栄誉を、民衆が子どもたちに遺産として伝達する義務を負うものであることを知るだろうからであり、民衆の生は各人の家でも祝宴や対話の場でも、何世紀にもわたって続けられてきたものとは違う、高貴さや快活さという性質を受け取るだろうからである。しかし我々が正確に、伝達することがらを歴史と詩歌に絞ることができても、このことで語られる中身はほとんどないか、まったくないであろう。なぜなら、これらの二つ以上に誤用し易いものはないからであり、他方で、それらの正しく、民衆的な活用は教師・指導員がもちあわせる［人間的な］豊かさやセンス、心遣いを拠り所とし、彼らが徐々に積んでいく経験に依存するからである。

とはいえ、すでにこの観点で「シェラン人とユラン人」とのはっきりした［性格的］相違が知られるように、ホイスコーレは特定の専門に制限されることはできない。なぜなら、人間的なものの全体のなかに、その一部として民属・民衆的なものがあり、その上でとくに祖国の現在の状態全体に、すなわち祖国の国家体制、諸々の法や制度、さらに商業や海運、生業諸部門、自然の諸特徴に特別な関心が向けられることが望ましいからである。このことで我々の時代はけっして誤ることはありえない。ロスキレの法律家たち(三二)以上に心暖かい者であろうとする専門人、生きいきと直観的に知るすべを理解する専門人、通例は無味乾燥になりがちなものにたいして機知で味つけするすべを理解する専門人、そういった専門人の居場所があるなら誤ることとけっしてありえない。ここでは、あらかじめ何がしかを指定したり命令したりすることもまた有益ではない。なぜなら、すべてのことは、当該関係者が与えねばならないものや、彼らが民衆を啓蒙し活気づけるのに払おうとする労苦の度合いにかかっているからである。

そのさい、当面する課題はかなり難しい。すなわち最良の頭脳をもった者たちが民衆評議会で遭遇するすべてのことがらについて明瞭なイメージを形成するために学ぶだけでなく、彼らが何をそのことで考えるのかを簡単に表現するためにも学ぶべきだというのと同程度に難しい。というのも、長きにわたる「仮死状態」で民衆は母語のすぐれて気高い部分のほとんどすべてを忘れていたのであり、我々の口調を真似るか、あるいはユラン人がいうように「書面にしたがって話す」ことで、市民や農民が必ずこわばった説教師の調子に、あるいは学校長風のスタイルに落ち込むからである。そうした調子やスタイルは市民や農民にたいへん生意気な風体の装いを与え、愚かしいことがらを除いて彼らのことばから働きをほとんど奪い去る。このさいにこそ諺に、よい評議は高くつくが、［そうしたよい評議がなく、］途方に暮れるのはむしろ死を招くといわれるのだ。そこで我々が思い起こすのは、民衆が母語の真髄と心とを諸々の諺のなかに保存していることであり、そのさい、そのことはしばしば的確に当てはまる、民衆が日常事とは違ったことがらに諺を適用するすべを学べば、的確に当てはまるのである。

［だが］今ここに、我々の大部分が民衆の諺をわずかしか知らず、それらを鼻であしらいたがるという困難が待ち受けている。しかし、後者の諺の軽蔑は明らかに我々が取り除くべき悪い習慣であり、前者［の諺をわずかしか知らない無知］にたいしては巧い手がある。というのも、我々は一方で諺を用いるために［それらを口頭から学び取る］耳をもっているし、一方で、シューあるいはローレ［の箴言集］に当たれば、多くの古くから親しまれてきた諺を思い起こすからである。最後［の巧い手について］だが、私は青年期以来ずっと、私が聞いた経験があり思い起こすことができるようなすべての諺を注意深く記録してきた。それが待望久しく、ホイスコーレの設立後に私の編集した最初の小さ

な本になるだろうし、(三三)私の余技としての貢献となり、他の人々にも同様のことを行うよう励ますだろう。たしかにまだ多くの人々は口頭の諺を見つけたり、本から諺を取り出したりすることに無関心であるが、しかし、一面で経験が教えることは、民衆のもとでは［口頭の諺と、本から取り出したそれとでは］顕著な相違があり、他面で理性が教えることだが、我々はそれら［口頭や本の諺］との連関で一度も聞いたことのない諺を生きた仕方で利用できた試しは稀にしかないか、まったくないかのどちらかだということである。

［様々な困難にたいして］

ところで、なぜフォルケリ・ホイスコーレでの伝達内容にかんして、あるいは教育の進め方にかんして何も指定がないのかといえば、その理由は、ホイスコーレが死のための学校ではなく、生のための学校であって、それゆえにすべての焦点が、どれだけ生の力が充実するか、その力がどれだけよく用いられるかにあることによるからだ。私はこのことがたしかであると考えたい。だが、まさしくそのゆえに、多くの人々が［生の充実にかかわって］困難を克服しがたいと考えることもたしかであろう。そのことにたいして私は、困難の克服を一度も試みないならもちろんそれは克服されないが、しかし、敵にたいして［自らの］力を試すことなく投降するのは臆病というものだと答えたい。ともあれ、［現状で］支配的になっている生についての無理解こそが愚かしい自惚れを同伴していて、この上なくおぞましい祖国の敵である。それがついに立ち現れたのである。

当初から必要な知識や洞察を、大きな諸課題の解決めざして努力する生き方やその喜びと結びつけている教師・指導員たちを見つけるのは難しいだろう。しかもこうした諸課題は、通常は学者・教養層のあいだで軽蔑か忌避の対象となるのであるが、そうした諸課題の解決と生き方や喜びとを結び付けている「確固とした信念をもった」教師・指導員を見つけるのは難しいだろう。このことは時代の痛恨の極みである。だが私の思うに、一部のソーアの教授は喜び勇んで彼らのもてる最善を尽くしており、幾人かのすぐれた協働者たちもたしかにいる。[三四] 望まれるのであれば、私自身ができるかぎり、年に数か月は「民衆にたいする」博愛の活動に積極的に参加するだろう。私は確信するのだが、その活動は後々の世代にいたるまで祖国に恩恵をもたらし喜びを与え、したがって祖国自体の豊かな報酬となるであろう。

とはいえ、大いなる事業が成功するか否かが関係者の生きがいや喜び、諸能力、勤勉さにかかっているのだから、どんな不手際でもただちに簡単に是正されないようなことがあれば、諸々のきわめて悲惨な結果をもたらすにちがいない。だが、期待が裏切られ、絶望させられるケースは頻繁に起こるにちがいない。一方で喜びや勤勉さはそれに応じて「働かせる」諸能力を欠いていれば無益であり、他方で諸能力が喜びや動機を欠いていても無益である。このことは経験が教えてくれるであろう。それゆえ、ホイスコーレに雇われた新たな教師・指導員全員にかかわって、「追って沙汰あるまで」何がしかの手当の要求は、それに価するものが彼らになければ受け入れられない。このことは指導員にかんしていっそう必要なことであろう。つまり、指導員はその職業にあるかぎり、彼らの天職に献身できるよう十分な報酬を受けねばならないだろうが、それゆえに、適格でない人々があらゆる手段を動員してそこに潜り込もうとするであろう。それだけに先に［「追って沙汰あるまで」と］述べたことはいっそう必要なことであろう。つまり、［指導員としての］任用が「ある種の生活の糧」を与えるような場合、すなわち［指導員として］適格でない場合でも、何もせず賃金を得る権利が与えられるような場合、［多くの人々が］あらゆる手段を動員して［その地位に］這い入ろうと努力するだろう。しかしながら、その地位が継続するかぎりで生計不安を取り除くであろうが、その継続性は不確実であろう。離任にはまったくメリットがないであろうが、数年間（十年あるいはそれ以上）携わってようやく、［職業が］諸々の感謝に価するようになった場合には、つねに通例としてこの国に在住する最も有能な指導員を得ていることはたしかであろう。もちろん、これ以上のことはありえないのであるが。

　ところで、たんにデンマークらしさや母語のためという理由で、ホイスコーレが当初からどれだけの人々の特別参加を受けるかという点で、たしかに疑問をもつこともできる。というのも一方で、デンマークほど外来のものについて思想的に大きな蓄積があり、自国のものについてはごくわずかしか蓄積がないキリスト教国はないからである。同時に他方で、大多数の人々は幼年期から［自らの］血統のなかにそうした［外来ものの蓄積に］恐れを懐き、学校といわれるものすべてにたいして嫌悪感をもっていて、その結果、彼らは、そのような施設が［参加の代償として］彼らに生活の糧も、地位も名声も約束することがなければ、青年時代にそのような施設を気軽に訪問することはないであろうから、［どれだけの人が訪問するかという点で］疑問はありうる。しかし、ある面で我が国では若い人々が新規の［ホイスコーレ訪問の］試行にたいして喜びに眼覚めており、彼らはその実験の場に自由に出入りでき、「うんざりする試験」に苛まれることはないだろうし、ある面では、［訪問者がどれほどあるのかというような］さまざまな危惧があるにもかかわらず、祖国と母語への愛が、若者の最良の部分をすみやかに結集するにちがいない。父祖たちの旗が波打つ場に、父祖たちが［母語としての］彼らの母の声を聞く場に、若者の最良の部分を結集するにちがいない。それゆえ、［ホイスコーレの］開校にあたって［訪問者が］わずかであっても何ら問題はない。というのも、たんに我々自身が少数でスタートせねばならないからである。［当初から］人々が我々のところに［大量に］なだれ込んでくるとすれば、［ホイスコーレの規模が小さすぎるということで］我々はきっと意気消沈した思いなるにちがいないであろう。このことが多くの人々にとって何を意味するかといえば、［ホイスコーレで］我々が少し息抜きをする場を巧くもてるということであり、最悪の失敗が回避されること、失敗が害悪として働く以前にそれが回避されることである。経験はこのことを我々に教えるのだが、そうしたことは想い起こされてよいのである。

［ホイスコーレ事業の広がりと意義］

最後に、次のように考えることも可能である。すなわち、ホイスコーレは、それが順風満帆になって国中に利益をもたらした場合でさえ、民属全体の若者を啓蒙するには不適切であろうと。そうだ、ホイスコーレは通常忘れられていること、つまりホイスコーレが「鈍物」のためにあるわけではなく、まさに覚醒した人々のためにあることが銘記される場合でさえ、ホイスコーレに参加するさい諸々の出費が嵩んで、そのことが多くの人々にとってホイスコーレへの参加の障害になるということができる。しかし、端的にホイスコーレの仕事が軌道に乗り、民属・民衆の大事業となるなら、「そのような考えは」その事業に必ず付随しはするのだが、諸々の不完全さのためになされる取り越し苦労というものである。さらに、ホイスコーレが長期にわたって活動すればするほど、国の津々浦々でホイスコーレがそれだけいっそいう多くの、いっそう良質な協働者を獲得することは明らかである。だから、ホイスコーレは余計なものになるわけではけっしてないが、しかし必要不可欠さの度合いはしだいに小さなものになるのである。

すなわち、自然で民属・民衆的（フォルケリ）な啓蒙はあらゆる仕方で不自然で疎遠な啓蒙にたいして関係を取り結ぶが、それは生が死にたいして関係するのと同様である。それゆえ同様の自然の諸法則によって、ラテン語啓蒙は「精神的」諸力の全領域にわたって三百年のあいだ実施されてきたのだが、今ではわずかに大学本体で見られるだけで、他の場には見られないようになった。それと同様の自然の諸法則は、デンマーク語啓蒙がたんに温厚な「精神的」諸力の持ち主によって一世代にわたって実施されたとするなら、「その啓蒙の場である」ホイスコーレはたとえ荒野の東屋にあろうとも人々を満足させるであろうということである。デンマーク語ホイスコーレは端的に、すべての光線が収斂する焦点としての中心に立つのであり、更新された「精神の」力が「中心から」向き帰って

［各人に］生を啓蒙し、隅々にいたるまで全体にわたって人々の表情を明るくするのである。

もちろん、試験のため、生活の糧のために学ぶにすぎないことがらは、試験が終わってその糧が得られればすぐに忘れられてしまう。こうしたことがかなり優れた「良識」によって行われるのであり、それが、生を啓蒙せず、何の魅力も与えず、むしろ生を暗澹たるものにし、生きづらいものにすることは周知のことである。だが、たんに学ぶ喜びを得たいと思って学ぶことがらは、基本的に忘れることがまったくない。そうした学びが生まれるように熱心に努力が重ねられるならばそれだけ、その学びは本物であり、元気溢れる生の直観すなわち人生観を導く。そうした人生観を欠いた我々の今後のあり様に比べれば、［先の学びとそこから得られる本物の人生観は］我々の仕事にあたって我々をいっそう有能にし、我々の立ち位置においてもいっそう満足いくものにする。こうしたことにかなりはっきりとした経験的確信が得られるのである。

それゆえとくに、国立デンマーク語ホイスコーレによって文字通りの最初の一歩が費やされるにすぎないことはわかるだろう。そのホイスコーレでは、大多数の人々にとって未知の豊かさと類まれな魅力の全体のなかで母語が開花するのであり、祖国がその素晴らしさの全体において、光と影において、穀草の野をくねりながら続く道のように栄誉と幸運に続く道々とともに、我々の眼に描かれて際立つ。そのホイスコーレでは、民属の古い英雄すべてが諸々の闘争歌によって眼覚め、彼ら英雄の諸事業を精神的に繰り返す。とりわけそのようなホイスコーレによって文字通りの最初の一歩が費やされるにすぎないのである。

ではいったい、［フォルケリ・ホイスコーレ実現への］最初の一歩が何を必要とするのか。財政にかんしては、［必要なのは］［愛国的ホイスコーレ］のために父祖たちやその王たちによって決定された事項に他ならない。ちなみに、当該ホイスコーレは数世紀にわたってラテン語派に権利を付与することがなかったし、ラテン語派はこの間の権利保持の時代のごくわずかな期間に挑戦を受けながらホイスコーレとかかわったのである。［精神］諸力にかんしていえば、［必要なのは］たんにデンマークの国の父祖や英雄たち、吟唱詩人、伝説の人々、女性市民、農民、これらの人々の心を燃え滾らせたエネルギーが後に残したわずかな残滓に他ならない。だがしかし、これらの人々は祖国を愛し、讃え、奉仕するために心を燃やし、可能なかぎりすべての高貴な事業が母語によって栄誉ある評価を獲得するように心を燃やし、子孫に確実に記憶されるように心を燃やしたのだ。まさにこれらの人々の［精神］諸力がデンマーク語ホイスコーレ設立を必要としたのであり、それ以上のことがらのために、これらの諸力をよりよく用いることができるであろうか。すなわち、かつてはギャラーホルンのひと吹き（三五）によって、祖国と母語のための最後の闘争のために闘士たちを眼覚めさせたが、今日では何を覚醒させねばならず、何を永遠の眠りにつけねばならないのか、このことについて眼覚めさせることにもまして［精神］諸力をよく用いることができるであろうか（三六）。

［古北欧の闘士にように勇気をもって］

最終的に我々になくてはならないものがたしかにある。それは勇気なのだ。デーンの防塁（三七）を築くための支援の呼びかけに、それがどれだけ必要とされることだろうか。我々はどれだけ大きな勇気を必要とすることだろうか。つまり太古のデンマークの友を宣言した同朋で、我々の現状のように、ばらばらに孤立し、ラテン語風やフランス語風、ドイツ語風の諸流儀に包囲された者たちが荒野にあってデンマーク語が最強ではない状況下で、我々の周囲に民属の関係者を結集するのにどれほど大きな勇気を必要とすることだろうか。我々にそれほど勇気がないとすれば、むしろ我々は太古の闘士たちの死を喜ぶにちがいないだろう。というのも彼ら闘士たちは我々を［闘争のなかに］蹴り込むからであり、そのことはトールが小人をバルドルの火葬の薪のなかに蹴り込んだのと同様だからである。(三八)

したがって、最初の一歩に要することは取るに足らないものであり、それですべてである。というのも、かりに失敗すれば「［ホイスコーレの］物語」はそこで終わるのであり、成功すれば、我々［の陣営］が勝利したことになり、我々とともに北欧精神とデンマークの心の両方が勝利するからである。そのさい我々は、勝利がどれほど高くついたか示すことに価値を認めないが、しかし、不死という破格の値打ちを共有したこと、北欧ほどその闘士に誇りを与えた地域は他になく、デンマークほど、敬愛する人々に喜びを与えた国はないことを見ておかねばならない。

ここで私は［この論考を］終えよう。というのも、デンマークの懐に抱かれた憩いは心地よいからであり、デーンの男たちが自らの召命は闘争だと感じている場合でさえ、彼らの喜びは憩いだろうからである。私の眼には闘争は基本的に終結しており、勝利は得られている。だから問題はその勝利を優しく、しかし効果的に用いることである。デンマーク語ホイスコーレで、デーンの防塁は闘争への［攻勢的な］決起を促すのではなく、たんに諸々の大きな危難に晒されるであろう未来を防衛するためにあるにすぎない。それらの危難を見すえる勇気を欠いてはならない、あるいはそれらの克服のためにもてる諸力を結集しなければならないだろう。デンマークの英雄たちはみな死んでしまっており、ホルガー・ダンスケと同じような具合になっている（三九）。しかし、彼は私の眼にはすでに野の敵どもを打ち負かしたのであり、闘争歌は諸々の宮殿ではすっかり沈黙し、［庶民の住む］田舎屋にあって、森や荒野にあってかすかにハミングされるだけであったろう。だが、その歌が［ホイスコーレの］勝利の感激のなかで再び、野を経巡るように高唱され、聞き耳を立てるすべての者を驚かすにちがいない調べを多様に帯びて、新たに広がりはじめたのである。

　たしかに、デンマーク語ホイスコーレにあってこの闘争歌の調べの海は周知のように成長もし、はるかに鮮明な仕方で普及もした。だが、その闘争歌は、ホイスコーレ設立以前にすでに、デンマークの［暖かい］心のなかで生の力によって歌いはじめられていたことで死を克服したのであり、フレゼリークやクリスチャンという国王の名をスキョルやヴァルデマーの名と結びつけ、マリエやカロリーネという女王の名をダネボやダウマーの名に結びつけたのである（四〇）。こうしたことは事実なのだ。［我々の］子孫は、我々の同時代人がこの事実を看過できたことに大いに驚くことであろうが、しかし、子孫はデンマークの黄金期にかかわる私のきわめて大胆な期待を正当だと見るであろう。ちなみにこの黄金期には、フレゼリーク六世の時代に秘密裡に案出されたものがクリスチャン八世の時代になって光のなかにきっと誕生するだろう。［誕生という］この喜ばしい出来事に親和的なシルエットとして、私は以下でソーアの歌物語［「ソーアの朝の夢（四一）」］を披露したい。それは何年も前に『元日のひととき』のなかにひっそりと収録されていたものである。

（二）ソーアの朝の夢

『除夜*』で君の教会に向けて
修道院の石々からなり
視界を照らす街灯を備えた街を
私はかつてひとり歩んだ
見たままを、羽毛のペンを使って
古きデンマークの貴人の墓に刻む
私は伝説をルーン文字（四二）で刻む

高き天から響くように思われるのは

死せる者から贈られた生のことばだ
もしそうなら、私の歌謡の意味は
復活祭の朝焼けであり
神々しく輝く身体からの光であり
赤茶けた錆を払う五月祭である
愛しき思い出の輝きのなかで

その時代からずっとこの方、数多くの波々が
海岸に打ち寄せてきた
それでもなお私は、ダン（四三）の身体に出会っていない
神々しく輝いて立つ身体に
だが生まれたものは私の希望のとおりに
炎の洗礼のなかでの伝説の精神より来たりて
時代の波々に挑む

世界の海にはたしかに映る
彗星の荒々しい炎が

波は頬を赤らめ、墓へと消える
誇り高い諸民属のために
だが赤い海に消えるのは
ただこの世界に基づくものだけで
天に依拠するものではない

黄金の太陽は、その光を
東方に延びる丘に落とし
東の海にその身を映すのだ
私の眼に受肉したかたちで
まさしく甘く心地のよい響きとともに
デンマークの波による人魚の歌が
調べを奏でるように私には聞こえる

そうだ、頬に手を当て
私は闘士の塚に座し
ランプの光をかざして

甕々に私が眼を凝らす
東方に雷が鳴り
ピカリ、ピカリと稲妻を投じる
勇者たちの亡骸へと

そのとき私は甲高い唸り声を聞く
雷に撃たれたトロルたち（四四）の唸り声を
そこに輝かしい光が立ち昇る
勇者たちの亡骸から
銀白の胸と金色のこうべをした鳥が
さっと飛び立つさまを私は見る
虹色に輝く美しい翼を羽ばたかせて

かの鳥はただ低く飛び、定かには見えない
まるでダチョウが地から飛び上がるかのようだが
船のマストのてっぺんに翼を休めた
シェランの海岸のてっぺんに

だがかの鳥の飛んだ場では、辺りが光に照らされ
かの鳥が歌った場では、激高する声が聞こえた
どの巨人族の小人からも

鳥は歌を止めた、まさにここかしこで
闘士たちの塵が横たわる場で
彼らはかつて、まさしく剣を持して野にあったが
真実という強靭な帯を装って
夜明けを告げる鶏の声とともに
新たに闘士たちは眼覚めた
彼らはすっかり眠りに落ちていたのだが

南に北に、どれほど遠くかの鳥は飛ぶのか
その鳥の行方を私は語れない
だが、その鳥がソーアに飛来したのははっきりと見えた
死せる者たちの国のようなソーアに
その地で鳥は高らかに歌い、住処を定めた

闘士の碑や大理石のひび割れた
デンマークの高貴な者たちの墓に

亡骸と塵から立ち上がった者は
覚醒したヴィデ一族のスカルムと
フィエネスレウのエサー・リュ（四五）
その傍らにアクセル（四六）がいた
彼らは兜を纏い、盾と剣を手にして
統治集団にふさわしく供を連れて
広野へ、海洋へと移動した

おお、ソーアよ、まさにその残骸のなかから
古い修道学校の建物がその教会の傍らに蘇って
偉大な事業をもたらしたのだ
亡骸であった鳥はまた歌いはじめた
尖塔から聞こえる不死鳥の歌とともに
亡骸の鳥は学頭となったのだ

なんと立派な風采だろう
かの鳥は見どころのある男になった
灰色の髪をし、輝くような眼差で
涙と笑いを眉に表す
だから神は幾度も新たに繰り返すのだ
笑みの光と涙の雲とともに
美しく映える虹の七色の創作を

かの鳥は賢者として語った
すぐれて学識のあることばを用いて
彼はかの鳥のあり様を表現した
たんに高らかに歌うだけでなく
翼に乗せて、彼のことばを振るわせたのだ
いつも思考を巡らせるとき
彼は山々を越えて高く舞ったのだ

この鳥のもとには賢明にすぎる者はいなかった
書物の技芸とその核心により
いかなる鳥の言語にたいしても
自らの頭脳を開く鍵を見つけなかった賢明にすぎる者は
すべての事業は木霊にすぎず
すべての叡智は歌の解明にすぎない
これが彼の開口一番だった

だが君は歌とともに賢明となるだろう
それがかの鳥の不分明な語りなのだが
君を亡骸のもとにとどめよ
その鳥がまだ眠っていた場所に
すべての学術は亡骸の世界にすぎない
このことを鳥はっきりと知り、思い起こした
彼がどこから来たのかを

まさにヘラクレスが自らの楯をもつことによって

自分自身を知ったように
あらゆる豪胆な闘士も
書物の頁をめくることで学び
荒野に働き、食卓を囲んで自分自身となった
国王の宮殿と国の領地のため
生きいきと、光りに輝き、力溢れる仕方で

これが私の夢であった、修道院の街よ
ヴァルデマーの時代(四七)からの伝統を讃えること
これが私の希望だった、君の栄光よ、新たに
そこにすぐ立ち戻ることが
すなわちデンマークの貴人の屍を越えて
君は石造りの建物として立つのだから
ルーン文字の記念碑とともに

そうだ、一族がスカルムの子孫のように
安息の地としてきた場に

黄金に輝く貴人たちがたくさん
まさに意図的に埋葬された場に
高貴な者たちが黄金の宝として育つにちがいない
その地に夜明けが来るにちがいない
国と連合王国にとって宝のような夜明けが

まさに騎士的事業のためのホイスコーレが
かつて記念施設として定礎された場に
いにしえよりの騎士たちのために、まったき誠実と
英雄の力をもった騎士たちのために定礎された場に
その学校が廃墟に沈んだときにさえ
騎士の、義人の学校は設計されるのだ
その礎のうえにかつてに劣らない仕方で

＊「ソーアの教会」についての私の詩が初めて公表されたのは、『除夜』といわれる一八一〇年の小品集である。

七　ソーア・ホイスコーレ設立のために

――クリスチャン八世への書簡

グルントヴィはソーア・ホイスコーレ設立にあたって、二人の知識人との精神的連携をつねに念頭においていた。一人は左の人物画に見える喜劇作家ホルベア（Ludvig Holberg,1684-1754）であり、もう一人は右側の人物画に描かれているグルントヴィの同時代の詩人インゲマン（Bernhard Severin Ingemann, 1789-1862）である。（なお前者の画像はArkivfor Dansk Literatur、後者はフレデリクスボー博物館より）

〔お願いに先立って〕

どのようにすればソーアのアカデミーが、遍く民属・民衆的な陶冶形成と啓蒙のための施設となることができるのか、ラテン語学校およびそこに現在付設されている寄宿制度からまったく分離したかたちでそうなることができるのか、この点についての私見をご披露する機会を陛下はご寛容にも私にお許しになりました。私には、大多数の学者たちの眼には野蛮に見え、大多数の人々の眼にはすばらしく映ることがらについて、これ以上記述する意図はほとんどございません。ですが、国王と民衆との両方にとって当のことがらが重要である、いや必然でさえあるという私の確信、確固としており筋の通っている確信が命じます。私がことがらを正しい光のもとに、まさに無垢の光のように明快な光のもとに首尾よくすえることができますかどうか、お許しいただいた機会を感謝の心をもって利用し試みなさい、と命じるのです。

とはいえ、私はここでこれまで繰り返しお示ししてきたことを前提としなければなりません。普遍的啓蒙、あるいは一般教育は空虚なことばに尽きないものであり、たんなる輝きを越えたものであるはずであり、政府と民衆がじっさいに相互に理解しあうことを学ぶべきであり、統治が民衆的になり、民衆の声にしたがうべきであり、学問が豊穣で、民衆によって正しく理解されるべきなのですが、こうしたときにこそ、私が「フォルケリ・ホイスコーレ」と呼ぶものがなければならないのです。しかし、およそ「そのホイスコーレが」どんな名称であってもいいのですが、私にとってまさしく好ましいのは、たんに若者がその場で知り合いになり、自らの祖国と自らの母語を愛し、彼らが帰属する市民社会について、すなわち共通の最善、公共の福祉のために栄えある仕方で創造された市民社会について知識が得られ、啓蒙されることです。［ちなみに］そうした市民社会において、たんにすべての［社会的］地位が相互に不可欠であることの眼を養い、真の人間形成と精神的享受とがすべての地位に結びつけられ、すべての地位の人々に欠落がありうるという経験から学ぶとすれば、それらの地位すべては等しくディースントで、それなりに立派で、喜ばしいものでありえるのです。

こうしたことを私は前提としなければなりません。といいましても、我が国ではそうしたことは共通の認識です、と私があえて申し述べようとするからではありません。むしろ陛下は、そのような［前提的な］ことが繰り返し展開されることに倦怠を感じておられるでしょうという理由からです。つまり、陛下はこのように大きく、善良な目標を掲げる施設にたいする希望についてはお疑いになられてはおらず、たんにその希望の実現とそこからの諸々の果実についてだけ、お疑いになっておられるのですから。

さて、その果実についてふれましょう。植えられるどの木についてもいえますが、その時代だけが各施設から生まれる果実を示すことができます。そして、そこで［施設が］順風満帆となるかどうかはすべて幸運にかかっていること、こうしたことが肝心です。ですから、施設運営の実施こそがあらかじめ何がしかを評価できる唯一のものです。この点についての私見に、陛下のお優しいご配慮を請うしだいであります。

すなわち、私見によりますれば、人間たちによって設立されるすべてのものは、［青写真のように」あらかじめ指定されたものではありません。むしろ「それに携わる」人間たち自身が肝心です。といいますのは、人間たちはできないことはいたしません、彼らがそのことにどれほど強い義務感に駆られ、どんなに厳粛に誓約したとしましても、できないことはいたしません。さらに人間たちは望ましくないことをあえてしようとすれば、たいへんひどいことになります。つまりそれはすべての精神的活動のなかで、最も稚拙なものになる可能性があるからです。この点をソーアのアカデミーに当てはめて見ましょう。そこから出てくるのは、もっぱらデンマークの若者の民衆的陶冶形成と啓蒙のために働く教授たちが任命されたとしましても、その教授たちがまったく無能であれば、あるいは極端にひどいだけだとすれば、彼らに善良な意思がないとすれば、陶冶形成や啓蒙はまったくなされないでしょう。私が思いますに、このような反省がまさしく、陛下が「新たな構想の」実現をお疑いになるもとのものと存じております。

　つまり、若者の啓蒙や陶冶形成に多かれ少なかれ成果がえられる専門的知識についてはほとんど言及できませんが、フォルケリ・ホイスコーレにかんしていえば、すべてが生きいきと民属・民衆的に営まれねばなりません。このことははっきりしております。他方で我が国の学者の多数は自分たちがもつ知識を伝えるさいに異言語のような学術用語を用い、すべての聴衆がまるで学者であるかのような、教授になるかのような衒学趣味に浸ります。こうしたことも明らかです。さらに、フォルケリ・ホイスコーレでは、ある種の地位にあり、諸々の専門的能力をもつわずかな人々それぞれにとってだけではなく、すべての人々にとって有益で楽しめること、このことがつねに大切なことがらなのです。

ところで、上層であろうが下層であろうが、学者であろうが通常人であろうが、我々すべてに共通でありうるもの、共通であるべきものが人間性（二）ないし人類性、祖国、母語だけであるのは不可避ですから、フォルケリ・ホイスコーレは万事につけそれらのことを大切にしなければなりません。［ホイスコーレの］設立の成功の核心は、それらのことがらが生とともにあり、喜びとともにあることなのです。［ホイスコーレでは］人間性、人類性でさえ、民属・民衆的（フォルケリ）に考察されねばなりません。たんに個々の優れた才能に恵まれた魂の持ち主だけが、彼らの帰属する民属に固有の生を越えて、より高度な人間的生とらえ、営なめるからなのです。ですから一般的にいって、人間たちを身の丈以上のものにしようとすれば、たんにそれ以下のものにするだけですし、同じことですが、すべての人を学者にしようとすれば、百人のうちの九九人を愚か者にしてしまうのです。

［どんな教員が必要か］

さて、民属・民衆性や祖国、母語が陶冶形成や啓蒙の生きいきとした中心点で、人々がそれを促進し、普及することに努めているのであれば、当然のことですが、母語に熟達した教師が少なくとも一人はいなければなりません。ちなみに母語とは、諸々の書物のなかに記されているものだけでなく、とくに民衆の口元で生きるもの、すなわち母語の際立った諸特性や諸々の簡潔な諺の豊かさの全体を含みます。その教師は共通の母語と親密にふれあい、その知見を生きいきと若者にたいして伝える、母語の恵みであり喜びであるものとして伝えるよう努力しなければなりません。当該の教師は「百人の」若者たちのうち一人しか教授か作家にはならないこと、あるいは誰もそうならないことをよく弁えて「母語による知見の伝達に努めねばなりません。」それでも可能性の問題ですが、すべて若者たちは聞いていることを理解し、順序正しく考え、彼らが考えかつ知っていることを、明快に話すことができるようになることでしょう。

また少なくとも「教師・指導員のうち」一人は、祖国の歴史になじんで愛好し、それを生きいきと語れるような人がいなければならないでしょう。といいますのも、若者は諸々の「歴史上の」人物名や「出来事があった」年、また、あらゆる種類の瑣末な事象によって責め苛まれる必要はないからです。それらの事象はせいぜい一人の専門教授に個人的に任せればいいことで、むしろ若者は、彼ら自身の国に起こった偉大でよい諸事象、国が経験してきた諸々の危険、国が獲得した栄誉に注意を向けるようになるべきです。そうすれば、国が何を私どもすべてに要求しているのか、私どもが国の未来に、あえてどんな希望を抱くことができるのか、こうしたことを感得することができるでしょう。

そしてまた少なくとも一人は、古いものと最近のものを含めて民衆歌謡、フォークソングになじみ愛好する人がいなければならないでしょう。その人自身が歌唱リーダーの場合がありえるでしょうし、しっかりした協力者を得て、その役割を果たしてもらう場合もありえるでしょう。といいますのも、若者全体を芸術的な歌手にすることも、学者にすることも目標とされてはいないのですが、民衆歌謡はもちろん、太古の時代からきわめて実り豊かな人間形成の手段として用いられておりまして、若者が喜びとともにあり、喜びとともに学ぶさいに中心的役割を果たさねばなりません。とくに我が国では民衆歌謡はたいへん豊かで、遍く人気を博しておりますので、それは精力的に推進され、ギリシアにおけるように、諸々の石像をも拍子にあわせて踊らせることでしょう[三]。

さらに、少なくとも一人は祖国をよく巡視して、町々の状態やそれぞれのもつ独自に美しい景色だけでなく、民衆のことも、彼らの娯楽や職業、支配的な考え方も知っているような人がいなければならないでしょう。といいますのは、地理的概略や諸々の統計表は若者にとってはとても退屈きわまりないものですが、祖国と民属・民衆の諸特徴の全体、彼らの職業や気晴らしを生きいきとイメージすることは楽しくもあり、ためにもなるからです。

最後に、ローマ法を気にせずに、若者に過去と現在にわたる祖国の国家体制と立法について、真の観念と生きいきとしたイメージとを与えるような法律家が一人いることが、たいへん望まれることであります。しかし、そようのな「デンマーク語」法律家[四]は今は見つけにくいでしょうから、若者に祖国の歴史の全体を語る役割の人がその要求を満たすよう、できるだけ辛抱強くその任に当たらなければならないでしょう。

以上のことによって、民属・民衆的な知識の円環はまったく欠けるところのないものになります。ですが、「ここで」強調いたしましたのは、目標とする有用さを実現し、「ソーアの」当該施設にそれ独自の特徴を与えるために見出されねばならないものの概略、輪郭だけです。ともあれ、当該施設がそれ自体で保有しているという面での特有性を見たのでありまして、その施設が「コペンハーゲンの」大学と共有する特徴を見たわけではありません。

こうして、多様な知識、つまり言語学的、数学的なそれや、自然史および世界史にかかわるそれの生きいきとした伝達は、フォルケリ・ホイスコーレにおいてもたくさんの人々に益をもたらし、彼らを喜ばせるでしょう。とりわけ、祖国の諸々の文学の民衆的で、とくに詩的、歴史的な部分は力強く普及し、私どもにたいしてまったく新しい読書世界を創造するでしょう。こうしたことが、「ホイスコーレの設立によって」自ずと生まれてくるのですが、しかし、すべてのことがすべての人々のためにあるのではないこと、本読みは官吏にとってはもちろんのこと、ある場合には民衆全体にとってさえ主要なことではありえないし、あってはならないことが銘記されねばなりません。その「ある場合」というのは、各人がそれぞれのもち場に熟達し、その仕事に気を配るような場合、あるいは生活のなかでの様々な日常の職業が、喜びとともに勤勉に営まれるような場合のことです。ですから、民衆が読み、書き、あるいは「そろばん」をはじけばはじくほど、万事にいっそう熟達するようになると考えるのは本当の市民的不幸を招くのです。その理由ですが、一般民衆が「読み、書き、そろばん」のようなことがらに熟達したところで、すぐにその他のことがらにかんして有能さを失うことがありえる、考えたり、話したりすることにかかわってさえ、その力を落とすことがありえるということなのです。

ちなみに、フォルケリ・ホイスコーレの設立のために、外的諸手段をふんだんに提供するソーア「アカデミー」ですが、それがまた「人員という」内的諸手段も保持しているのかどうか、この点はチェックして証明されるまでは確かなことがいえないでしょう。ですが、［ソーア・アカデミーのなかで］ただ一人の活動、すなわちインゲマン（五）の活動だけが祖国と母語とを考慮しています。私の知るかぎり他の誰も、民属・民衆的なことがらに暖かい眼差しを向けていませんので、インゲマンが少なくとも三、四人の有能な助手を得ることがなければ、［ホイスコーレの］創設が首尾よくいくと考えることはできないでしょうが、そうした条件があれば、［ホイスコーレは］良好な仕方で開設できるでしょう。［いずれにしましても］、［ソーアの］アカデミーが［インゲマンに加えて］さらにどのような民属・民衆的な［精神的］諸力をその内奥に保持するのか、このことが時とともに、時代の進展とともに示されることでしょう。

［ホイスコーレ管理運営上の留意点］

さて、若者の教師・指導員が民属・民衆的教養を促し啓蒙するのにどのようにふるまうのがいちばんよいのでしょうか。これはたしかに重要な問題ですが、この点を教えるのは何よりもまず［そのことにかかわる］経験です。といいますのも、たくさんの書物の暗記学習が肝心だとされ、それゆえ、それらの書物にかんする試験が行われ、「良いか悪いか」が成績表に書き込まれるのですが、そうした暗記学習が行われる場合には、そのためにどのような順で、どんなかたちで勉強すべきか、これはあらかじめ簡単に決定できることです。しかし、若者を祖国愛と生への配慮とに眼覚めさせて育成すること、若者を陶冶形成や啓蒙に案内することが課題である場合には、固有の報酬支払いがあってしかるべきでしょうが、それは何がしかの「生活の糧」のためになされるのではありません、支払いそれ自体が生への関心を生み出さねばならないのです。そのさい、問題は巧みで生きいきとし、信頼のできる諸々の運営職員を見つけることですし、彼らの諸力を証明し、最善を尽くせるよう可能なかぎりの自由を与えることです。このことはとりわけ、最初の段階では絶対に必要なことです。その理由ですが、私どものなかで生と生の発展のための諸法則にかかわって最も賢慮のある人々は、多くの観点からいって私どもの無知や不確実さがよくわかっているにちがいありませんし、しばしば「過去に向かって」何が最善であったかを知ることができます。ですが、「それら賢慮ある人々は未来に向かって」その最善を実行に移す能力を欠いています。「この理由から、運営職員に可能な限りの自由を与えることが必要なのです。」

たしかに我が国では、入学時にも修了時にも義務的、強制的テスト（試験）を必要としない啓蒙施設を想像することはできません。ですが、フォルケリ・ホイスコーレでそれらの試験は行われてはなりませんし、「もし試験が行われるのだとすれば」そうした施設は廃止されなければなりません。このことは陽光に照らして明らかではないでしょうか。といいますのも我々は大学の試験とは別のものとして、「生活の糧」の見通しあるいはある種の技能や営業の独占権の見通しを考えるなら、わずかの人しか試験を甘受しないか、誰も甘受する人がいないことを確信するでしょう。ですから、「ギルドの制度に見られるような」生活の糧にも諸々の独占権にも誘惑されずに、フォルケリ・ホイスコーレを訪ね、それを活用しようとするなら、その訪問は気さくにふるまう人々すべてにとってまったく自由でなければならないのです。

こうして、フォルケリ・ホイスコーレでは義務的、強制的テストを一切行わないことが必要ですが、それは痛ましいものではありません。といいますのも、ある面でドイツやフランス、イングランドの事例は、我々の試験信仰が根拠のない迷信であることを証明しておりますし、ある面で、フォルケリ・ホイスコーレに自由なテストを導入することで、これまで諸々の試験が生み出してきた弊害を被ることなく、試験が与えることのできる有益な果実のすべてを収穫できるのです。つまり、そのような試験が生み出すことのできる唯一の有益な果実とは、競技の喜びに眼覚めることでして、その喜びへの眼覚めは、オリンピック・ゲームにおけるように競技が自由に行われ、［勝利者の］技能熟達への報酬がわずか月桂冠だけの場合に生まれるのです。

最後に、管理運営について述べますが、それは可能なかぎり陛下［のご意思］にしたがう仕方で、その現場でなされねばならないでしょうし、とりわけ、［コペンハーゲンの］大学や諸々の学術探求の学校に寄与する指揮命令であってはならないでしょう。大学や学術探求の学校は最良の意思をもっている場合でさえ、傍らにあって民衆的啓蒙と陶冶形成の施設を、その誕生とともに窒息させるか、あるいは成長とともにすっかり紛糾させるかして管理できるだけでしょう。［ソーアの学校の前身の］騎士のアカデミー（六）には学頭がいましたが、そのように、フォルケリ［ホイスコーレの］施設にも校長が滞在していなければなりません。民衆が高貴でしかも民衆的な人間になるとするなら、［校長は］重要人物であればあるほどいっそうよいでしょう。といいますのも、民衆のなかの若者全体は高貴さや騎士的、義人的性格を眼の当たりにする必要があるからでして、とくに野卑な下層民のままでいる危険がきわめて高い大多数の若者にとってそのことが必要だからです。

［ご決断のお願い］

以上のことで、［ホイスコーレ構想の］現実的な実施をどのように私が思い描いているかを陛下にお示しすることは十分と存じます。ただその実施のために、［今申し述べました］諸々の路線を敷いたのです。といいますのは、とても慈悲深くあらせられる陛下が、ソーアのアカデミーを母語による若者の民属・民衆的陶冶形成と啓蒙のための施設として整備するとご決断いただけるなら、そして（我が国の学者層の多くのように）たんにこの［フォルケリ・ホイスコーレの］理念に敵対せず、そもその理念に歓迎の声を寄せていただける人々による理事会を立ち上げていただければ、全体が少なくとも暫定的には最良に秩序づけられ、整備されるでしょう。陛下におかれてはきっと、たんに私のイメージにあるよりもはるかに明瞭な仕方で歩みを前方へとお進めになられることでしょう。その理由は、とりわけ私が長年にわたってその理念にかかわってきたほとんど唯一の人間であることで、私がその理念を何がしか一面的なものと見なし、多様なものを看過してしまうことはまったく理の当然だからです。ですが、［私が看過してしまう］その多様なものこそが［フォルケリ・ホイスコーレの］観念を明瞭にすることができ、実施に当たって考慮されねばならないようなことがらなのです。

この上なく慈悲深くあらせられる陛下、［以前］私がはじめて皇太子殿下（七）とお呼びする幸運を得まして以来ずっと、誰よりも早く当の問題にご注目をいただいた陛下、お認めください。当の問題が陛下のお慈悲からする賛意を賜れますよう、それゆえ、［民衆啓蒙の施設の］設立を国王の政令でご命令いただけますよう、私は心の奥底より、私の請願を繰り返させていただきます。施設の設立はきっと、どれだけ多くの衣服を着古すことがあっても、「けっして死に絶えることのない条件を保持するでしょうし(八)」、設立者である国王［陛下］のご尊名が消え去ることはけっしてないでしょう。まさしくそのご尊名は太古の時代以来のすべての民属の英雄たちとともに生きた仕方で分かちもたれるのです。

なぜ私の請願が今、以前よりもいっそう緊急であるのか私がご説明申し上げますことを、この上なく慈悲深いお心の陛下はここでもまたお許しいただけるでしょう。

歴史家として私は、今明白であることを久しく見てきました。すなわちこの一九世紀に諸国民が国民性にたいして、概して彼らの長所と欠点の両方をともない日々徐々に眼覚めつつあること、それゆえ、民属・民衆的啓蒙と陶冶形成のための施設がいたるところに必要であること、民属的（フォルケリ）であるという特権が与えられますけれども、それだけのものにすぎない党派が幅を利かせて市民社会を毀損するようにならないという条件で(九)、そうした施設が必要であること、これらのことを私は心得ております。今、民属・民衆の現実の精神に刺激を受けて政府が問題を取り上げようとしないなら、人民大衆は日刊新聞や利己的で権力欲旺盛な指導者、不貞の指導者の餌食となって、おおよそ無知蒙昧のままにとどまるか、あるいは民属・民衆的啓蒙の施設がスタートするにしても、その施設は方向の歪んだ［狭隘な］党派問題に［すりかえられるように］なってしまうかのどちらかでしょう。後者は確実にここで当てはまるケースです、つまり、理念が湧き起こり、民衆の歴史的性格に向けられねばならないさいに生じるケースです。ですから、国立デンマーク語ホイスコーレにかかわる私の希望が無に帰するとしますなら、何がしかのことに貢献いたし、さらに貢献いたさねばならない私としましては、大いなる悲運でありましょう。あえて申し上げますが、私の［私的な］願望などはたいしたことではありませんが、それでもそれは、私が［ホイスコーレの設立によって］神にデンマークのご加護をいただくよう祈願しましたことであり、大切なことなのであります。このように問題が輻輳していることを私は存じておりますが、まさしく今こそが国立デンマーク語ホイスコーレが成功するための最後のチャンスであり、絶好の機会だと考えております。といいますのは、民属・民衆が自ら［ホイスコーレの］必要を感じはじめているからですし、民属・民衆の党派自体がこのことを認めねばならないからです。といいましても、その民衆の党派は大いなる理念をとらえる点でも実現する点でもまだ消極的です、内面的にも外面的にもまだ消極的なのです。

ですから、私は今、デンマーク的性格、デンマークらしさをソーアのアカデミーにお与え下さいますよう、陛下に心よりお願いするしだいなのです。揺りかごから出でてより、いえ母の胎内から出でてより、類まれにも王国的で、国王［陛下］に忠誠を抱くデンマーク的性格をソーアのアカデミーにお与えくださいますようお願いいたします。そうしていただければ、その性格は俗悪な下層民、あらゆる名称と姿にいうところの俗悪な下層民によって押し流されることはないでありましょう。むしろデンマーク的性格は国王［陛下］にとっても民衆にとっても名誉であり、恵みであり、喜びであるように活気づけられ、明朗になるのです。そうです、このことに神のご加護がありますように。

一八四三年二月九日
最も従順なる臣下
N・F・S・グルントヴィ

八　デンマークへの祝賀

心の不明な者は、自らの眼を攻撃している
——アングロ・サクソンの諺より（一）

グルントヴィのソーアでのデンマーク語ホイスコーレ設立の夢は破れるが、ホイスコーレの理念は、Ch. フローによって1844年に「フォルケホイスコーレ」として南ユランにあるレディンでかたちを変えて実現される。左の絵は一九世紀の設立当時の様子、右の写真（"Klisteligt Dagblad"11. Juli 2011）は現在の様子である。

はじめに

「デンマーク語ホイスコーレをめぐる状況と基本前提」

さて、一八四七年のトールの月[二]三月二七日からすでに、ソーアのデンマーク語ホイスコーレは国王の裁量に委ねられている。[三]「法に署名を行った」ペンやインクだけの話ではなく、最良の意思をもち、世俗的諸手段のすべてを保持する国王の裁量の範囲内にある。というのも、国王の手紙が封印されず、「フォルケリ・ホイスコーレが」「実質ホイスコーレ」[四]に名前を書き換えられる「という問題がある」にしても、基本的には祖国の、それゆえ古いデンマークの言語や歴史、統計、国家体制に言及することで[五]、さらに利用を希望するすべての人々のためにこのホイスコーレが開設されることで、私的な地位にある市民にとって最重要な諸部分、すなわち立法や行政関連、共同自治関連の諸部分がホイスコーレで徹底的に啓蒙されるだろうとされているからである。

たしかに、実質ホイスコーレの一般目標は、実質学の学校コースの基準、すなわちいっそう高等で十全な実質学教育の基準となる予備教育を修了した人々にたいして与えられると国王の政令文書のなかにはあった。そのことで、「学校の名が」けっしてフォルケリ・ホイスコーレにならなかった事情は簡単につかめるだろう。実質学の学校コースのすべてを修了している者がいなかったのなら、誰もその「終了の」ために新たなホイスコーレを設立しようとはしなかっただろう。しかし、一面でこの理由から、他面で「一般目標」がここで「実質的という」「特殊な仕方で」設定されたことに矛盾するという理由から、一般目標は「全体的かつ実際的」と理解されねばならない。たしかに実質学校の出身者が要望するであろうものを「全体的」と受け取るべきではあるが、しかし、すべてのデンマーク人が要望するもの、それは、すべてのデンマーク人があらゆる観点で、母語と祖国に優れた仕方でなじむことなのであり、「実質ホイスコーレは」そうしたものにアクセスする機会を、たんに「実際的」に配慮し、保障すべきである。

いわゆる実質ホイスコーレをデンマーク語ホイスコーレと見なし、その設立を私が歓迎できるのは、ただ上記の前提においてのみのことである。私は何歳になっても、デンマーク語ホイスコーレを祖国のためにほしいと思い、それに恋い焦がれてきた。生きいきした事業「が欠如していること」にため息をつき、その事業を願い、それがイメージできるよう努力してきた。私は、デンマークの民衆全体およびデンマークの状況全体に、デンマーク語ホイスコーレがまさしく影響力を行使すると同時に、栄えある影響を与えることを予言してきた。もちろんここで私が、「我らが寡婦」のために（六）、本物のデンマーク語ホイスコーレの設立を妨げる諸々の障害物を取り除くことに寄与するのは同様の前提にしたがう。私が注目してきたようなデンマーク語ホイスコーレの観念を明らかにするためには、読者公衆に倦怠感やモヤモヤがまだたくさん残されているのである。

私は依然として、死ための学校から我が国が十二分に多くのものを得ていること、だから、とりわけ自分たち自身が生きいきとしていなければならないと解する生のための学校においても、十二分に多くのものを得なければならないこと、このことにすべてのデンマーク人が同意することを前提にしている。さらに、啓蒙と陶冶形成が立ち止まって、誤りを見つけ出し、まさに［状況を］突破する力があることにたいする同意を前提とし、加えて、人々が何がしかわずかであれ事業を起こし、生活の糧を手に入れなければならないように、この啓蒙と陶冶形成は諸々の難題を悪化させることがないということでの意見の一致を前提にしている。他方で、民属・民衆の精神における啓蒙と陶冶形成、つまり民属・民衆の心にしたがう啓蒙と陶冶形成は、それがおかれたすべての位置で生を励まし、改善し、快適にし、すべての側面から祖国の栄誉を照らし出すのだが、このような啓蒙と陶冶形成は、それが欠如している事態を悲しんでも深く悲しみすぎることはありえないし、要望するにあたって熱烈にすぎるということもありえない。高価すぎて買い入れることができないというのでもありえない。こうしたことでの意見の一致も前提にしているのである。

［天空の城からの脱出］

このような前提のもとで私があえて望むことはただ、デンマークらしさ、すなわちデンマーク的性格についての解明を語るさい、私が凝視したのが天空の城ではないこと、あるいはそのさい私が航海に乗り出したのが架空の飛行船ではないことを我が同胞に示すのにこれまで失敗してきたのだが、このことが最終的には成功してほしいことである。ちなみに私はデンマークらしさを語る際、年老いたデンマークの女王の王位就任のイメージによってか、無垢なデンマークのプリンセスが自ら獲得した満足のイメージによってか、あるいは他の諸々のイメージを用いるかして語る。民衆をそれによって励まし、それによって楽しませるのが太古の時代からのデンマークのスカルド詩人のやり方であった。基本的にそのことは、善良なデンマーク人それぞれが小さな規模で行うことを大きな規模で行うことに他ならない。「小さな規模で行うというのは、」各デンマーク人が土地を自分の地所に変えて囲いをし、生ける資産であれ死せる資産であれ、すべてを自分の財産として隣人のものとは違うという印をつけて獲得することを理解する行為である(七)。各人はその地所を堅持し、そのことで、他の人々と近づきすぎることはないが、同様にまた、他の人々が考えて行うことに注意を払うこともない。したがって万事を、自らの喜びと自らの頭、自らの都合によって自らの家のなかで、そして自らの所有地で整えるのである。

このことからすると、私がデンマーク語ホイスコーレについて書いたことのなかにごく普通のデンマーク人の意見が欠けていることを寂しく思っても、それは私に責があるわけではない。ともあれ私は陛下の王位就任にさいしてのデンマーク語ホイスコーレにかんする私の不遜な請願から取り出した詩の連の最後の部分で「この「はじめに」を」静かに閉じようと思う(八)。

貴方の連合王国に風雅な学舎がある(九)
シェラン島の心臓部の、あざやかな湖のほとりに
静かに愛しい人を就け給え

小島にある緑の女王の座に
煌めくルリ草の柔らかなクッションを添えて
思い出は青き光を放つ、我等の母の子どもらのもとに
その血が身体を巡るかぎり、その心臓が鼓動するかぎり

アクセル(一〇)が円筒の弧のもとに眠り
デンマークの貴人が闘士の花輪を纏うところで
老いた女王に民を謁見させたまえ
新時代の輝きのなかで麗しく若返った女王に
その場でデンマークのことばで、打ち解けさせたまえ
老いた者たちの心の調べと若人の心の調べとを
女王とデーンの国王の賞賛のために

そうだ、我等の古の女王がその座に栄誉とともに就くならば
青に染まった愛しい思い出のある海辺のブナの木立のなかで
国王への賛歌は民謡の調べとともにある
雲雀や小夜なき鳥が囀るように

そこにヴァルハラでのように、死せる者たちが蘇り
毎朝、優しい心の調べとともに
クリスチャンのテーブルを囲んで座につくのだ

（一）デンマーク人の愚かしさ

〔対外従属を問い直す〕

かりに、デンマーク語による民属・民衆的で、祖国にかかわる啓蒙をデンマークの人々が獲得し、自分たち自身の国にそれが伝播すること、このことがじっさいに証明されるとして、そのさい、人々は何を語ろうとするのであろうか。そうした啓蒙は最上層から最下層にいたるまで、民属・民衆全体に有益であり、その全体に喜びを与えることができるし、この古い歴史をもった小さなデンマークで諸々の希望の果実をあらゆる仕方で結ぶことができるのだが、その啓蒙の獲得と伝播がじっさいに証明されるとして、人々が語ろうとするのは何であろうか。

このことは、「デンマーク民衆の一人としての」私自身の側からいわせてもらえばなんら問題に価するものではないし、ましてや答えが難しいというわけでもない。なぜなら私は、一方で人々が語ることについて、とくに我が国が久しく信頼し手本としてきた人々（二）が語ることについて十二分に知っているからである。同時に他方で、「デンマークの人々の」語りがその人たち自身やその人たちの妻子、近親者のすべてにかかわるさいには、彼ら自身の友人すべての幸福や苦悩、幸運や不幸、恵みや災い、喜びや悲しみにかかわるさいには、少なくとも彼らとは無関係の余所の人々が何というかという点に気を遣うのはまったく愚かなことだと私は見るからである。なぜそうかといえば、他者になんら危害を加えることなく、当人は自分自身のため、自分固有のことがらのためにできる最善の配慮を怠らないからである。

たしかに私も、デンマークの人々が基本的にこのことを私と同じように考えていると思う。というのも、そうでないなら、我々の小さな民属が現状のように長い歴史をもつようになるなどけっして許されなかっただろうし、「デンマーク語が」ひどく汚い母語だと繰り返し不平の的になるデンマークの祖国を維持し続けたことも許されなかっただろうからである。しかし、話の中身が啓蒙や陶冶形成、学校制度、研究、学問、古典性、実用知等々にかかわる場合、デンマーク民属は少なくとも三百年のあいだ、それらについての民属の諸思想を外国から「輸入する」機会を得ることによって、あるいは外国から「人を招聘した」ポストによって得ることを慣わしとしてきた。外国からというのはほとんどがドイツからである。それゆえ、デンマークの民属が何を理解でき、その民属に何をもって最良に奉仕できるかについて助言を得る場合、デンマーク民属が最初に考えることは、だが「人々」が何というだろうか、「人々」すなわち大きな諸民属が何というだろうか、ということだったのである。

　そうだ、それゆえ私には、デンマーク語ホイスコーレの話題に戻って多くのことを語る前に、危険な問いを提起し、それに答えることが必要だと思える。もちろん、このホイスコーレはデンマークにとって必須であり、これにたいしてモデルを提供したり推薦したりすることは、ドイツ人ないしその他の大民属の役割ではけっしてありえない。だから、デンマーク語ホイスコーレが表面的には簡単に挫折するかのように受け取れる危険な問いに答えることは必要だと思える。つまり、ここで「大きな民属に属する」人々が何というだろうかと問うのは、まったく無益で、理不尽な愚問であるのだが「あえてそれに答えることが必要だと思えるのである」。

［他の大民属は何というだろうか］

　さて、「まず」大民属である中国の人々は何というだろうか。彼らはとくに詮索好きではないし、我々が「ユーラシアの片隅に」居ることもほとんど知らない。だが、その中国人が我々デンマーク人を知ったとすれば何というだろうか(二)。これまで我々はとくに試験にかかわって中国式にやってきた。できるかぎりたくさんの試験を、できるかぎり多様な科目にかかわって実施してきた。その我々がデンマーク語ホイスコーレを設立し、中国人の頭とはまさに矛盾する我々自身の頭で考えるようになり、中国人の足とは違う我々の足で歩くようになったのであるが、そのことを知らされたとすれば、中国人は何というだろうか。たしかに、そのことは正確にはわかないが、推測ぐらいはできる。我々が彼らの心境を想像すれば、［おそらくは］「紅毛の野蛮人ども」が「天の帝国」[一三]にある神の諸制度を真似て難儀に巻き込まれようとしている。つまり、自分たちの汚物のなかを転げ回るのは豚にも等しい支離滅裂さである、といったところだろう。

では、フランスやイングランドの人々は何というだろうか。このこともそれほどよくわからないし、推測するのはいっそう困難である。なぜなら、［フランスやイングランドは］一方で小さなデンマークよりも大きな中国に久しく注意の眼を向けてきたのであり、最大の外国のなかでも国内問題にまったくわずかしか注意を払わない民属だからである。しかし、それらの民属が、我々が半ばドイツの束縛を投げ捨て、半ば中国の束縛から脱却して、我々自身の足で立って歩もうとしているという噂を聞きつけるとすれば、私が期待するのは、彼らが、「ごらんよ、とってもいいじゃない（voilè og very well）。北方のスカンディナヴィアでも国民性に眼覚めることができるんだから、よいことでしょう」といってくれることである。だが、そこから聞かれるのは、［デンマークは］まったくドイツとは違い、半ばロシアとも違っていると［フランス人やイングランド人が］受け取っているということである。

［ドイツ的なものへの批判］

これにたいしてドイツの人々は何というであろうか。まさしくこの教養ある民属は小さなデンマークにそれほど大きな注意を払っていないし、デンマークについてそれほど知っているわけでもない。だが彼らは、隣国であるために長らく我が国の教育にかかわって学校教師にようにふるまってきた。そのドイツ人は何というだろうか、私はそのことを心のなかで諳んじているわけではないが、ドイツ的冗長さは措くとして、［そこから取り出した］手短なことばできっと、「愚かなデーン人たちよ、いったいどうしたことだ（Donner und Blitz! Die dumme Dänen!）」と語ることになろう。すなわち、「彼らは通常、我々［ドイツ人］とまさしく同様に、自分たちが固有の本源的民族であり、自分たちの会話に母語を用い、発展や防衛にたいして独自の見解があると空想を逞しくしている。というのも、教養ある世界のすべての人々が知っていることだが、彼らは元来がぼんくらであり、その彼らを、あらゆる学校長のなかの長としての我々がいたずらに教え諭してきた、カール大帝やルイ二世[一四]の時代以来教え諭してきたからである。［いたずらに］というのは、彼らが頑迷にもすべての低地ドイツ語の表現のなかで最も平板な表現に固執して、偉大なる『永遠の諸理念（evige Ideer）』が愚かしくも彼らの無意味な日常生活とのかかわりで評価されるべきだと妄想しているからにほかならない。『いったいどうしたことだ』、なんと恥ずかしいことかと改めていいたい。この［永遠の諸理念の］根本的展開と不偏の産出が彼らの眼に届いてもただちに、彼らデンマーク人がドイツ的寛大さに改心することがなく、民族的放縦をすべて恣しいままにして止めることもなく、おそらくはまだ忍耐強いドイツ人になれるであろうことを幸運だと褒め称えもしないとするなら、彼らは喪失状態にあり、ドイツの影が彼らを押しつぶすだろう。いったいドイツ人は、火薬を発明したわけではないが、火薬も鼠も嗅ぎ分けることができる訓練の行き届いたアザラシもそうなのだが、[一五] 大ゲルマーニアや神聖ローマ帝国の狩猟の達人として世界的な名声を保持するのだ」と語ることになろう。

そうだ、こうしたことを隠しておくのは有益でないし、誤った希望を語って、［我々が］我々自身にへつらい［自己欺瞞を貫く］ことも有益でない。およそ上述のことは、人々が、とりわけ理性的で教養があり、鋭敏な心をもち、自信たっぷりで、記述の才に長けたドイツ人がいおうとすることである。我が国でじっさいに、そのようにドイツ的なものと呼ばれるものを激しい調子で紹介するさい、つまり真のデンマーク的なもの、民属・民衆的なものを愛好する我が国の啓蒙制度にあっても、とりわけドイツ的なものと呼ばれるものを紹介するさい、彼らドイツ人がいおうとすることなのである。

なぜといって、一九世紀のドイツ教養層は一八世紀の教養層のように民属・民衆的なもののすべてが児戯に等しいとは考えないし、民属精神を偶像化して世界市民（Kosmopoliter）であろうとしないのだから、英国人は真の啓蒙の面でとくに遅れているなどとも考えないからである。そうだ、一九世紀のドイツ教養層は民族性（Volksthümlichkeit）[一六] が民属の諸々の努力や制度の整備のすべてに浸透しなければならないことを我々に語ることを心得ている。つまり彼らは栄誉をもってその名を保持し、地球上の諸地域で本物の民属それぞれが得ている特殊な神的召命に応えねばならない場合、［民族性がすべてに浸透］しなければならないと我々に語ることを心得ている。したがって、ドイツ教養層自身が、彼らの義務、彼らのエトノス全体の義務と呼ぶにもかかわらず、それと同じことがらへの権利を我々にたいして否定するのなら、そのことはただ、彼らがデンマークの民属・民衆の存在を否定し、我々のフォルケリヘズ、つまり民属・民衆の対等平等性を空疎な輝きで無力な影にすぎないと主張するからに他ならないのである。

すなわち、中世に強大な権力を誇示したドイツ皇帝たちのすべては、「デーン人のマルク」(一七)がアッカーの「マルク」や全ブランデンブルグの「マルク」、その他の多くの「マルク」と同様にもともと神聖ローマ帝国に帰属していたのであり、たんなる無法の時代状況(injuria temporum)の結果として帝国から切り離されたのだと頑強に主張していた。こうしたことから、一九世紀ドイツご自慢の作家たちが同じように、「南ユトランドと北ユトランド(キンブリ族の半島全体)はもちろん必然的にゲルマーニアとドイツに所属していること、それら[「ユトランド」]の祖国(デンマーク)はドイツの民族的な力の完全な発展と解明にとってまったく無価値であること、いわゆるデンマークの島々はそれ自体として存立してもまったくの無意味であり、交渉のなかで必ずドイツ連邦に併合されねばならない」と頑なに主張していることを知っているのである。(一八)

ところでドイツ人たちの主張によれば、デンマークにかかわるこうしたことがらは世俗的、政治的、市民的に妥当なものである。ドイツ人の理性によれば、すなわち彼らに固有の想像に基づいて過つことのできない理性によれば、[先の世俗的、政治的、市民的なことがらは]精神的、言語的、学問的方面で通じることがいっそう明白なのである。だからこの観点からすれば、ドイツが我がデンマークを丸ごと領有する「歴史的権利」をもつことはきわめて明快である。なぜなら、いわゆる我々のデンマーク語は明らかに、世界に名だたる偉大なるドイツの母語の訛り、ドイツ語の方言にすぎない、下卑て混乱した訛り（方言）にすぎないとするからである。さらに彼らは、我々デンマーク人がキリスト教や文化への萌芽をドイツから得るまで粗野で非人間的な野蛮人だったが、宗教改革によってまさしく奴隷的にドイツ人に追従し、それ以来三〇〇年間、学問的にいっても奴隷に他ならなかったとする。だが我々デンマーク人が独自の道を歩もうとするなら、たんに笑うべき愚かしさを実行に移しているにすぎない、こうしたことがあまりにもはっきりしているとするのである。

　そうだ、あらゆる観点からして、デンマークにたいして基本的封土支配と過剰な所有権を要求するこの［標準語として機能する］高ドイツ語の立場は、なるほどつねに周知のものであった。だが、その立場はスレースヴィ・ホルシュタインの運動（一九）にさいしてまったく悪名高いものと呼ばれねばならない。つまり、すべての民属集団が日々しだいに自覚的になり、彼らの昔日の主張や諸見解の全体を保持し、彼らの元来からの傾向（同情や反発）全体を保持して自覚的になる時点で、そうした時点で、すべての民属のなかで最も自愛と自意識の強いドイツ人が、彼らの自然な見解を、すなわちドイツ的なものとデンマーク的なものとの関係にかかわる［後者を隷属視する］見解を断念すると考えるのは愚かしいことであろう。付言すれば、ドイツ的なものにたいするデンマーク的なものの［隷属的］関係は、たいへんもっともらしい真理の外見を呈しているので、様々な圏域のデンマーク人でさえ昔も今も、基本的にこの外見は妥当なものにちがいないと考えている。彼らの自己感情ないし自己保存の衝動が、その外見から帰結するすべてのことの誤った妄想を彼らに禁じたのではあるが、その外見は妥当なものにちがいないと考えてきたのである。

それゆえ、このことにたいしてデンマークの民衆は冷静沈着でなければならず、果敢に啓蒙の制度において我々自身の自然で、民属・民衆的な道を歩むさいに、ドイツ人がはるかに高い調子で、［デンマーク人が］愚かしく、恩知らずで耐え難いとがなり立てる事態に備えていなければならない。このがなり立ては相当に声高なものである。我々は果敢に南ユランがデンマークに属していると主張し、さらにこれまで教会と学校でドイツ語だけが用いられていたが、そこにデンマーク人牧師を招聘し、デンマーク語文献の導入を敢行すると主張する。民衆がデンマーク語を話すという貧弱な根拠からこの両者の敢行を主張するのだが、しかし、それよりもドイツ人のがなり立ての方がはるかに声高である。ちなみに［貧弱な根拠］というのは、スレースヴィの庶民は、文化言語や精神的言語として高ドイツ語を用いるとしても、日常的にはデンマーク語でおしゃべりするのであり、このことが、ホルシュタインあるいはポメラニアでも、ボヘミアの庶民でさえも同様にそうするという以上に重要な意義をもたねばならないかのようだからである。

にもかかわらず、我々が良心をもち必要な率直さをもって、［デンマーク人教師の招聘とデンマーク語文献を導入する］我々の実験を継続でき、ドイツ語による学術論議の継続も認めるとするなら、我々にはその実験にたいして正当な権利があり、それゆえ、我々が［デンマーク人牧師とデンマーク語文献を］ともに維持するなら、神のご加護によって、実験を実行する力もあるときっと感じるにちがいない。民衆にこのことを確実に保障できるのはデンマーク語ホイスコーレだけである。私はこの保障をずいぶん前に獲得する機会があったのだ。だからその私にはこの保障を故国の人々が置き忘れたとわかっている。その保障をここで［貴重な］紛失物として、我が故国の人々に注意を喚起できるし、そうすべきである。それゆえ、私は［この保障を］獲得物として私物化するつもりはなく、むしろデンマーク語ホイスコーレに寄贈するつもりである。このことはむしろ次のようにいうべきである。すなわち、主［なる神］が我々を創造したように、現に存在する権利とそのための力とを我が国がもつという民属・民衆の確かさは神のご加護によって保障されており、たしかに我々がこのことにしたがうなら、この民属・民衆の確かさはいっそう価値あるものになり、そこに応じて我々に共有されるようになるというべきである。(一〇)

［デンマーク人の愚かしさ］

したがって、私はデーンの男たち、女たち全員に請合いたい。彼ら、彼女らは混乱したドイツ人でも、退化したドイツ人でも、偽装したドイツ人でもなく、一つの民属を構成すること、数もわずかで慎ましいあり方をしてはいても、独自の天分を保持する真に固有な民属を構成すること、それは現在地上の圏域に住む民属であること、こうしたことを請合いたい。そのことが確保できれば、デン、マーク民属にはすべてドイツ人あるいは他のあらゆる民属と同じように諸々の自然な義務と権利がある。したがって、まずなにより、最終的には麦わらほどの広さであっても自分たち自身の祖国を守るデンマーク民属には、万人が、そして各人が用いる母語のどんな響きも保護する責務を負うデンマーク民属には、自分たち自身のやり方で自分たち自身の母語に基づいて発展し、自分たちを統治し啓蒙する権利がある。なぜなら［私はここで義務と権利の］両方について言及したが、それはデンマーク韻文年代記（一一）にあるように、「自由は黄金に優るよきもの」だからである。くわえて、あらゆる経験が示すのは基本的にそのことの帰結だからである。つまり、いわゆる発展や啓蒙、陶冶形成のすべてにかかわって、［民属・民衆の］の自然の性格がそれらに合わないなら、したがってまさにデンマーク語でいう「アルト」、慣習的なあり方に反しているようであるなら何の意味もないからである。

　だからドイツ人との関係で独自なものをもつ我々デンマーク人が、粗野で野蛮な民属であったとするとか、あるいは我々がドイツ人を真似ることでまったくわずかではあるが我々の保持するじっさいの啓蒙や教育を獲得したとするとか、そういったことがどんなにもっともらしく、望ましい真理の外見を呈するとしても、それでも、それは［本来の］真理とは別物である。なぜなら、ドイツ人の物真似はむしろ、我々の演じた最大の失態だからである。

　こうして、手［を使うことで］できることにかんしてでさえ、技巧、熟練が欠如している場合に、物真似がひどいものになることは十分に知られている。我々は、飲食とは違う用途で口を問題にするさい、ただちにその声帯模写が最高であるなら、その物真似はたんにお笑いにふさわしいだけであり、そして一方の脳が他方の脳を真似る場合、［前者の真似る方が］いっそう巧くできるということはない。だがしかし、まったく愚かしい物真似を見る場合、まさしく我々はドイツ人を徹底して真似ようとする本物のデンマーク人に出会うだろうからである。

　すなわち、最も定住的な民属が最も放浪的な民属を模倣し、最も柔らかな口調の民属が最も激しい口調の民属を模倣し、最も平和的な民属の一つが最も戦闘的な民属の一つを模倣し、疑いなくまったく平凡な民属が高度に空想的な民属を模倣し、最も脆い民属の一つである［デーン人の］頭脳がもっとも小理屈好きの民属の一つである［ドイツ人の頭脳］を模倣する、一言でいえば、万事につけて極度に歴史・詩的で、極度に非文法・数学的な民属が極度に非歴史・詩的で、極度に文法・数学的民属を模倣する場合（二二）、そうだ、我々にはよくわかっていることだが、物真似の愚劣さはもちろん骨頂に達しているのである。

我が国の悪い事態のすべてが現実の事態であるかぎり、諺にいうようにそれはドイツ的である。なぜなら、我々の無闇やたらの物真似、もちろんドイツ的なもののみすぼらしい模倣が、我々［デンマーク人］にたいして木偶の坊という恐るべき風聞をもたらしただけでなく、我々が本来何たるかを示すことでその風聞を論駁することも不可能にしてしまった。だが、先駆者の経験の奴隷的模倣とその人間的活用とのあいだには大きな相違があることを理解すれば、どの点でデンマーク人の心がキリスト教とルターの宗教改革との両方をともに自分たちのものにしたのか、そのあり様はすでに知られているものである。キリスト教も宗教改革もともにドイツから我が国にやってきたが、それでもデンマーク語で理解されて実を結んだ。それはドイツ人にはないことなのである（二三）。

ところで、いわゆる古典的啓蒙や陶冶形成、学問の模倣は、ドイツ人が我々を馬鹿な連中と呼ぶ場合に、その言及が外見上の正しさを帯びる唯一の例である。［ちなみに］馬鹿な連中とは、我々［デンマーク人］自身の愚かしい思想によって、我々が模倣する当のものを台無しにしてしまうことである。こうした古典的啓蒙や陶冶形成、学問の模倣にかんするかぎり、この［ドイツ的な］「書物だけの学芸」あるいは紙の啓蒙や陶冶形成、学問はまるでローマ・カトリックや黒死病のように元来はイタリアを根城としていたのだが、その地から離れてヨーロッパ全体を被うにいたった。だから、それらにかかわって愚かでへまな連中であることは恥ずべきことではなく、むしろ大いなる幸運である。つまり、まじめにドンキホーテ(一一四)の物真似を争う選手権に手を出さなかったとすれば、恥ずべきではなく、むしろ大いなる幸運である。いったいドンキホーテは、彼が古い本で読んだことのあるものすべてを真似できると妄想したのであり、それが失敗したとき、たんなる観念によって自らを慰めたのである［から、物真似をしくじっても恥ずべきことではなく、むしろ幸運なのである］。

我々デンマーク人も、たしかにこの恥辱を好んでいるだけでなく、今ではドイツ人がもっているものにたいして大いなる反感を抱いてもいる。彼らドイツ人は「書物だけの学芸」が死を克服できるという信念か、あるいはその学芸がまったく不正確で愚かなこの世界の生以上に価値のあるものだという信念によって死ぬまで文字に耽溺してきた。すなわち、この点において我々デンマーク人はドイツ人に追従することはできないだろう。なぜなら、各民属には独自の虫がついているとしても(一一五)、［そうした場合には］本の虫は我々のものではまったくないだろうからである。だが我々デンマーク人は、想像可能なことであれ不可能なことであれ、［世界の］全事象に関与するドイツ的な書物の学芸にショックを受けたにちがいないし、ドイツ人が我々を馬鹿な連中と呼ぶような恥ずべき面も不本意ながらもっているであろうから、じっさいには読んではいないのだが、我々が全世界の書物を読んだかのように装う狡知を考えついたし、おそらくはそのことを中国人から学んだであろう。そのさい我々には、博学になっていないことが十分わかっているだろうが、我々自身の外面を取り繕い、高みや深さを欠くとしても、見かけでは［知的な］しまりのない幅広さや肥満状態によってドイツの教授たちを威圧することができるだろう。

　要するに、我々はまったく秘密裏に、ドイツ人が夢想だにしなかった二つの試験（学芸と哲学の試験）（二六）を設けた。そのさい、ラテン語の記述と部分的な会話とが二つとも課され、三つの死せる言語すべてにおいて、さらにまた、しだいに二つの生ける言語においても、きわめて洗練された文法学的、［言語の発音にかかわる］韻律学的諸特徴にたいしてさえ説明が課された。したがって全世界の歴史と地理にかかわるきわめて無意味な諸事象を、数学のごく難解な課題とともに列挙し、そのために天文学や物理学、理論哲学と実践哲学にかんして十全に仕上げられた教科書類に準拠することが求められ、それとともに最も偉大な思想家たちが何を考えたのか、彼らがどこで誤ったのか、教養層の最高峰が何を見過ごしていたのかについて、この上ない正確さで口述することが求められたのである。我々デンマーク人がこれらの専門的学芸を手に入れるために、とくに毎年百人から二百人の男子に、一七歳そこそこの男子に、類まれな先の二つの試験を課すことを考えてみると、そのことが成功したとすれば、映えある演劇舞台であったことを誰も否定しないだろう。つまりそれは全世界の人々に、我々デンマーク人が本物の魔術師であり、［劇の］せりふ以上のものを語れるようになるまで、全世界の知恵を吸収しているかのように見せかけたであろう。そのことがまったく錯覚であっても、それは基本的に古典的ナンセンスやドイツ的学問の全体にかかわる、まったくウィットに富んだパロディーであっただろう。

ところで、我々デンマーク人はこのウィットに富んだパロディーが『ペア・ポース』(二七)などのホルベアの喜劇で演じられていただけで、我が国の学校で世代から世代に渡って、ばか正直に行われてこなかったことを重視しなければならないだろう。だから我が国の学生にかかわって、その人は何を志して学んできたのか、彼は何ができるのか、彼はどういう才能があるのかと突っ込んで問いかけはしない。むしろ、彼が試験のために何を勉強するのか、最初は、次は、そしてその次は何を勉強するのかが問いかけられる。だが試験が巧くいかないような場合には、私の考えでは、古典的学術の全体と紙の上の学問とを児戯と見なし、それにふさわしく扱うことがデンマーク人にあっては賢い態度であろう。子どもの病気のようにその難儀が耐えられるものであればそれだけ、人々は早めにその「病気」に罹るだろうし、そのことは、ドイツ人が空虚で精神と生とを欠いた同様のナンセンスを福祉や救済にかかわる問題と見なすよりもはるかに賢明な態度であろう。

すなわち、あれこれの種類の無数の本を、よく咀嚼するまえにまったくすばやく飲み込むこと、死ぬまでそうすること、このことが人間的啓蒙や叡智、幸福の高みと見なされるのなら、ドイツ人がしてきたように、そのことを手ぬかりなく実行することが、すなわち学童がたんに本を読む場合、およそ読みたいものを読ませ、ただ彼らを激励してできるだけすみやかに彼らにインクつぼを選ばせ、「勉強によって」それを徐々に空にさせることはたしかに賢い態度である。我々デンマーク人がドイツ人と同じ人生観をもっていたとするなら、我々がしてきたようにむやみに、粗野な我が国の学童すべてを鞭打って徹底的に飼いならすことはきわめて愚かなことであろう。「人にはそれぞれ」覚醒した頭や鈍物の頭、無気力頭、算術頭、気まぐれ頭、馬類の頭があるが、そうしたすべての頭を「勉強によって」ワンパターンに類型化し、一七歳で彼ら全員にできるかぎり同じことをいわせる、つまりすべてのありうる事象にかんして、全世界の書物に書かれていることについて同様のことをいわせるのはきわめて愚かなことであろう。というのも、彼らの誰も自分の話したことの全体のなかにあるメッセージが何もわからず、それを学ぶ喜びもない、こうしたことが通常行われていたにちがいないだろうからである。

［デンマークの人生観とドイツ的性格］

しかしながら今では、太古の時代からのデンマークの人生観は、とくにシェランの島人が牧師の書斎を訪問したさいにしばしば大胆に承認したものである。その島人は手を叩いて、「その書斎には」自分の頭を殴るたくさんの本があるといったのである。我が国の祖先がかつてドイツの教授たち全員に面と向かって同じことをいう勇気があったなら、彼らが彼らの子孫に学校長遊びよりも賢いことをさせただろうことは私にははっきりしている。「だが勇気がなかったので」彼らの子どもはあまりにも長期にわたり、ぶざまを十二分に演じている。だから彼らはおのずと学校長遊びに倦怠を感じるようになる。それゆえに、デンマークの民衆が「分別のある成人への」境界年齢にいたる時点で、読書を続けるとか、死ぬほど沈思黙考に耽るとかするのは、稀有な例外になっただけのことなのである。

したがって、かなり親しい我々の知人の一人が試験を受け終えたときには、我々は彼を祝福するが、しかし、我々の知るように、彼が学び終えて［辛い勉強で］もう走り続けなくてよいからと祝福するのではなく、むしろ、天然痘やはしか、百日咳などとちょうど同じで、学術にまつわる諸々の小児病を克服し終えたからこそ祝福するのである。このことはデンマークの慣習にもなったし、今もなお慣習であり続けている。最終的に彼が学識ある専門職の学校長になろうと望まなければ我々はまったく率直に、試験の飾り服を棚上げして仕舞い込み、生において有用で喜びとなるものを志して職業とするよう助言する。何が生において有用で喜びとなるりうるかにかかわっていえば、たしかに我々デンマーク人のあいだで必ずしも合意があったわけではない。とはいえ、我々がラテン語学校に魅力を感じないとすれば、その理由として我々衆目の一致するところは、［その学校が］きわめて退屈でしばしば堅苦しい飾りものにすぎないガリ勉制度だからということなのである。

それゆえ、まさしく高ドイツ語で大言壮語するドイツ人が我々の祖先のために、ことがらがどんなに酷いものであっても、それでもそれが由来する理念は神的であり、ありうるすべての犠牲的行為に価すると釈明したとするなら、彼ら祖先は［現代の］我々のなかの一人のように髭面でにやりと笑うだろう、そう私は確信している。ちなみに酷いというのは、頭痛や便秘、不機嫌、気取り、退屈、不恰好などのすべてが伴うからだが、それでも雑誌をめくり、ペンを削り、［ペンに］取っ手をつけるのとはまったく別の［神的理念の］世界のことだと説明されれば、我々の祖先はいつもガリ勉制度に最も親近感をもつ追従者だったのだから、髭面でにやりと笑うだろうと私は確信している。なぜなら、［ガリ勉制度の根拠となる］全知の理念がまさしく固定化されていて、ほとんどドイツの本を通じて可能な思考のすべてを理念の力として手中にしていることであり、そのさいには、人々は［ガリ勉によって］我々の主［なる神］そのものになるのか、それとも主と同じくらい賢くなって、いつ何時であれ、全世界と全経験を彼自身の頭脳に基づいて改造できるだろう、こうしたことがけっして間違いではないだろう、と我らの祖先は考えるだろうからである。［だからガリ勉は諸々の犠牲的行為に価すると考えられたのである。］

とはいえ、私はドイツ人をからかうために、こうしたことにすべて言及すつもりはない。ドイツ人が我々によってからかわれるに価するとしても、彼らをからかうつもりはない。彼らにたいする我々の物真似を飾り立ててごまかすつもりもほとんどない。いったい物真似は、我が国の大多数のドイツ語書籍の翻訳家たちと同様で頭がまったく留守になっているのだが、むしろ私が先のことに言及するのは、デンマーク人の頭脳にとってとくにドイツ語学芸にかんする無能力がとくに恥ではないこと、デンマーク人のくだらない冗談が恥ではないことを示すためにすぎない。もっとも、その冗談は［ドイツ語学芸の物真似をじっさいに演じているとすれば］我々には手痛すぎるのであり、それをすぐに止めなければ、我が国が明白に破綻するような有害な代物なのであるが。

すなわち正直いって私は、ガリ勉制度にかかわるデンマーク人の観点を忠実に実践し、我慢できずにそこから脱落した者である。というのもまさしく私は、はじめにラテン語の文法であり教科書でもある『ドナートとアウロラ』（二八）を手にしてから神学の最終試験に最良の成績で合格するまで、その過程全体をできるかぎり児戯と見なし、そのように扱ってきたからである。もし私がその過程全体を［児戯ではなく、］意を決していっそう真面目に受け取り、回復が待ち望まれる小児病と見なしたとすれば、［その過程全体の終結は］早ければ早いほどいっそうよいだろう。その後で私は心地よさを覚えることにしたがえばよかったであろう。それはとりわけ、すべてのあり方からしてデンマークらしいことであろうが、そうしたことにしたがえばよかったであろう。だが、それにもかかわらず、私は［上記の過程全体を軽く児戯と見なして］子ども時代を（たとえていえば）かくれんぼや宙返り、馬とびで費やすよう意を用いなかった、一言でいえばラテン語学校長遊びで費やすことを避けるよう意を用いなかったのであるが……。ちなみに、学校長遊びは文字通り、我々デンマークの田舎町の子どもが「死に至らしめる遊び」と呼ぶものに相当する。つまり、我々が一枚の紙に火をつけ、炎に息を吹きつけ、［飛び散る］火花を次々に手で打ち消す遊びに相当する。というのも、我々がその遊びを、学童を「死に追いやり」、ついには学校長自身を「死に至らしめる遊び」と呼ぶからである。

いったい、古代の主要言語や巨匠の作品を扱い、基本的に精神世界において高く深く、かつ偉大で賢慮あるものすべての影を扱う無謀な未成年男子の冗談を逃れるとしても、すなわちこの男子の無謀な冗談を逃れ、しかもすべての精神的なものにたいして鈍感ではなく、［ラテン語］文法のなかに「賢者の石」（二九）を見つけたとする子どもっぽい妄想も抱かず、自国の母語や民属・民衆のあり方、自国の無学な同胞をまったく粗野で野蛮だと軽蔑することがないとしても、それでも人々は「子ども時代の」すばらしい歳月を無駄にしてきた。すばらしい歳月とは、その時期には人間の生や母語と親密になれるし、そうなるべきであり、「書物ではなく」生の諸々の営為のなかから、とくに喜びが感じられ、機会が得られた探求課題に打ち込むことができるからなのである。

さらに付け加えれば、人々はまったく多くの生の諸力を無駄に使ってきたので、可能なかぎり失ったものを回復し、「学校長」とは別の地位で有能で活発なデーン人となるのに十分なものを維持しているかどうかは大問題である。ちなみに、学校長の地位にかんしていえば、たしかに我々すべてがその地位を望み、そこに就くことはできるのだが、そうだとしても、デンマークでは少なくともその地位が我々すべてを受け入れ、あるいは扶養するわけではない。［だから「学校長」とは別の地位で有能で活発なデーン人となるのに十分なものを維持しているかどうかが大問題なのである。］

このようにして私は、幼児期から［私の］本の虫の本性がどの程度、危難のなかでデンマーク人の自然本性と和解できるだろうか、多くの活動的な人間の生と一体になることができるだろうか、このことを証明することにはっきりとした喜びを感じ、それを召命ともしてきた。しかし、私にはそうした喜びや召命を共有する、たとえば一人の学校友達もいなかった。だが、私が日々感じているのは、私自身はそうした危険な戯れによるかなり大がかりで、生に適切に介入する活動に不向きではないかということである。なぜなら、人はつねに思考パターンと戯れることにある種の喜びを感じるし、行動にたいしてはある種老人のように怠惰な感情に襲われるし、論難して切り刻むことにたいして恐しいほど快感を覚えるからである。そうした喜びや快感は全体として生を不毛にするのであり、人々がその弊害を承知の上で何よりも自分自身をむやみに切り刻むとすれば、それはきわめて有害である。

　それゆえ、（現代の我が国の算術の達人すべての顔色をなからしめる、偉大なるドイツの算術家）ダーゼ氏(三〇)が我々のために算出してくれるとしても、すなわちデンマーク人たちが、多くの「時間と労力」を「現実の生のなかで費やすのを」ごく巧妙に避けて、どれほどその「時間と労力」を学校長遊びで無駄に費やしているかを我々のために算出してくれるとしても、それだけでは我々が「有害な」事態を容認していると私は確信する。というのも、多くの人々が保持するものすべてにかかわる被害、さらにごく簡単に病気を克服するが、その後に人間的なものすべてに御しがたい馬として立ちはだかる馬どもによる被害、少なくない試験レースの馬どもによる被害、それらの被害が「どれほどのもか」ダーゼ氏にとってさえ計算不可能であることは、我々の誰にでもすぐにわかるからである。

　それゆえ、いわゆる古典による啓蒙と陶冶形成、学問的慣習、すなわちじっさいには高ドイツ語による啓蒙と陶冶形成、学問的慣習におけるデンマーク的パロディーがはじめて完成するのは、現在のようにたんに我が国の将来の聖職者や裁判官、医師等々の人々すべてだけではなく、我が国の将来の地主や商人、船乗り、手工業者が、そして可能なかぎりでの民衆全体、さらには美しい性「である女性たち」もまた、学校長遊びを演じて輝き、試験を何とかやり遂げるときか、あるいはそれに失敗するときだからである。だが、そうしたことはきわめて高くつく冗談を推奨するのだから、私の考えとまったく隔たっていている。とくに私は民衆全体の事業が実施されるさい前もって準備することもなく、諸々の書物や黒板を整え、学校長たちを教育訓練できるといような希望は毛筋さえもちあわせてはいない。もちろん民衆自身もまた、学校教師遊びや試験による装飾にしたがっていては、民衆全体の事業を遂行する喜びを感じないだろうし、それを行う［精神的］諸力を保持することもないであろう。

［だが］もし私が高ドイツ語を用いるドイツ人であったなら、ドイツの普遍的啓蒙の理念においてまったく必然的な前提もとに、先の私の大雑把な異論を自信満々に見下すだろう。その必然的な前提とは、我が国の［教養層の］なかの一人のように、民衆全体が同じ時点で他のことがらには熟達していなくても書物による学芸の才があり、それに熟達するようになって、その間にアイルランドの冬（三一）のようなことがなければ、［その学芸から発明される］諸々の壮麗な機械もまた完全に仕上がるだろうから、それらの機械は陸上でも水上でもまだ人々を使って行なわれているあらゆる雑用や物的労働を処理することができるだけでなく、それら機械は製作し、支払い、自己維持し保存することもまたできる。だからすべての民衆は［雑用と物的労働の時間を省いて］良質な時間を過ごし、天上と地上のすべてのことがらについて読んだり、書いたり、計算したり、熟慮し、分析精査することもできる（三二）。しまいに民衆はたいへん賢くなり、新たな天と新たな地上を創造できるのであり、そこにあってドイツらしさ、ドイツ的性格［の持ち主］だけが主人として喜びに満ちて住まうことができる（三三）、［これがドイツ的啓蒙理念の必然的前提である］。

これにたいして私は平均的デンマーク人なので、試験のために読書はしたが、そうした［ドイツ的前提を志向する］野心を夢見ることはほとんどできないだろうし、じっさいにこのような壮麗さの思想のすべてに恐れを抱いている。なぜなら、私は一面で、我々の予期しない授かりものが口のなかに飛び込んでくるところまで、（三四）完全な機械装置が仕上がっていないだろうと考えるからであり、また一面で私でさえたしかに、来る日も来る日も読んだり書いたり、計算し、熟慮し、分析精査して、その年が終わるまで、死ぬほどの退屈はしないでいるような、［ひどく多忙な］生活に耐えることができないだろうと感じるからである。そして最後に、私は、我がデンマークの同胞が、ドイツ人もどきになる以前に、［幸運による］恩恵を受け［幸福になれ］ないとすれば、我が同胞は永遠に恩恵を受けることがないとはっきりわかるからである。

なるほどこの点で私にわかることは、まだ［既存の］諸々の慣習や偏見を払拭していない人々すべてにとって大きな脅威なのだから、我々デンマーク人がいかに愚か者であるかをすぐ白日に晒すわけにはいかないし、学校長遊びと試験の装飾は止られないだろうとドイツ人たちは高を括っている。というのも、我が同胞の大多数にはラテン語やドイツ語の諸著作［を用いる］という第二、第三の手法とは別の啓蒙と陶冶形成、別の学問の概念がないので、我が同胞の大多数はまさしく確実かつ正当に、学校長遊びや試験の装飾が廃止されるなら、自分たち自身のために諸々の書物を苦労して読むからである。だがこのようにして、民衆の全体がありうるかぎりドイツ語で啓蒙されて学問に勤しむなら、人々は苦いりんごをかじらねばならないし、学校長遊びと試験の装飾とを廃止しないなら、むしろこれら両者が、諸々の実質学校（三五）によってしだいに民衆全体に広まるにちがいないのである。

ここで我々は［岐路に］立っており、今こそ次の選択が問われる。すなわち、ドイツ人がいつも［我々を蔑んで］語ってきたこと*を彼らにいわせないために我が国が没落すること、［これが一方の道である］。ドイツらしさ、ドイツ的性格の仮象の輝きが、我々があえて努力目標とする最高のものであるなら、ドイツ人が、我々は愚か者だという理由はあるのだ。だが、それとは違って［他方の道によって］、我々は我々のなかの生を成長させられるし、あえて成長させることである。そうだ、そのことからの帰結なのだが、我々が両眼のあいだに鼻もあるというのとは違った仕方でドイツ人と対等になるには、我々はまず、自分の殻を破って外に飛び出さねばならないだろう。たしかに狐のように老獪な人々がいうように、そうしたことはたんに通過儀礼にすぎないが、それは自殺にも等しいもので、つねに人の選択する最後の手段だということにもなろう。だから、我々はこの点を考慮しはするが、しかしドイツ的なものに気を取られないだろう。我々がデンマーク的なものを維持できるとすれば、そうするだろう。

*クヌート大王の時代でさえ、デンマーク史にかかわるドイツ人の資料記述家であったメルゼブルクのディットマーは、我々「デーマーク人」を「汚い犬」と呼んで栄ある父［神］の恵みである子孫を辱めている。さらにディットマーはイギリス王クヌートをアフリカの砂漠にいる「バジリスク」に例えたのである。[三六]

我々のなかでまだそのように多量のデンマーク的性格が顕在だとすれば、たんにそこでだけ我々は救済の戸口に立っており、我々が啓蒙の制度において、我々自身の海に船を漕ぎ出すなら、我々はすぐそのときに、ドイツ人と中国人だけが他の民属を愚か者と呼ぶこと、後者の［他の民属の］頭には前者とは違った回転の仕方があるのでそう呼ぶことを学ぶだろう。［まさしく］その場合に、デンマークの民衆の頭はたいへんよく、同様に我々の母語はたいへんよい言語であり、デンマークがたいへんよい祖国であること、その種のことをもちろんすべて示すにあたって、我々は正しい航路をとっている。だがデンマークはけっして小さすぎはしないから、外国人でさえ凄いと呼ぶものがときおりそこから出てくるのである。

［後継世代への希望］

そして私はこのことにたいしてたんに、デンマークの民衆が自覚的になれば満足するだろうと考えるだけではない。地球上でこの上なく偉大で豊かな才能に恵まれた民属ですら、彼らがもつ自然の素質［を開花させた存在者］になることに満足し、彼らの母語が表現できるものに満足し、日常の利用に当たって祖国において偉大でよきものと呼ばれるものに満足するにちがいないことも私にはわかっている。だから、民属・民衆的啓蒙と陶冶形成はどこにいっても、普遍的になることのできる最高のものである。だが他方で、人々が［自分を］じっさいよりも賢く見せようと苦心して背伸びすれば、軽蔑や弊害も随伴するだろう。本物の学者たちは自分たちの先駆者を調べ上げて継承し、後継者を双肩に担っているのだが、そうした学者たちは何がしかの国に生える茸のように陽光のもとで成長するのではない。いわゆる学問的な受け売り、模倣的記述、物真似などをする人々、他ならないそうした人々はなんら有用ではない。彼らの名前は軍団（三七）となり、国中の流行なり、その一方で、いわゆる啓蒙となり、［普及する］。そうした啓蒙によって、小さな人間がそれぞれ自分自身を中心点と見なすこと、自らの思想や名誉、自らの長所や喜びを中心点と見なすこと、可能のかぎり万事がそれをめぐって問われる中心点と見なすことを学ぶのだが、それはたんなる愚か者や泥棒、重罪人、暴君を生むだけである。だから、存続しようと望むいかなる民属も国も、そのような啓蒙が一歩一歩拡大することにたいして警戒を怠ってはならないのである。

　それゆえ、私は民属が、とりわけデンマーク民属、その父祖および我々の後継世代が百年後に語ることがたんに我々の内面を喚起し、我々を心へ、ハートへと歩ませなければならないとしたい。それは、我々がまさに最終的にあらゆる逡巡につながる路線を断ち切り、大いなる事業に、偉大な事業と優れた行動に着手すればのことである。その事業は、我々のきわめて古くすばらしい祖国と、我々に共通する鮮明で爽快な母語とをひとつの民属として新たに獲得することである。この民属は世界中の他の民属にたいして祖国や母語を愛することを果敢に示そうとするし、それらがまったく愛されるに価することを示すことができる。デンマーク民属は無数の世代を通じて、なるほど必ずしも公然とではないが、しかしつねに隠然と祖国と母語を支えてきた。だからこの民属は、祖国と母語が防衛できることを示すであろう、すなわち民属が平和を保ち、各人が彼の平穏を維持することを拒むあらゆる来襲者にたいして、祖国と母語が防衛できることを示すであろう。そうだ、私は善良な天使がいるとしたい。太古の時代からデンマーク民属の天使がいるとしたい。その天使は人間的にいえばたいへん善良だったのであり、万人の心に向けて、依然として秘密裏にデンマークと真のデンマーク的なものにたいして暖かく脈打つハートに向けて囁くであろう。我々の肉の肉であり、我々の足の足である当該民属がこの百年について何と語るかを示すことができるなら、我々が我が国の停滞、我が国の欠点による暗鬱さを克服し、この上なく誤った輝きにたいする我々の子どもっぽい驚嘆を陽光のもとで克服するなら、この百年について何と語るかを示すことができる。［ちなみに］この上なく誤った輝きとは「試験による輝き」である。それは同時に物笑いになるのではないかという子どもっぽい恐怖心を呼び起こす、すなわち我々が我が国の古い欠点を克服すれば、我々がいつも空疎だと見みなす人々の物笑いになるという恐怖心を呼び起こすのである。この点で、後継世代がそれらの欠点の悪弊を見抜き、それらを取り除いてほしいものである。

たしかに、デンマークの後継世代がそうした場合に語るであろうことを、私がここで書き留めて列挙するのは無用ではあるが、害悪というほどでもない。それはペン［のインク］と紙を無駄にするわけでもない。というのも、我々にはペンやインクが十分にあるからである。

すなわち、後継世代とは我々を愛好し想起するであろう後継世代の人々であり、我々が本物のデンマーク語ホイスコーレを設立するなら、我々をけっして忘れることもない人々である。そうした人々は彼らの古い祖先の時代のデンマークを互いに語り合うさいに次のようにいうだろう。すなわち、我々と同じように古きよきデーン人が、いかにして「猿」を導き入れず、「彼らの盾に獅子」を描き入れたのか（三八）、そしてどのように古きよきデーン人がきっと我々以上に、「人々の心」が意味すべきものをより暖かく感じたのかと思うと本当に不思議であり、驚嘆に値する。それにもかかわらず彼らがどうして、母語や祖国、すべての彼らの固有性を見る眼をもたずに、長いあいだ打ちのめされていたのだろうかと思うと不思議である。彼らはおそらく、彼ら自身が何と呼ばれていたかを忘れていたのであろう。彼ら古きよきデーン人は通常は、「人を助けるのに」火のなかに飛び込むことも厭わないほど素朴で未熟な子どもなのに、どうして学校では子どもにたいして彼らの心を意固地に凝り固めるのだろうか不思議でならないのだ。たしかに、そのような「学校での」態度はおぞましいことだろうが、ありがたいことに「デンマーク名物の」「青い波」や「緑の木立」への愛着、健全なものや生けるもの、自由なもの、戯れるもの、とくに「黄金のさいころ」（三九）への愛着、簡素なものや真なるもの、温和であり平和である状態への愛着、そうした彼らの古くからの愛着は死に絶えることがなく、むしろその時代その時代に新たに燃え広がり、それまでつねとした道を歩んできたように、閉じられた扉をつき抜けて歩み通し、民属・民衆全体を心へと歩ませ、一瞬にしてデンマーク語啓蒙に火を灯す。この啓蒙は毎朝の太陽の輝きのように、すみやかに祖国全体に広がり、類まれなほど温和で、「我々を」リフレッシュさせ、元気づける実り豊かなものである。その啓蒙を我々や我々の子どもたちは「澄み渡った日の「空を翔る」鳥のように」（四〇）喜ぶのである。デンマーク語啓蒙とは、すべての後継世代が墓のなかにいる彼らの祖先に感謝するような啓蒙である。ドイツ人は、そうしたデンマーク語啓蒙の歩みが魔術によって生じるのだ、そのことをただちにドイツ語学問がまさしく憎しみを込めて発見し、批難し、暴露するであろうと主張する。だがそれでも、そのドイツ人でさえデンマーク語啓蒙に讃嘆の念を抱くにちがいないのである。

そうだ、とりわけ我々デンマークの後継者はこのようにはっきりと述べるだろう。我々が本物のデンマーク語ホイスコーレによって、百年後にもまだ我々の後継者がデンマーク語で感じ、考え、話すことができるようにするなら、先述のことをはっきりと述べるだろう。だがこれにたいして、私の確信によれば、我が国がもう一世代を維持しはするが、まったく非デンマーク的で不自然な学校制度を、心も頭も欠落した学校制度を拡張しているとすれば、先の［後継世代の述べるような］結果は不可能となるだろう。そうした学校から溢れ出る心の冷たさや脳の停滞、［空疎な］脳の興奮、鈍重さ、不活発、奴隷意識、金ぴか病、……等々の民属・民衆的、人間的な悲惨さのすべてによって、不可能となるだろう。

［ホイスコーレ実現の見通し］

しかし今、こうしたことすべてが本当であり、本物のデンマーク語ホイスコーレで陽光に照らされるようにすべてのデーン人に明らかになるなら、そうしたホイスコーレが実現する見通しはじっさいにある。そして、国王陛下［クリスチャン八世］がソーアに設立を命じたこと（四一）を撤回することも、我々が十分に満足している［ホイスコーレのない］相変わらずの現状に甘んじることも、いずれももはや理にかなわないのであるから、すなわち、そんな風にデンマークが小さな民属であり弱小国として、［母国である］言語が蔑まれて滅びるというのが理不尽であるのだから、デンマーク語ホイスコーレの見通しはある。そのことを［グルントヴィという］一人の男が語り、書いているのである。［そのように］一人の年寄り男が彼の口と手を使って［時代の］急流に抗うことに叡智は宿るのではないだろうか。少なくともその急流はその男を殴り倒すすべを心得ているが、いずれにしてもその男が今日、明日にも自ずと倒れてしまえば、急流は軽蔑の調子でその男の墓の上を通過し、彼の記憶を流し去ろうとするであろう。［だがそのことは起こりそうにない。］

　このようなことがまったく理性的な響きを帯びることは否定できない。そうした深い諸思想はきっと求められるであろうが、それらを獲得するために精神世界で年老いる必要はないし、そうした諸思想を考量してごく簡単に見つけ出すのに苦難の闘士であることを要するわけでもない。そうした諸思想を獲得するさい肝心なのは、世界の最後の日々をそれらに価するように人々が最善を尽くして過ごすというだけではない。それがどんなにわずかであっても、自分たちの最善を尽くすことでもあり、また民属・民衆や祖国、母語の救済のために最善を尽くすことでもある。民属・民衆や祖国、母語は人々が幼年期から愛好してきたものであり、人々がそれらから生まれ、それらとともに成長し、髪が白くなるまでそれらのために心を燃やし、それらを畏怖し、ある段階まで解明してきたものである。そのさい、デンマーク的性格によって神が地上に創造したこの上なく高貴で、最善で、最愛のものの何がしかが消えてしまったのではないかと疑う余地はない。それゆえ基本的に、民属等はつねに幸運を頼み自暴自棄にならなければ、あるいは激昂して自害しなければ消え去りはしない。今なおデンマークの民衆は眠っている。聖なる［祖先の］墓がよく維持されていることを夢に見、あるいは民属・民衆と王国、祖国と母語のために口を開き、あるいは手の指を上げて［意思表示する］ことなく、それらがともにうまく存続できると夢想している。そうだすべての人々が口々に大声を張り上げ、デンマークの人々に対抗して結束の拳をかかげているにもかかわらず、デンマークの民衆は民属・民衆と王国、祖国と母語がうまく存続できると夢想している。だが、たんに民衆が覚醒し、何が肝心であるのか、どんな危険が立ち回っているのかわかっているなら、彼らは古きデンマークを救うために惜しみなく心血をたぎらせるだろうし、いわんや惜しみなく他の何物をも捧げるであろう。こうして［地上の現実において］デンマークが救われているとすれば、「人間は地上に、神は天上に」といわれるとおりに、［未来においても］民属は救われるだろうと私は確信しているのである。

なるほど私には、デンマーク国王により［ホイスコーレの設立を命ずる］ことばがもらえるまでは、デンマーク語ホイスコーレの開校が難しかったことはわかっている。そのことばは、すでに昔日のサクソーがデンマークの真珠と呼び、王国の中心と呼んだシェラン島のソーアでホイスコーレをスタートさせるというものである。ソーアには、デンマークをドイツ人から救い、奴隷状態から解放した高貴な救済者アクセル司教[四二]が眠っており、彼は我々すべてにあって、声高く歌われるレクイエムに価する人物である。そのソーアに、デンマークの母語や民衆、祖国に固有の光を当て、万事それらにありうる栄光のすべてを投影するためにホイスコーレを開校するとのデンマーク国王のことばがもらえたのである[四三]。

私は、そのような真のデンマーク語ホイスコーレがじっさいに開校し、我々デンマーク人がどんなルーツに由来するのかを世間に示す以前は、今よりもかなり若くもあったし、デンマークの自然本性や歴史にたいしてかなり無知でもあったはずであるから、［ホイスコーレの開校には］たいそうの困難があることを知らなかった。［現在の果実であるホイスコーレという］りんごは［木から落ちても根から］けっして遠くには転がらないし、りんごはたしかに、その根［である過去］によって味わいが出ることを知らなかった。前者のりんごが半ばの奇跡だとすれば、後者の根はまったくの奇跡であろう。今日では我が国の誰もがそれほど強い信仰心をもっているわけではない。だから、我々はたしかに、［後者の根に属する］デンマークの心や幸運はともかく、［前者の果実としてのホイスコーレの］かなり小さく些細な謎に気を遣るよう誘惑されないことは、私にはよくわかっている。

にもかかわらず、私は現在においても過去においても、［果実と根の］両方の部分の不思議な深みについての明白な多くの証明を見てきたので、両部分の継承にたいするあらゆる疑いを「時が語ってくれる」というドライなコメントで終結させて晴らすことができるし、晴らさなければならない。だが、我々の眼には、いわゆる「デンマーク人の愚かしさ」がドイツ人の「永遠の諸理念」と違うのかどうか、後者は霞を食って生きていけることを喜ばしいものとするにちがいないのだが、その「永遠の諸理念」と［「デンマーク人の愚かしさ」とが］異なるのかどうかは証明に価するように思える。さらに、デンマークにも依然としてひとつの民属が居住するのかどうか、デンマークがデンマークの人々にとって、そう呼ぶに価する祖国なのかどうか証明に価するように思える。すなわち［民属・民衆と祖国の］両部分は栄誉あるごく古いものであるとしても、今じっさいには無意味なものに転落していて、それら両部分の知識を得て、そのが［ローマ的ラテン語的世界にたいする］ゲルマン的太鼓もち、あるいはスカンディナヴィア的太鼓もちと揶揄されねばならないのかどうか、そうしたことを発見する労力を払う必要があるのかどうか、このようなことは、たしかに証明に価することである。［ちなみに、］私は冗談でも真顔でも預言者と呼ばれてきたし、良くも悪くも私が以前語ったことから、私が嘲笑されねばならなかったことから、多くのことが起こったのをすでに見てきた。だから、ずっと以前にごく安定した仕方で私の脳裏に浮かび、きわめて深く私を突き動かしてきたものがあるとしても、それは何かと改めて考えることは私にはまったく不自然であった。つまり、私の脳裏に浮かび、私を突き動かしてきたものは、母たちの心に基づき父祖の精神によって、小さなデンマーク民属が［再び］歩みはじめ、啓蒙されることなのである。小さなデンマークが「青々とした波に囲まれたすばらしき野と牧場」(四四)に花開くことである。そのことはまったく虚しく、不可能中の不可能といわれるだろう。なぜなら、それはあまりにも非ドイツ的であり、無垢であり、望ましく、喜ばしいからであろう。あるいはまた、私がそこで生まれ、そこに私が根づいていると感じ、その母語が私の生のことばであり、その歴史が私の［思索の］黄金の鉱脈であり、その闘争歌が私の喜びであり、そのことば遣いが私の良心の魂であるようなデンマーク民属が、私には基本的に疎遠であるとするから、つまりドイツ人やローマ人が我々の一部であることに比べていっそう疎遠だとするから［不可能といわれる］だろう。

そうしたとき世人は、私が激しく怒鳴り散らすことからまったく愚かしい頭の持ち主の老人にちがいないと見る。宙ぶらりんのスレースヴィ・ホルシュタインのこちら側にいる最強度の懐疑の持ち主ですら、したがって全地上で最強度の懐疑の持ち主ですら、私が両手にデンマーク的預言を保持して、ソーアのデンマーク語ホイスコーレについての国王の手紙を、たしかに預言がそのまま成就するわけではないが、しかしそれが今すんなり進んだり行きづまったり、岡を越え谷を越えしてはじめて本物になるたしかな兆しがあると見なしていること、このことを見つけるのは必要でもあり、自然でもなければならない。

今デンマーク語ホイスコーレが開校され、その名に価でき、価するようになれば、設立に猛反対した人々もきっと幾人かはまったく無意味で愚かしいもののなかから、よかれあしかれ何らのことが出てくると高笑いするであろう。しかしそれでも、私はデンマーク語ホイスコーレの開校を信じ、彼らの笑い声をまったく冷静に受け止めるだろう。というのも、私自身の首の上にいわゆるデンマーク的な愚かしい頭がすわっていたとすれば、時代遅れの保守的な人々による迫害がなかったとすれば、私はいわば民属・民衆の首の上にあえて同じ「愚かしい頭」をすえることができるからである。その頭そのものは、外国の権力が「首と手」をつかってデンマークを支配することがなければ、ある種実直であり、腐敗堕落してはいないのである。

［デンマークの他者愛好ともてなし］

そのかぎりで、以下に記述することがらを読み、手軽に済ませようとする私の同胞の何人かは私の立場に身を置くことができるし、置こうとするにちがいない。したがって、彼らは、真のデンマーク語ホイスコーレがたいへんよいものであり必要なものであること、そしてそのホイスコーレがじっさいに実現すること、これら両方がここで前提されていることを覚えている。だから問題は、そのホイスコーレがどこまで、どのようにデンマークの民属・民衆と国全体にとって恩恵と喜びの光になることができるのかということだけである。そのさい、デンマークの民属・民衆と国全体というのは、すべての他の諸民属や国々もそうであるように、自分たち自身に最も身近であって、最も厳格な法によってさえ自分たちよりも熱烈に隣人を愛すること、あるいはすべて隣人を喜ばせることへの愛好が義務づけられてはいないのである。

たしかに、我々すべてがそうした［第一義的な他者愛好の］思考様式にしたがえば、各民属と各国が、さらに神の民や神の国でさえもが、したがってデンマークの民属もが、人文学や啓蒙、古典的教養、学問を叫ぶ古代ローマ人や近代のラテン語学者を歓喜させてきたものに身を供するべきだという結論に向けて訓練され、そこに到達するにちがいないだろうことは私にはわかっている。だが、私の本性も多くのデンマーク人のラテン語学者のもつ自然本性もついには、そうした［ラテン語的］陶冶形成を乗り越えるだろうという希望を私は抱いている。すなわち、デンマークの民属・民衆と国とがローマ的人間性の栄光のために消え行くべきだとするなら、［我々の自然本性は］人間的にも民属・民衆的にもその［ラテン語的陶冶形成の］牧杖を乗り越えて行くであろうし、そのさいに、デンマークの民衆が「いや、私が獣のように死はずだというのなら、お前にも災いが降りかかるだろう」

とローマ的人間性にたいして［皮肉を込めて］語ることを誰も非難できないであろう。そのことは、（ワインと小麦のパンとを手に入れるために、ユラン人の喉元にナイフを突きつける）礼儀正しいフランス人にたいしてユラン人がそう語るのと同じで、非難されることではないのである。

だが他面で、ローマ的人文学がなんらかの仕方で抑制され、デンマークの民属・民衆でしかありえず、それになるにすぎない人々を、彼らができるかぎり、デンマーク語を用い、彼らがデンマーク的に頭を働かせるのを妨げないとすれば、その人文学はこれまでと同様にデンマーク流のもてなしの恩恵を受け、そのもてなしを有名にする様々な理由の一つになるだろうし、ここでは、礼儀正しいフランス人が耐え忍ばねばならないような屈辱、すなわちユラン人がフランス人の頭と足を折り曲げて、干草でできた箱のなかに寝かせるというような屈辱をけっして体験することもないであろう。このことを私もまたあえて約束する。というのは、民衆の思考過程がデンマーク的になればそれだけいっそうわかりやすくなるからである。どれだけ多くの頭数がいて、それだけ多くの感受性をもつ意識があって、そのぶん、多くのソーセージが必要だし、二倍の数のつま楊枝も必要になるというようなことがあらゆる面からいって、いっそう簡単にわかるだろう。ある者たちは一つのことに心地よさを感じ、ある者たちは別のことに心地よさを覚えるということはまったくよいことである。というのも、そのことによって、すべての食事がたいらげられるし、すべての少女が結婚するだろうからである。各人が自分固有のものを取るなら、何ももらっていないという不平のほかには、誰も文句をいうことができないし、誰も哀れむ必要がないのである。

すなわち、まさしく先史時代から有名であったデンマーク流のもてなしは、平地よりも山中にあっていっそう似つかわしいものだが(四五)、それは家をすべての旅人に開放するだけでなく、他の地上のどの場所にも見られないような仕方で開放することにある。はっきり断言すれば、すべての人間的なものにたいして開かれ、心を砕き、頭を砕いていることにある。だから、デンマークでは、まあまあのもてなしはないのではないか、いわんやよいもてなしはなされないのではないかと恐れを抱く必要などまったくない。むしろ逆に、あらゆる種類の外来者がたくさん群がりやってきて、我々が客人すべてに合わせるので、我々自身が「独自性を失って」外来者になってしまうことを恐れる必要が出てくる。こうした、すべての人間的なものに開かれているデンマークの民衆の感覚は、たしかにドイツ人がナンセンスと呼ぶもの、あるいは自己感情や独自性、確固とした「性格的」刻印等々の欠如と呼ぶものだが、そのデンマーク民衆の感覚はもちろん不幸で精神のない時期には必然的に猿回しの猿の開かれた感覚にいっそう類似しているだろうし、そうであるにちがいない。だが、デンマーク語ホイスコーレの支援によって、我が民属・民衆が精神的になり、心を宿すことを意識するようになれば、デンマークの民衆ほど人間と猿とのあいだにある天地ほどの違いについて「はっきりした」感情を抱く者はいないことが、驚きとともにわかるはずである。それゆえ、「無感覚とか猿回しの猿の感覚といわれるような」この観点でのさまざまな誤解は不自然な錯覚によって生まれたのである。

［普遍人間的なものと民属・民衆的なもの］

これにたいして、人間的に有能な者ならすべて、この上なく微笑ましい気持ちで、地上に一つの平原があり、そこに小さな民属、愛すべき覚醒した民属、自分自身の所有物にかかりきりになっていない民属がおり、その民属・民衆はいわゆる外来のものすべてを進んで受け入れ、評価し、賞賛し、可能なかぎり自分たちのものとして獲得する。そのさい、その外来のものは人間的であって、それゆえに、民属・民衆的なものを排除しないし、抑圧もしない。むしろ外来のものは、デンマーク的性格が慎重に開かれた仕方で保持するものをたんに補完して満たすのである。このことはデンマーク的性格、デンマークらしさが普遍的で共通に人間的なものを損わないからである。もちろん、そうした普遍人間的なもののなかに、すべての民属・民衆的なものは最終的にその目標と解明を見つけ出すであろう。あえていえば、ドイツ人はこのことを望んでいないし、おそらくこのことが理解できない。なぜなら、彼らはドイツ的性格と普遍的人間性とが同じ概念の二つの名称にすぎないという前提から出発して久しいからである。硬直したラテン語学者たちもまた、民属・民衆的なものと、彼らの古典的あるいはローマ的人文学との韻を踏むことがまったくできない。この［ラテン語学者］自家製の普遍的人間性も［真の］普遍的人間性と一つであるはずだとするのだが、そのことはデンマーク的なものや北欧的なもの全体を排除するだけでなく、ドイツ的なものやイギリス的なもの、ヘブライ的なもの、インド的なものをも等しく排除する、要するに、それ自身がローマ的条件のなかで場を与えられず、ローマ的条件のもとに象られないような人間的なものをすべてを等しく排除するのである。

これにたいして私の確信では、デンマークの民衆は、たんにデンマーク語ホイスコーレでこれらの事情を学ぶ機会を得るだけで、きっとこの［私の］主張を理解できるし、理解しようとする。というのも、私はこの考察を［思弁の］中空から取り出したのではないし、ドイツ人から学んだわけでもなく、デンマークの歴史から私自身のデンマーク的な頭で見つけ出したからである。だから他のすべての民属集団よりも祖先を愛するデーン人、彼が生まれもった頭を自分で用いることを好み、その頭をすべての地上の他の［諸国の］頭よりも好むデーン人、そうしたデーン人はすべてそれぞれに、祖国の歴史と自分自身のデンマーク的な頭で［私と］同様の見解を見つけ出すだろう。このことはけっして間違ってはいないだろう。

（二）　デンマーク語ホイスコーレ

［民衆の国をめざして］

たしかに私は、以前この問題について書いたことのすべてをしばらく忘れていただきたいと読者にお願いしようとは思わない。というのも、おそらく読者は私の書いたものを読んだことがないか、私のお願いに応えることとは関係なく、読者自身の意向でずっと前に忘れてしまったかのどちらかで、いずれにしても「私の書いたものが」けっして何らかの成果に結実する状況にないからである。成果に結実しないというのは、私の書いたものが世界全体「の動向」とは正反対だったことにもよる。しかしそれにもかかわらず、私は『四葉のクローヴァー』あるいは『生のための学校』、『デンマーク語ホイスコーレの請願と概念』を読むことができ(四六)、何がしかを記憶している読者に私がするように「しばらくの忘却を」お願いしたい、すなわち、しばらくのあいだ「私の書いたもの」を無視していただきたいとお願いしたい。なぜなら、ここではもはや、そのような「ホイスコーレの」企てにかかわって政府を説得し、あるいは我が国の同胞を説得し、その企ての反対者を武装解除することが肝心なのではなく、むしろ、デンマーク語ホイスコーレの設立にかんして国王陛下が国父として決定し、政令によって命じたのであるから、どのようにすればデンマーク語ホイスコーレは民属・民衆および「デンマーク」王国の真の恩恵となり、現実に新しく、類まれで良好な施設となりうるのか、したがって施設はどのようにしてすべての本物のデーン人のための施設、つまり玉座にある者から小屋に住む者にいたるまですべてのデーン人の共通の最善、公共の福祉ための施設となりうるのか、こうしたことを示すことだけが肝心なのである。

　すなわち、我々のようないわゆる学者が、ある場合には学校長や作家、新聞や雑誌の記者、とくに詮索好きの酷評家、つまりすべて批評家や評論家、ある場合にはそうした人々の半ばが、我々のホイスコーレの言説において諸々の書物や書物の学芸とは違った言説をまったく思い浮かべられないとしても、彼らには我々の主張そのものやそれに類似したことがらがまったく思いもかけないことだったとしても、万人に開かれた民属・民衆のフォルケリ・ホイスコーレを設立するデンマークの国王陛下は必ず、とくに民属および王国の伝統的遺産全体について思いを巡らせているにちがいない。というのも、批評家や家庭教師［などの教養層］はすでに［わが国には］十分いるのでもうこれ以上必要ないという人数があるだろうが、［ある国の］ものごとを巧みに考える知的な権威当局がかりに、その人数以上に彼ら［教養層］をほしがるということがあっても、［その場合、それらの教養層になろうとする］多くのいわゆる「学生」が必要だとするのはデンマークでのことではないし、［現代という］時代の要請でもないからである。

いったい、可能なかぎり民属・民衆の全体をいわゆる学者や執事、批評家、家庭教師層にしてしまうことなど、そもそもデンマークの国王陛下が希望するはずのないことである。というのも、民属・民衆的な王国ではなく「学者の共和国」のイメージが魅力的であったにしても、つまりホルベアが思い浮かべたイメージより(四七)、あるいはじっさいに生きた眼に映るようなイメージより［学者の共和国が］はるかに魅力的であったにしても、そうした共和国はけっして平和で持続的で、幸福を開花させたデンマーク王国ではなかったし、そうはならなかっただろうからである。むしろ［学者の共和国ではない、］そんなデンマーク王国こそ、必ず国王陛下がその一部始終を瞼に思い描くイメージであるはずだし、デンマーク語ホイスコーレの設立によって、可能なかぎり生産的で、確実で、確固としたものであってほしいと望むところのものであろう。

［生の源泉としてのデンマーク］

　ところで、祖国の民衆にそのような王国の興隆と継続につながる自然な慣習やそのための諸々の自然資源がなかったとするなら、ホイスコーレやその整備がどれほど賢明なものであっても、王国の興隆と継続はなかったであろう。というのも、民衆啓蒙と陶冶形成はたしかに大いなる芸術だが、その偉大な作品の可能性について大多数の人々がまだごくわずかな概念さえももっていないからである。だが、破壊と荒廃を目的とする戦争技術を除いて、どんな技芸も幸福を得るために自然に助けを求め、技芸それ自体よりもはるかに多くのものを自然に期待する。端的に私は、デンマークの民属・民衆の自然本性が真に深く、豊穣なものであることを知っている。それゆえにこそ、国王や真の啓蒙を獲得した王国の友人たちすべてが願わざるをえない「民衆啓蒙と陶冶形成という」意味、まさしくその意味においてだけ、私は陛下とデンマークにたいして、デンマーク語ホイスコーレの設立を請願するにすぎない。だが、もちろん、ホイスコーレがじっさいにデンマーク型になる、したがっていかなる観点においてもデンマークの民属・民衆の自然本性を抑圧し、自然本性を改造し、あるいは変化させるものではないという前置きのことばとともにだけ「デンマーク語ホイスコーレの設立を請願するにすぎない」。できるだけ広範囲に、できるだけよい仕方で、そうしたあらゆる仕方でホイスコーレが支援を得て、そのことでホイスコーレはそれ自身の自然諸法則にしたがって動き出し、展開され、開示され、自身に配慮するために力と勇気を得、光り輝く機会を得るのである。

このことのためには、デンマーク語ホイスコーレにおいてとくに民属の若者が「祖国の言語や歴史、統計、国家政体、立法や行政、自治体の状況」について熟知するように努力がなされることだけでは必要であるとしても十分ではない。というのも、そうしたことがたやすく、あまりにこわばった死せるあり方、退屈なあり方、すなわちあまりに非デンマーク的なあり方になってしまえば、ホイスコーレは空しい影か大きな災禍になってしまうだろうからである。いずれにしても、我々は「ただでさえ」影からも災禍からも十分影響を被っているのであり、「わざわざ」それらのためにホイスコーレを設立することもないであろう。

いったい、その名に価するようなものであれば、あるいは設立に価するようなホイスコーレであればどんなものでも、かりにそれがドイツの真ん中に設置されたにしても、学者や教授の側からではなく、生の側、つまり民属・民衆の生の側から民属と祖国とを考察しなければならないだろう。だから人々は、生つまり民属・民衆の生の真ん中に身を置くだろうし、すべての生の自然条件、様々な社会的地位、諸要求や事業のなかに生きいきと身を置くだろうし、人々は、祖国とそこに属するものすべてになじむよう努めるだろう。そのことは基本的に祖国を愛する者すべてにとって可能であり、願望であり、恩恵であり、喜ばしいし、同時に大多数の民衆がそのことのできる天分に恵まれている。たんにそのさいにだけ確信が得られることだが、祖国やそこに属するものについて生きいきと自分自身の母語で語るときにこそ、「我々が」民衆全体に語りかけているのであり、そして、その語りかけが一過的なものであれ永続的なものであれ感銘を与える、つねに民衆と国にとって最善であり福祉であるという正しい面で感銘を与えるのである。

　すなわち、どんな民属・民衆のフォルケリ・ホイスコーレにあっても、それが何がしかの人々には躓きの石になることはたしかに避けられない。というのも、彼らは様々な理由から、いわゆるアカデミックな、つまり学問的路線に喜びを見つけ出すからである。その路線は彼らがまったくうまく乗りこなせないか、あるいは表面的にその上に乗っているにすぎないのだが、他方で、彼らは「そのことによって」自分自身および全体にはるかに大きな恩恵と喜びが得られるだろうと考え、彼らが幼年時代に歩み出したその路線を継続するだろう。だが、まさにそれゆえに、ホイスコーレの事業はたいてい冒険的な飛躍や恒常的に危険の付きまとう「学問的な路線への」飛躍に賛同せず、むしろ総力をあげてそれらの飛躍に反対しなければならない。それゆえ、我が国のいわゆる実質学校制度にかかわっていえば[四八]、その制度が有益な職業すべてを犠牲にしてでも学問的なヤブ仕事を愛好しようというのは、根本欠陥のひとつである。その制度は、他に根本欠陥がないとしても、きっとラテン語学校のように子どもを賢い「若年寄」に変えようとするからである。だからホイスコーレがこの弊害を除いて、むしろ地上のあらゆる場に恩恵をもたらすように働くなら、これらの根本欠陥は免れるにちがいない。というのも、どこにもヤブ学者や、年寄じみて不機嫌で退屈した学童たちは嫌というほどたくさんおり、そうした学童がいなくなるようどんなに努力を払っても彼らは日常的に膨れ上がる。だから最終的には、彼らの大量生産を止めなければならないのである。

それゆえ、どんなフォルケリ・ホイスコーレにも期待しなければならないことだが、そこに来るすべての若者が、生活のなかで一つの職業にすでになじんでいること、彼らが楽しさとゆとりをもつ職業になじんでいることであろう。いずれにせよホイスコーレが働きかけねばならないものは、各人が「ホイスコーレ訪問による」心地よい高揚によって、人間的で市民的な諸関係にたいする明快な眼差しを得て自らの仕事に戻れること、とくに彼の祖国で、民属・民衆の共同性について喜びを感じ、元気づけられるのを感じて仕事に戻れることである。そうした共同性は、偉大なものやよきものすべてに、すなわち、これまで生み出されてきて、今後も人々が属する民属・民衆によって整えられるべき偉大なものやよきものすべてに関係するのである。

どこでもこのような具合であろう。我々の時代にはいたるところで、生の運命や状況にかかわって内的解体や不調和の拡大、不愉快な事態の増加という危険が顕著であるのだから、とりわけ民衆感情と祖国愛とを安定させ、同時に成熟させ、刺激を与えることを勘案した諸々のフォルケリ・ホイスコーレは断固として必要で有用なものであろう。しかし、古い民属・民衆の共同体と格別の祖国愛が民衆生活なかの唯一の生の源泉、我々が希望するように根底的に深く、無尽蔵の生の源泉であるデンマークのような場は「他には」ほとんどない。我々自身が見る眼を覆い、塞いでしまった生の源泉、我々の眼を開けてただちに障害物の除去を急ぐにちがいない生の源泉、可能なかぎり時間的にも空間的にもあらゆる方向に、王国の最果ての境界に向かってそうするにちがいない生の源泉、それはデンマークであるのだが、そのような場は「他には」ほとんどない。さらにこのことに帰着することだが、

［一方で］ドイツにおいてはおそらく必要であるだろう学問モデル、たんにまったき学問モデルがデンマークではホイスコーレ出身者を脅えさせるのに十分なものであり、他方で、学校長遊びの継承のすべてが、我々にとってはじっさいに魅力的なものであっても、デンマーク語ホイスコーレにはまさしく取り返しの付かない損傷を与えるだろう。

　このことはすべて、デンマーク語ホイスコーレにかんする国王の政令[四九]が何に言及しているのか、デンマークの民属・民衆性にふさわしく、あらゆる状況下で恩恵をもたらすホイスコーレであるために、その政令がもつかたち［の意味］をひとつひとつ事細かに考察すれば、いっそうはっきりするだろう。なぜなら、そうした作業をしなければ、我々は我が国の諸々の学校を［無根拠に］強調しすぎることになってしまう。つまり、その政令が何がしかの諸個人には恩恵を与えるとしても、それ以上にはるかに多くに人々に害悪を与えることを［尊重し］、強調しすぎることになってしまうからである。

［母語の価値］

［ところで、］国王陛下が「祖国の言語」に第一に言及したのであるが、そのことはまったく正しい。なぜなら、まさに至高のものにも向けられた人間的教育の全体において、母語は決定的に重要であり、さらに、母語が概していわゆる教養ある世界のなかで、我が国ほど誤解されている国はないからである。たしかにドイツやイングランド、フランス、イタリアでは、母語は人間の生にとって価値あるも

のとして賞賛されてはいないとしても、一部分は諸民属・民衆の自然な自己愛によって、一部分は諸民属の複数性やその他の諸状況によって、我々が久しく行ってきたのとは逆に、諸民属が母語を無視し、その価値を貶め、可能なかぎりそこから離脱するようなことを禁じたのである。［我々が行ってきたのとは逆というのは、］我が国では母語、は諸々の学校でまさにきつい虐待を受け、［それを虐待する学校に親しんだ］死せる人々のなかから［自力で］立ち上がる力をもつか否か、そのことしだいだとして放置されたからである。そこで［自力で］立ち上がらなければ、母語は我が国の学識層のすべてにあって、したがって民属・民衆全体の教師であり、指導者である人々にあっては死せるものとなり、稀有なものとなっていたにちがいない。

そうだ私は、世界史が連綿と続くかぎり、我々デンマークの母語が我が国のいわゆる学問の時代に被ったような扱いが二度とあってはならないと、これまで何度も語ってきたことを繰り返さねばならない。母語は、暴君のように我々を支配した無慈悲な余所の民属によってではなく、我々自身の手で、まさにそれに魅了されるように良好に保存されるべきである。それゆえ、デンマークの母語が退嬰化し、掃き溜めのように、つまりドイツ人がそうだと主張するような掃き溜めのようにいわれること(五〇)がないのは、まったくすばらしいことである。むしろ、デンマークの母語はまさしく至高のもののように愛され、入念に手入れされる必要がある。そうすれば、この我が国の太古からの系統樹は、先端のそれぞれの新芽の溌剌さと対照的に日々死に向かい、消え去っていくというようなことがないはずである。

たしかに、母語についてのそのような言説が、我が国の学者・教養層の多数にとってまだ醜聞に属することは私の知るところである。彼ら教養層自身が不器用で母語に長けてはいない。それゆえに、あるいはそれにもかかわらず、彼らはもちろんこの国では大きな光であると思っているのだが、他の国では自分たちが余計者であると思っている。つまり、彼らがその国の言語を［その国の］最良の人々と［会話するために用いること］ができないなら余計者であることを知っているのであり、民属・民衆の母語がその民属の所有する財産全体の生ける表現であること、したがって、ひとつの民属という最大の［知的］光のもとにあって特有性と呼ばれるものすべてもまた母語を生のことばとしていることを知っているのである。

それゆえ、民属・民衆の母語が軽蔑され、圧迫され、貶下され、たんに手で取り扱える日常的諸事象について用いられるにすぎず、学術探求の学校では誤用とされるにすぎないなら、危険に晒されているのは上から下までを含む民属・民衆の生活である。ちなみに、我が国の学術探求の学校は外来諸言語が、とくに死せる言語が導入されているため、［母語は］外来語の繊細さにかかわる諸点から、格好が悪いとみなされるから、つねに鞭打たれているような状態にある。すなわち、このことの必然的な帰結は、要するに話したり書いたりするときに、わずかの者しか自らの母語を使うことに思い至らないか、誰もそのことに思い至らず、母語抜きで、外来言語という弱々しい影を用いるということである。そうした場合、母語は死んでしまって墓に埋葬されており、たんに忌むべき魂として再びそこから出歩くにすぎない。［つまり母語の軽蔑の帰結は］我々デンマークの母語が神秘的な仕方で救われないとすれば、ただちに死にいたることであり、このことを私は予言したのだが、同様のことを我が国のきわめて冷静な言語研究者の一人もまた予言している。(五一) このことは、聞く耳をもつデンマーク人なら誰でも日常的に確信できるようなことである。我々の母語によって、天上であれ地上であれ、何か眼に見えない［精神的な］ことがらについて自由に流暢に語られるのを聞くことがごく稀であることを、我々の誰が知らないというのだろうか。母語が流暢に流れる場合、それはワインや油というよりもたいていい水かインクにいっそうよく似ているのを我々の誰が知らないというのか。その結果として民衆の多数が、彼らに生きいきとした諸々のイメージを与え、あるいは彼らを心の深みへと歩ませることばを、見えないものについてのことばを聴くことがほとんどなければ、その母語のイメージ的な部分、精神的で、心にかかわる部分の全体がしだいに忘却されていく。古い歌謡や諺、警句とともに忘れ去られていくのであり、［そうすれば］民衆の多数が衆愚に沈み込むことを、我々が知らないとでもいうのであろうか。

たしかに、かつてハルムス(五二)はドイツ系牧師と学校長の世話を受けるデンマーク系スレースヴィ人にたいして、彼らの背後に隣接するデンマーク［本国］では、教会や学校で母語が語られていると言って慰めたと聞いたことがある。そのようにして我々は、我が国の背後に隣接するスウェーデン［のスコーネ地方で］で別の仕方で栄誉とともに母語が維持されている、(五三) そこで母語はたしかに維持されている、と我々自身を慰めるだろう。だがしかし、スウェーデン語と母語としてのデンマーク語とのあいだの意味のある相違を語ることは別としても、私はすべてのデンマーク人に熟慮を願いたい。

我々デンマーク人が国内でラテン語やドイツ語によって我々の母語を拷問にかけて殺した後に、概して非デンマーク的言語によって、あらゆる仕方の不自然な学校制度で、つまり精神を食い尽くす学校制度で母語を殺した後に、いったい我々が心の襞や精神力、健全な理性をすべて獲得するものなのかどうか、我々がデンマークで窒息させたものをスウェーデンに探し求め、我々が我々自身の森から取り去ったものを外来植物であるかのように育てる、そのようなことが心の襞や精神力、健全な知性を獲得するものなのかどうか、熟慮を願いたい。

そんなことはあるまい。デーン人たちよ、今をおいて時はない。我々は我々の母語を再び優美なものとしなければならない。より正確には、我々は母語にたいする不自然な冷淡さに、優しい母にたいする子どものそれのような冷淡さに激しい怒りをぶつけ、このことで我々の日常全体のなかで、我々が無慈悲に無視し、攻撃したものを再評価するよう努力しなければならない。でなければ、デンマーク民属や母語、祖国は消え去ってしまうのである。私が思うに、まだ間に合う。だがその場合、明らかに今が最後の時、そうだ最後の瞬間である。我が国にはまだ、デンマーク語を話す庶民がいるが、我々はたしかに日常的に、母語の精神的で心暖かい部分の多くを忘れている。だが、まだそれを全面的に忘れてはおらず、庶民のためにデンマーク語を話せるような場合、我々は本物のデンマーク語による生の表現に心地よさを感じており、自然に我々の口から溢れ落ちる生の表現のそれぞれに、依然として心がこもっていることを喜ばしいと思っている。

じっさい、庶民（それは北欧語では、万人の富、共通資産の意味である）が改めて、真にデンマーク的になることができ、そこに民属・民衆が救済され、王国が救われることはまだ可能である。いわゆる啓蒙され陶冶された一握りの学識のある人々が普通のデンマーク民衆になるには、あまりにもラテン語やドイツ語、フランス語やスペイン語にはまりすぎているという問題があったにしても、救われることはまだ可能である。それはまだ大丈夫だが、しかし我々がいっそう長期的に、いわば民属・民衆を［ラテン語やドイツ語などによって］空中の楼閣に住む我々のところにまで引っ張り上げることにまじめに努力するなら、すべてが取り返しのつかないほど損なわれることになる。デンマーク語・ホイスコーレ［の成否］はあらゆる仕方で、民属・民衆と国の運命を左右するであろう。

ところで、母語はそれ自体においても民属・民衆的な生の魂であり、その話の流れが我々を民衆と結びつけるか、あるいは切り離すかのどちらからであるので、デンマーク語ホイスコーレのすべての様態において母語の使用や取り扱い、母語による啓蒙が主要な問題である。それゆえ、この点にしくじるか、下手なことをすれば他のことがらはすべて基本的に役立たない。だが、母語が救われ、歩みはじめるとすれば、他のデンマーク的なものの全体が満足のいくようになるのである。

［文法や作文、書物の懸念の払拭］

さて、デンマーク語ホイスコーレでは、若者が心の内でデンマーク語文法や作文教室によって拷問を受けるようになるとする前提は誤解もはなはだしい。しかし、そのような狂気の沙汰がデンマークではまだたいてい賢さと呼ばれるので、私は［文法と作文という］上記の二つの悪しき事象について最小限必要なことを注記しなければならない。というのも、学校長たちがそうしたことを残酷な仕方で行うとき、彼らはただちに学校を自分たちで保持することが許されるであろうし、彼らはそのことをかなり名誉なことと受け取り、たんに叱りつけて庶民の言語の出鼻をくじき、他方で、「外来の」書物の言語を天までもちあげ何度も繰り返すだろうからである。農民や他の素朴な人々が青年期に「外来の」書物に書いてあるように話すことを教えられ、教養ある人々が使うような外来語を整然と記憶するとすれば、彼らは何とまた急に見下げた奴らになり果てることであろうか。つまり、高度で立派なことがらはデンマーク語ではまったく表現されない「とする」からである。そうした状況を学校長たちがつくりだしたのであり、彼らは大いなる疫病神だったのだ。そのさい、計り知れないほど母語や民属・民衆が加速的に没落したのである。

　しかし、デンマーク語ホイスコーレにかかわってそうしたことすべてに用心したとしても、そのことでまだ何も得られていないであろう。というのも、「そもそも」デンマーク語ホイスコーレが設立されなければ何の問題も起こらないからである。それゆえ「逆に主張したいのだが」デンマーク語ホイスコーレが設立されれば、それが恩恵をもたらすことはまったく確実である。その恩恵とは、最善できわめて勤勉な努力でさえもそうしたホイスコーレの援助なしには不可能なものであり、まったく大きなものである。その恩恵は、そのようなホイスコーレに今なお生きている民属・民衆的なもの、まったくのデンマーク的なものの典型のすべてを取り集めることができ、それらを「人々のあいだの」生きいきとした相互作用（五四）のなかにすえることができる。そのことは、民属・民衆の生活がなおも立ち返るすべての諸力、諸技量に応じた作品を生み出すにちがいない。それゆえ私の評価では、デンマーク語のすばらしさを示し出し、偉大な作品を生み出すにちがいないのである。

すなわち自ずからの結果であるが、生ける学校制度では、死せる学校制度において万事につけ尊重されていた諸規則はわずかに意味があるか、何も意味がないかのどちらかであり、それゆえに、デンマーク語ホイスコーレの好影響は、それが自らの母語に長け、自らの祖国を愛する生きいきとしたデーン人を指導員や教師として獲得するところによる。というのも、すべての社会的ポジションですべての面から、デーンの若者の核の部分が彼ら［指導員や教師］に導かれるからであり、そこにデンマーク的なものすべてについての「相互的教育」や「共通の喜び」が生まれる。［たしかに、］それらの「相互的教育」や「共通の喜び」は必ずしも真剣に普及が期待されていたわけではない。というのは、それらのものは啓蒙され覚醒した全国の若者とともに、自ずと普及するだろうからである。

だがそれにもかかわらず、諸々の書物やそうしたものの類はとくにはじめのうちは、無口の給仕としてのそれら［書物の類］の果たす役割、そこで苦しみといわれるにちがいない役割よりもいっそう顕著で大きな役割を果たすことになろう。たしかに聴衆が「読者へと堕落する」ことについて、私はそれを看過することができない。だがこうして紙の制度にたいして私がまったくの苛立ちを覚えていても、彼ら読者自身は朝に夕に書物にかかりきりである。とはいえ、ここで主要な問題はそのことに多かれ少なかれ随伴する間違った諸点ではなく、［全体を］枠づけねばならない正しさである。母語が学者の頭や額でもなく、最良の作家のペンでもなく、民衆の口を住処とすること、母語が歩みを進めて働き、デンマークの祖国愛や啓蒙、快活さや喜びを表現して広げ、そのことで民衆と国をともに救うことだけがホイスコーレの生ける原則である場合、そうだ、その場合に我々は活動を進め、この国に小さなデンマーク民属が依然として存在するという状態が確実に得られる。だが、このことはすべてのデーン人が考えねばならない。彼ら自身がデンマーク語の母語と祖国とを墓のなかで引き受ける［デーン人の］最後の生き残りだと見る必要がないかぎり、すべてのデーン人が考えねばならないのである。

たしかに我々が、まだ炎を燃え滾らせている頭髪の白くなった我々が、年老いた女性ではないが精神的な母の名誉のために泣き叫んでいることは示されてきたと思える。つまり母語の名誉のために世間全体との疑いない闘争に、死からの救済や祖国の再興が可能かどうかの闘争に入ったことは長いあいだ示されてきたように思える。しかし私は少なくとも、デンマークは酷い状態になると考えようとしたわけではないし、そのように考えることもできなかった。私がいつも願ってきたのは、［寿命という］我々の砂時計がすっかり尽きてしまう前に、デンマークで若者を成長させなければならないということである。デンマークの若者は、我々高齢の頭の白い鳥どもが願うことと違って、我が国の退屈なデンマーク的性格を抱えて、早ければ早いほどよいとばかりに地獄に旅立つわけではない。彼らはデンマーク的なものの全体が欠けることがないようにできるだけ長いあいだ我々のもとにとどまろうとするであろうし、デンマーク的なものは大きな船難の後にもまだ、我々のもとで、心で、心と［ことばを発する］口によって救われるであろう。私は若者がまさしく成長したと考えるし、民衆に一番必要なものは何かをつねに感じ取ることができたデンマーク国王が今ホイスコーレの設立を命じることは、私にはたしかな予告である。ホイスコーレでは祖国の言語、デンマークの母語が様々な仕方で最重視されるのであり、実際の学校の設立が、とくに学校において母語使用の習慣が見られさえすれば、そのことがすばらしいものとして経験され、デンマークで起こりうる最良の出来事であること、私はこのことを望むだろうし、望まねばならない。そのことは私にはよくわかっているのである。

もちろん、そうしたことは、デンマークの諸々の「寓話」や生表現、無邪気ないたずらことばのすべてを含んだ我々の闘争歌であり、我々の諺、言い回しである。我々がそれらを我々の力として保持するか、片隅に眠るそれらを発見できるかするかぎり、そのようである。これらの母語の宝はとりわけ取り上げられ、埃を掃われ、軌道にすえられ、まさしく心から［再生の］旅立の幸運が祈願される。というのも、ただそのことによってのみ民属・民衆は自らの母語にかかわって、それを耳で聞き、それに敬意を払い、それを操る力を得、その恩恵を得ることに再び心地よさを覚えることができるからである。今や、諸々の歌がただ生きた仕方で取り出され、謡いのなかで育てられるので、じっさいにデンマークの諸々の歌謡はデンマークの言語的援助者であり、ホイスコーレにはそれらを欠くことができない。というのも、ホイスコーレがそれらの歌謡を得るならば、はじまりはよしであり、半ば満足がいく。だがホイスコーレにそれらの歌謡が欠けるならば、全体が不本意なものになり、病的になるだろう。そんなことがなければ、巧くいくはずの全体が不本意になり、病的になるだろう。

［さらに、］我々が保有し、あるいは入手でき、民属の若者が注意を払わねばならないような諸々

のデンマーク語の良書は、私が推薦しなくてもホイスコーレで十二分に話題にのぼるだろう。だから私はそのことについて、次の点を強調できるだけである。［たしかに、］デンマークの民属・民衆が歩みのなかで聞く耳と［語る］口を得るなら、彼ら自身が諸々のペンの作品を、「彼らの意思を前方へと進める」ペンの作品を問うことになんら支障はない。だがしかし、デンマークの民衆が多くの書物に口づけし、さらに誰も望まないルートを辿って［知を得ること］、これらの両方にしたがえば、多くの傷を負う場合がありうること、このことを強調することができるだけである。

こうして我々の時代には民衆に娯楽本を読めと勧める必要はまったくない。というのも、そうしたことは手持ち無沙汰の人々が自ずとやっているからである。知識書はむしろ、娯楽本として読むことができない場合には、民衆に［その旨の］警告が発せられるだろう。それらの知識書は民衆に害毒をもたらすだけで、精神への働きかけが可能になるわけではない。そもそも精神は民衆を溌剌とさせ、彼らに楽しみを与えねばならないものである。民属・民衆が［諺などのような］遺失物のすべてを取り戻すことができるなら、ちょうど［明確な］自覚がなく寂寞感を抱いている者のように遺失物を取り戻すことができるなら、それは民衆自身にとって最善である。いったい、貧しき人々は自分の財布の中身を勘定するはずがないだろうし、富める人々ですら、彼らがその［財布の中身を勘定しない］状態にあるような場合は、きわめて幸福であろう。そのように、我々はまだ半ば眠っていて［自覚なく］遺失物を取り戻すことのできる者をけっして叩き起こす必要はないだろうし、他界し永眠した者は誰も眼覚めさせることはできないのである。

たしかに私には想像できることだが、以上のことは「死せる」学校に通ったことのある一部の読者には理解不可能なメソポタミア語(五五)に思えるだろう。その学校では、読者は本の十冊も所持しないだろうし、彼に思想家は二人といないだろうが、「その代わり」何千何万もの名前の暗記を拷問によって強制されるはずであり、彼らがよく啓蒙され、学問的に訓練された人間かどうか白黒がはっきりつけられるだろう。しかし私が彼らに請合うことができるのは、「幸福であるために己を眠らせること」、つまり「無意味に骨を折る」よりもむしろ眠ること(五六)が真にデンマーク的だということなのである。

〔財産としての諺や故事〕

「さて、一八四七年の」国王の政令文書には、「祖国の歴史」「ということば」がまさしく祖国の言語で正しく記されている。とはいえ、デンマーク語ホイスコーレではもちろんデンマーク年代記が母語で滑らかに進んでいくのだが、しかし、「順調に」進み出すまでには困難はあるだろう。つまり、ヴァルデマー勝利王の歩んだ高貴な道筋には多くの空白や変転があり(五七)、その道筋は六〇〇年間埋められなかったことがその理由であるが、それでもその期間は、民衆が「母語で」辿ることのできた唯一のものであった。すなわち、小ラテン語学者をすべて根本的かつ批判的な古典「文献」研究家にしようとするのはまったく愚かしいことであろう。すなわち、彼ら小ラテン語学者は古代であれ現代であれ「探求」の本質を洞察することは稀であり、むしろドイツ人であれ誰であれ、民属・民衆を古典文献研究家にしようとするが、このことはあまりにも愚かしいことである。それはすべての民属・民衆から、デンマークの民属・民衆からさえ「母語による」故事の宝を奪い取り、その代わりに、彼らに古典研究家たちの混乱を与えること、それは明らかに欺瞞的に行われる取引きであり、我々が恥じなければならないものである。

要するに問題は、民属・民衆にとって祖国の年代記は「祖国の名声」以上でも以下でもないことである。したがって、祖国において、また祖国とかかわって起こった顕著な出来事について、口から口へ、世代から世代へと生きいきと語り継ぐことは、民衆の祖国愛の深さが、祖国の名声の生きた流れのなかで測定されるのと同様であり、それゆえに、そこに「祖国の名声の」満ち潮と引き潮の両方が同居しているのである。

ところで我々は、サクソー（五八）がヴァルデマー二世（勝利王）の時代以来六〇〇年間を記したデンマーク年代記から、デンマークの祖先がひとかどの者として、豊かであり愉快な仕方で名声を保持したことを知っている。というのも、サクソーが「その年代記を」とくに民衆の噂をネタに書き上げたことを我々に確信させただけでなく、このことで「彼の記述の」大部分が我々の肉そのもの、我々の足跡そのものであり、それゆえに、「ヴァルデマー以来の」古代の潮流が流れを止めることは大きな不幸であり、悲しみであると我々自身は感じることができる。すなわち「流れを止めるとは」、祖国愛の沈静化の証言をしたことだが、同時にそのことは、祖国愛を乾いたものにする原因でもあった。だが、我々が名声の流れを自然に再開するなら、それはまた真の幸運であり、喜びであろう。たんに我々のなかの個人が父祖にたいへん暖かい感情をもつ場合、ひとかどの人々が考えるであろうことをはるかに越えて、我々にたいして凍結されている彼ら［父祖］の名声を我々を通じて民属・民衆へと還流させることができること、このことがデンマークにおいては可能であると私は確信している。

青年時代のことであったが、私はその還流がたんにサクソーのラテン語をデンマーク語を使って民衆的なものに翻訳すれば可能だろうと考えた。(五九) しかし、その仕事はたしかに軌道に乗らなかったし、ペンが口から離れているように、その到達目標からははるかに隔たっていた。なるほどペンによって多くの甘味なことばが歩みはじめることは知られている。だが、ペンでそれらのことばを吸収しても、民衆が得るのは口のなかの苦い味に他ならない。このことは直接的に、私にも経験による教訓を与えてくれたのであり、そこにデンマーク語ホイスコーレにかんする私の着想がある。当該ホイスコーレでは人々は等しく、自分たち自身がもっている経験を暖かく伝えあう。私はあえて賭けたい。かりに私がデンマークの青年とともに、［サクソーの翻訳以来］私が考えてきた三〇年のあいだに、彼らの父祖にかんしてそのような語り合いができていたとするなら、そのことで今日のデンマークは、現状よりもいっそうよりよいものに見えるであろう。たんに父祖の名声だけでなく、デンマーク的なものすべてが現状よりいっそうよいものに見えるであろう。だが、事実はそう進まなかったのだが、私が思うに、状況は、我々が互いに少し急いで、すべての逡巡をきっぱり退けるなら、まだよいものになるだろう。それらの逡巡は話を歪曲して時間を浪費するにすぎない。我々は［逡巡を止め］人々にデンマークの年代記から我々を喜ばせるすべてのものをてきぱきと物語り、こだわりを各人にまかせ、各人の受け取るように楽しんでもらうのである。

しかしながらこのようにすることは、いわれるほど簡単にできるわけではない。つまり、我々教養層はみなが多かれ少なかれそうなのであるが、［分析的に事態を］切り刻む頭をしており、そうした者にとって、先のことはいわれるほど簡単ではない。というのも、バターをすんなり口元に運ぶのに先立って「バターが切り刻まれ、スライスされている」のを喜ぶような仕方で、我々は純粋に我が国の最古の歴史が［分析的に提示されて］あることを喜ぶだろうからである。我がデンマークの古い歴史にかかわって、我が国のいちばんの賢者たちが、民衆にたいして幹になる祖先の名声の暖かい流れではなく、冷静な心による諸々の考察を授けることは不可能であり、［それらを授けるのは民衆にたいする」大いなる背信であり、じっさいに醜い欺瞞だと見るにしても、［その見解が正しいにしても」それでも我々はたいてい途方に暮れてしまうことがある。つまり、何が［重要な問題として］消えずに存在し続け、誰がどんな瞬間においても［重要人物］であり続け、消え去っていないのか、といったことに当惑するからである。

　ここには我々の誰もが解くことのできないもつれた結び目（六〇）がある。それを切りほどくのは狂気の沙汰であり、ただ唯一の賢明な解決はその結び目をそのままにし、この結び目を解くことのできるデーンの男は多額の報償とともに、「イングランドの王女」を嫁に迎えられるだろうと、王国全体にふれを出すことだけである。（六一）

　だが、私の独自な考えをデンマークの民衆が理解するなら、私はたしかにそうした考えを率直に表明し、我々デンマーク人にとって問題はサクソーによって読めるようになっている我々の古い年代記であり、まさしく哀れな「ペル・エリクセン」(六二)であるということができるだろう。ちなみに、ペル・エリクセンは、住む小屋がほとんど彼の上に崩れ落ちそうになったので、それを少し改修しようとして、そのさいほとんどが古代の金貨ではあるが莫大な宝物を見つけ出した。その上に何か書いてあったので、彼は眼鏡をかけて見たが［字が翳んでいて］まったく読むことができなかった。彼の母親エレンも読めなかった。彼女はデンマーク語でもラテン語でも本が読めるほど学があり賢くはあったが、それでもだめだった。哀れなペル・エリクソンはしばらく歩き回って、彼がこれらの金貨すべてを思い切ってもらってしまおう、その場合、金貨を使って何をしたらよいのだろうかと思案したが、どれも自分で納得できるような結論は出なかった。しまいに、母親のエレンが怒り出して、腹の底から大声でまくしたてた。

「ペル、何度もいったけどさ、あんたはどんなに学があっても馬鹿なんだよ。だって、お金をもって、ユダヤ人にもギリシア人にもお金で騙されないようにすればいいのがわからないのかい。大事なのはね、お金はパンを食べないし、あたしらじゃなくても、あたしらの可哀そうな小さい子どもたちには役立つのよ。あんたはあたしに何度もいってきたでしょ。この小屋は大昔からあんたの代まであったって。あそこの土手のうえに、あんたの親の屋敷が立っていたの。それが敵に占領されていた時代に引き倒されたのよ。あたしらが小屋で見つけたもの全部が神様のもので、あたしら自身の持ち物なのよ。銀は小屋の建替えやあたしらがほしいものに使いましょ。船で海に出て、いろんなことを見て知っているセーレンが家に戻ったら、あたしらはたぶん、そのお金で何ができるか、もっといい考えを教えてもらえるわ。人のいうことなんか、気にしちゃ駄目よ。世間はあたしらが無一文のとき、何にもしてくれなかったんだからね。あんたが自分の地所でお宝を見つけたってことを世間の奴らが信じようとしなかったら、ただこういえばいいのよ。『おらはこのお宝をあんたらから盗んだんじゃねえ。おらにお金をつくり出す女房がいたからって、あんたらに何の関係があんの』って。あんたはそんなふうにいって、我が道を行けばいいのよ。世間の奴らには、あんたがそんな風に合理的人間ぶってるって、お喋りさせるのよ。」

もちろん、母エレンの助言は要を得ており、物語それで終わりである。しかし、デンマーク語ホイスコーレが準備されるだけでなく、「じっさいに」歩みはじめたなら、ホイスコーレで聞くことができるようなたくさんの同じ「物語の詰まった」樽がある。デンマーク語ホイスコーレがそうしたふうにできるように、我々はとくにデンマークの諺を、母エレンが昔の金貨の物語を利用したように、ダン王からハラルド・ヒルデタンやステルクオッダ（六三）の死までの故事を使わねばならない。そうすれば我々は故事を保存しているのだ。保存しておく正しい場所は、本棚ではなく、民衆の心のなかであり、そこから故事が取り出され、いつも民衆の口使いによって光を当てられる、その故事で人々が賢くなるまで、光を当てられるのである。

すなわち、見てすぐにわかるのは、我々デンマークの諺が純粋に歴史的（六四）と呼ばれるものとは違って、諸々の歌謡の諸断片、つまり太古の歴史・詩的な歌謡の諸断片だということである。それらの歌謡を我々はむしろオリジナルのかたちで保存し、そのようにして後世に移植したいと望むにちがいない。だが、両の眼を開けて見なければならないものは何であろうか。それは、これらの古い諸々の記憶自身がばらばらに散逸した状態になっても民衆に宛てられ、彼らを喜ばせることが可能なのだから、その可能性が実現されねばならないということである。それはたんに、両眼を開けて見なければならないものが民属・民衆の遺産であり、財産であるというだけでなく、計算不可能な恩恵として、我が国の民属・民衆的共同体が長く齢を重ねてきたという生きいきとした感情を眼覚めさせ、その感情を養い、さらに民属・民衆の高貴な血や偉大なる素質、力強い青年について、生きいきとしたイメージを与えるからである。ちなみに、そうした青年こそ賢慮があり尊ぶに価するのであり、活発で喜ばしい老年期を予想させる。それは、久しく我々がそこをめざして、真剣に我が国のあどけない子どもたちの心に植え付けようとした［かつてからの］老年期とは異なるものなのである。

〔祖国の歴史を語ること〕

　このことは、我々にはまだ近代史がまったくないのだから、デンマークにとっていっそう重要なことである。近代史とは、民属・民衆的（フォルケリ）になるとか(六五)、慣習として民属感情を高揚させ精錬しているとか、慣習として未来についての活気ある希望を保持しているとか、そうしたものを生むとかであることだろう。［だが、我々にはまだその歴史がないので、民属・民衆的共同体の生きたイメージを与えることは重要である。］だから、祖国の歴史の民衆向けの活用によって、スヴェン・エストリセンの王位就任からヴァルデマー大王の死までの時期(六六)は、はじめも終わりもともに生きいきと巧く表現される期間である。この期間が民衆に与える主たる印象はまさしく多様であろうし、祖国の救済と救済者たちの喜びは、減じることはないとしても危険な「煉獄」［の闇］に蔽われるであろう。その煉獄は民属・民衆と王国が経験しなければならないとしても、両者をほとんど消耗させるにちがいないようなものである［が、そうした危険な「煉獄」の闇によって蔽われるであろう］。それ以来のデンマーク年代記において、まさに民衆議会（六七）とデンマーク語ホイスコーレの設立のために［歩みを進めようとする］民属・民衆的なものすべては断片的なものにすぎない。すなわち、ニールス・エッベセンの時代（六八）からの、我々のデンマーク王国の眼に見える試練と幸いなる解放についての諸断片にすぎない。この間の六〇〇年はデンマーク語ホイスコーレでは、大多数の聴講者が重荷に感じ、飽きあきしてぼんやり聞くことがないように、さらにその他の聴講者が落ち込んだり、混乱したりすることがないように、軽く飛ばされる。それらがホイスコーレで必要とされない単純なことがらであることは、聴講者の低調な反応を通じて我々のよく知るところなのである。

［いずれにしても、］そうした父祖の名声にたいして、楽しく格別な諺のすべてが主潮流となる。その潮流はたんにか細い流れによって我々の健康な耳、エアースン（六九）に届くように、ドイツ語やスラブ語の岩々や岩盤にたいして闘いを挑むにちがいない主潮流となるのだが、そうした父祖の名声は私の確信するところであり、デンマークの民衆のもとに伝播することができるし、大きな喜びとともに、計り知れない無数の恩恵を施すことができるだろう。だがしかし読者が、私と同一の意見であってもすぐに思い直して、「そんなことは絶対に起こらないよ」ということも私にはわかっているのだ。い

われるまでもないことだが、たしかに我が国の通常の古典研究者や専門歴史家だけでなく、「学問的教養を修得した」あれこれの人々さえも腐臭を放っていることは私にはよくわかっている。我が国にはそうした学歴や学位を背景にした何千もの男たちがおり、彼らは一つの流れになる祖国の歴史について語る。だが、そこにある［歴史の］連関とはデンマーク的性格をそれ自体として客観的に見つけ出すことに他ならない。すなわち時代区分は古代、中世、近代からなるものに他ならず、批評はたんに有用で楽しめるものについて案内がなされる場合に、自ずと現れ出るものなのである。

したがって私には、［従来のやり方では］「絶対に起こらないこと」を、人々が恐れる理由があることはよくわかっている。だがそれだからといって、私は起こるにちがいないと思うことを大声で高らかに話すことに、はにかみと躊躇を覚える必要はない。そうしたことがなぜ起こるべきなのか、そのさいどのようにふるまうのか、はっきり述べることは妨げられてはいないのである。私が何がしかの声をあげることを認めようとせず、あるいはその声に注目が払われないことはある。私が三〇年ものあいだ肝心な問題を考えてきたにもかかわらず無視される、多数の人々が五分あまりで考えたことのように無視されることがある。私が大多数の人々よりもいっそう［優れた］古代研究家であり、歴史読者であり、歴史教師であり、歴史探求家であり歴史記述家であるにもかかわらず、我が国の「学術的教養」層の十分の九以上人々が祖国の歴史における知識を総計しても、彼ら以上に多くのデンマーク史上の王の名や［歴史的事件のあった］年数を私が正確に知っているといえるにもかかわらず、［私に注意が払われず、無視されることがある。］そうしたことがまさしくあるとして、それでも私は、現代にあって重要な真理を語ったことを後悔することはありえない。たしかに、真理を語らねばならないさいには、古い民属それぞれにとって、ましてや非常に古いデンマーク民属にとって祖国の歴史が何を意味しなければならないかまったくわかないと告白するにちがいない人々がいる。だが、それらの人々と見解の一致を見ないからといって私には現実に何ら恥ずべきところはない。ちなみに、非常に古いデンマーク民属は祖国の歴史おいてだけ、偉大で確固とした祖国のつながりを保持するのであり、そのつながりがさらに彼らの勇気となり、彼らの［祖国への］愛を育むのである。だがデンマークの民属は、大規模な「北欧大学(七〇)」での実り豊かな収穫を希望することなくして、我々の一部である祖国の歴史をすき耕すことはできない。むしろ、［祖国を包む］「青き波(七一)」のような「北欧大学」によって取り巻かれ、抱かれねばならないのである。

　とはいえ今、少なくとも［様々な情報に溢れた］我が国の現代にかんしては、個々の離れ離れになったような部分に入り込まずにデンマーク年代記をデンマーク語ホイスコーレで語ることができないこと、このことを私はもちろん前提にしている。なぜなら、私にはあれこれの小さな見解表明を行うことなしに一時代を生きいきと語ることはできないからである。だが［基本的に］私は全体を見て、全体について語る。私にはわかるのだが、人々が全体においてのみ正しい道を歩み、すばやく前進するさいに、脇道に逸れることは重要ではないといえる。それは、ちょうど小犬が気ままに自分自身の足で脇道をうろついても、自分の仲間を足止めして退屈させることがほとんどないか、まったくないのと同様に重要でないのである。

［統計から、人間的経験から学ぶこと］

［ところで］祖国の統計にかんして、私はそれをデンマーク語ホイスコーレで「デンマークの鏡」ないしその類のものと呼ぶよう助言したい。というのは、一面でその学校でただでさえ不幸を背負い込むような［ラテン語やドイツ語などの］外来語の苦労が負わされてはならないからであり、一面で国内のものであってさえ、統計は我が国のフォルケリ・ホイスコーレではとくに有意義な事象を示すのに必ずしもふさわしくない、すなわち祖国の「静態」の構図ではなく、むしろ「動態」の構図を示すのに必ずしもふさわしくないからである。

たしかに私見では、各フォルケリ・ホイスコーレそれぞれにおいて諸々のいわゆる統計一覧表が十二分に用意されており、そのようなものを作成する達人も同様にいる。だが、デンマーク語ホイスコーレでは、それらの一覧表が基本的には耐え難いものだろうことは私にはわかっている。なぜなら、きまじめなドイツの一覧表を擁護するために、あるいはそうした一覧表の長所を主張するためにどんなことがいえるとしても、それはけっしてデンマーク的趣味であった試しがなく、そうした趣味にもならないからである。デンマークの人々は少なくとも自分たち自身のホイスコーレでは、余所者の精巧さから、とくに我々が自然に嫌悪感をもつドイツ的精巧さから自由でなければならない。

すなわち、我々デンマークの愚か者にとって諸々の統計一覧表が重要なのはまさしく、古イングランドの我々の同族にとってウィリアム征服王の『ドームデイの台帳』[七二]が重要であったのと同様である。その日記でウィリアムはたんに、それぞれの傑物が国じゅうで何といわれたか、その人がどんな野や森、どれほどの金銀を所有していたかだけでなく、語るに恥ずかしいことだが、王国全体で何頭の子牛や牝牛、豚がいたかさえも数え上げられていたというのである。最後に、とりわけシェラン島人は退屈していなかったときはいつも、「これはすべての二本足［動物］以外のおまけ」と付け加えたであろう。こうして我々は［統計一覧表にたいして］嫌悪感を抱く。お望みであればそれは大きな民属的欠点[七三]といってもよいが、そんなふうに我々は嫌悪感を抱くのであり、その感情がなくなってしまうことはありえない。というのも我々は、統計諸表の作成を強いられても、そのことでそれらの表にいっそうひどい反感をもつにすぎないだろうからである。

しかし、こうして私は、いわゆる祖国の統計がデンマーク語ホイスコーレでは結局どうあってはならないかについて述べたのだが、そのさい私はそうありうるし、あるべきという［本来の］あり方の記述については、むしろ他の人々のペンに委ねたかった。というのも私には、その点についての知識も経験もわずかなものだし、他面で私は、民属の若者が彼らのホイスコーレで、祖国に関係するすべてのことがらについて生きいきとしたイメージを得ることができるだろうし、そのことは可能でもあり、また望ましくもあることがよく理解できるからである。

このことのためにはたしかに、ホイスコーレの教師・指導教員の一人が、生きいきとよく啓蒙されたデーン人であったとして、彼が啓かれた眼で祖国を旅し、人々のことも国の鳥など鳥獣も熟知するが、それらを数え上げることにほとんど気を取られず、穀物や穀物の花をそれぞれ自発的に見るが、しかし美しさや人々の力や技量、福祉にたいして［量的度合いを測る］樽枡や竿秤を用いることがない、そうしたよい部分に貢献するだろう。彼はシェラン人のもとでも、ユラン人やボルンホルム人、メン島人[七四]のもとでも［地域に］特徴的なことを体験して学ぶであろうし、あらゆる種類の職業的営為も学ぶであろう。というのも、つねに前提されねばならないように、彼もまた自身の母語によく通じ、自身の祖国を愛しているので、様々な仕方で若者を喜ばせ、彼ら若者が優れた頭脳の持ち主のもとで不毛な人にならないような注意や反省を促すこともできるだろうからである。しかしそのような模範となる不死鳥[七五]がいない場合でも、教師・指導員が自分たち自身の力と技量、知識を働かせ、事業に身を入れることを端的に理解するなら、若者が生きいきとした祖国の知識を得るために多くのことがなされるだろう。

すなわち、さまざまな圏域に成長し、あらゆる種類の職業を身につけた若者たち、国に特有なすべてのもののなかから育った若者たちの会合を考えてみてほしい。そこにはある程度明晰な頭脳の持ち主、元気溢れる性格の持ち主がたくさんいるだろうから、単純にそれらの若者を生きいきとした相互作用のなかにおきたいという希望が湧いてくるだろう。その相互作用は、以前はまったく知らなかった祖国について多くのことを自主的に学ぶためであり、知的に渇望している人々に、たんに視野を広げることだけでなく、とくに彼らデンマークの祖国全体の生や感情の動きについて、暫定的ではあるが知り合い関係をつくりだす最良の場を開くためのものでもあるのである。

たしかに我々の時代において、とりわけホイスコーレに期待がかけられるにちがいないことが、おおよそ諸々の［統計一覧］表にかかわっていえば、それが祖国の内部問題についての批判的評定であること、すなわち職業の全体が不完全で非科学的な仕方で営なまれていること等々についての批判的評定であることを私は知っている。だが、役に立とうが立つまいがそうしたものがデンマーク語ホイスコーレで省かれるよう私は請わねばならない。そうしたものはけっして益をもたらさず、たんに民衆に害を及ぼすにすぎないし、加えていえば、［そこに参加し］つねに刺激が与えられるであろう人々のなかの、少なくとも十人を無為に過ごさせ、退屈させるにちがいないのである。(七六)

すなわち、すべての人々に提供されるべきものは、すべての人々のためになければならないし、各人が民属・民衆的なものおよび基本的に人間的なものへの参加を感じることができるのと同様に、有益で楽しいこと、こうしたことの可能性でなければならない。他方で、諸個人にとってよいものであり、恩恵をもたらすものすべてが彼らに転換をもたらすにちがいない、すなわち彼らの勤勉と幸福をもたらすにちがいない。このことは、我が国の支配的学校制度の全体が無視している根本原理であるが、この原理が、今度は［ホイスコーレで支配的学校制度の］最高の基本障壁に挑戦し、その障壁を越えてより高い不動の原理となるだろう。［そもそも］個々の農民や漁民、船乗り、商人、工芸職人は、彼らの営為について学者が何を考えているかを聞き、その営業がどうなされるべきかを知りたいと望むことができる。だが彼らはその営為にあって、通常は困難に直面し、無為であり、混乱しているであろう。だから、自分たちの営為にたいして愛着をもてばもつほど、その営為にたいしてよりよく慣習づけられていればいるほど、彼らは通常、彼ら自身による諸々の経験の恩恵、そのさいもちろん彼ら自身のものである諸々の思想の恩恵を得るだけなのである。たしかに我々の「啓蒙の時代」にあっては、人々が知らねばならないことを記憶し、それに少し習うべきであろう。すなわち、人々ははじめに文法や辞典に忠実に話すよう学べば、彼らはまず計画設計に倣って働くように学ぶこと、人々は、人間本性がまさに学校長であるかのようにふるまい、それを模倣して、間違った仕方でただいたずらにその本性に期待すること、こうしたことを記憶にとどめて教訓を得るべきである。

［ちなみに］イングランドでさえ、このことがほとんど忘れられているのを私はたしかに知っている。この国では、人々が自然の歩みを無視するのではなく、むしろいっそうその歩みにしたがって進むことが確固不動なやり方として是認されている［のだが、上記の点はほとんど忘れられている］。たしかに我が国では［逆に］依然として、高度なドイツ的理性の福音を知らないか、理解することができない場合に愚か者といわれている。その理性はすべての人間の自然本性の法則をたんに人間性の幼児期に通用するだけのもので熟年期には通用しないとし、［後者から］取り除いたのである。なお、熟年期に［人間本性の法則が］通用しないというのは、［ドイツでは］文法や数学への信仰すなわち理性と学問的慣習への信仰、要するに理論万能への信仰、その信仰がすっかり了解され、誤った仕方で追求されているのだが、そうした信仰が、唯一の事象［に接近する］手段なのである。私は世間が私を嘲笑するのをいやというほどよく知っている。彼らは我々人間にあっては生がつねに光に先立って歩みを進めているのだから、我々が「この世界の光」を見るには、［経験ではなく］その光を不動の根本真理であるかのように証明しなければならない、(七七)こんなことは単純明快に正しいことだといわ

んばかりに私を嘲笑する。だがもちろん、私がそのことについて常々指摘してきたように、こうした不動の根本真理は、それを私が転がすのだけれどもけっして静止させることができないシシュフォスの石(七八)の状態ではないだろうか。

とはいえ私はそれ以上のことを知っている。すなわち、デンマーク人が依然として正しく自分たち自身の眼を信じようとしていないことを知っている。というのも、「まだ信じてはいない」すべてのデンマーク人の眼からすると、人間発達の途上に生まれる常軌を逸した貪欲さは、人間本性や人間的経験から学んだり導かれたりする意思ではなく、むしろ暴力や権力によってデンマークの人々を自己矛盾に駆り立て、自己否定と自己阻害に駆り立てる意思であること、このことを私は知っているからである。

こうしてたしかに、デンマーク語ホイスコーレの傍らで、人々が自家菜園を人眼をひく仕方で営んでいること(七九)、このことは喜ばしいことであり、恵みをもたらすことであろう。ホイスコーレが仕事場に囲まれているなら、その仕事場ですべての手工芸が顕著な仕方で営まれているなら、喜びも恵みもともに際立って大きなものだろう。というのも、生ける人間のそれぞれが、ひとことで事業活動と呼ばれる多様で恵み豊かな諸方面で人間的生の元気な運動を見ることが喜びであるからである。若者にとって、各人が自らの職業を巧みに営むこと、および生きいきとした多様性を眼の前にすることの両方が計り知れない恩恵をもたらすであろうし、それらのことに若者たちの思慮ある教師・指導員たちは、つねに自分たちの接する若者の注意を向けようとするだろう。そうしたことが、デンマーク語ホイスコーレにおいて「祖国の統計」についての生きいきとした講義の条件の一つになることを私は期待する。だが、このことは、不細工な学校には矛盾する、すなわち様々な経験があるにもかかわらず、すべての職業が学ばれ営まれる以前にドイツ的福音にしたがって［正しく］理解され、概念把握されるべきだとする最新の理論と学問的方法とを用いるような不細工な学校にはまさしく矛盾するのである。（八〇）

［国家体制について］

［ところで、］近年祖国の国家体制が我々のあいだで論争の的になっているが、むしろその体制が国王の政令に、とくにデンマーク語ホイスコーレで学ぶ民衆について光が当てられるべき諸々のことがらにはっきり表現されているのは驚きであろう。だがこの驚きも、開明派である国王の友や民衆の友には喜びであり歓迎すべきものにちがいない。というのも、デンマークの体制は闇から生まれた子ではなく、光の子であり、それゆえ［精神］力と技量を発達させ、開花させるためによく光を湛えるとともに、すべての生けるものと同様に光を必要とする。私はまた、その名に価するデンマーク語ホイスコーレが［設立され］施行されればただちに、我々の国家体制あるいは憲法と呼ばれるものが我々の論争の対象から解除され、むしろ我々すべてにとって幸運となるだろうことを十分に確信している。というのも、明らかにデンマークの民衆に欠けているのはただ、我々が民衆的体制を保持することの理解であり、民衆の心に基づいて発展した憲法体制を獲得するための啓蒙にすぎないからであ

る。その啓蒙は、国王と民衆、権威当局と被治者、立法と評議、官吏と民間の市民のあいだで良好な仕方でなされる自由な相互作用のモデルに向けられているのである。

それゆえ、私の記憶が正しければ、かつて民衆議会（八二）が国家体制について国王に誓願したさい、すなわち我が国が「かつて」まったく保持しなかったような国家体制を請願したさい、それはたしかに、外来の流行語を使ってひどく神秘的で何か恐ろしく喜ばしい体制を考案する、つまりその体制のなかにもなければ、その体制が権力を掌握するさいに同伴するわけでもない喜ばしいものを考案する、というふうであった。しかし、このようなことになる深い理由、あるいは「外来語に依拠しデンマーク的なものとは」まったく別のものになる深い理由は「三つある。第一に」民衆議会の設立の十年ないし二〇年前にデンマーク語ホイスコーレが開設されていなかったことである。「開設されていれば」民衆はそのホイスコーレから国家体制とは何を意味するのか学んでいただろう。そして「第二の理由は」自由な国民の声にかかわるが、その声は国王が「受話器」あるいは「聞く耳」をもつこととつがいであり、民衆議会はその「聞く耳」に基づいて調整される。「そうした循環のなかでの」自由な民衆の声は、我々の体制が必要とした生ける発展であった。最後にデンマークの民衆自身が自ら何を望んでいるのかがわからなければ自らの意思を得ることはできないし、口を閉じることがなければ自らの声を聞くことができない。さらにいえば、デンマークの民衆が祖国を愛し、祖国になじむことがなければ、祖国の観点ですぐれた助言や評議を行うこと、つまり遵守する価値のある助言や評議を行うことは不可能である。

だがしかし、デンマーク語ホイスコーレが設立されてもおらず、設立への微かな見通しさえもなかったのだから、我が国の年老いた国父［クリスチャン八世］が民衆議会の設立によって問題を終結したのはそれなりによいことであった。民衆議会の設立には希望があった。その希望とは、デンマーク民衆はつねに善良なのだから、彼らはきっと良好に評議し助言するはずというものであり、国王がそれに耳を傾けるなら民衆もまたきっと口を開きはじめるだろう、［だから］善良なデーン人が大法官の長官から借地農民にいたるまであらゆるかたちで評議に加われば、彼らはきっと母語を用いる必要があるだろうというものである。さらに、その母語で躓いている幾らかの人々にとってさえ、いつもいたずら好きのシェラン人か心暖かいユラン人がいて、彼らが当該の人々に「フランス式に話したことがないなら、おそらくデンマーク式に話せばよくわかる[八二]」ことを理解させたであろうことも希望したい。

以上のように、我が国にデンマーク語ホイスコーレがなかったとはいえ、民衆議会が創立され、一三年前に生きいきとした民衆の声が呼び覚まされたことはそれなりによいことであった[八三]。というのも、そのことで、［ホイスコーレと民衆議会］との両方に長期的な視野が開かれたからであり、諺どおりに「デンマークの牝牛[八四]」はたやすく死んでしまうかもしれないが、草は生長し続けるであろう。しかし、そうしたことはよいことでもあり、大胆なことでもある、［とくに］私の眼には大胆に映る。［そもそも］デンマークの民衆が国王の絶対権力を招致したのだから、私は［現状の］絶望的な病のもとでの、これら［ホイスコーレと民衆議会の設立の］両方のデンマークの自家療法を大胆といわねばならない。つまり、可能な救済策すべてを敢行することが絶望的な状況下での知恵といえないなら、大胆というしかない。玉座にある者から小屋に住む者まで含めた真のデンマーク人が元来から巧くいかないとしても、悪くもならないだろうと確信できるほどお人好しではないなら、大胆という他はないであろう。

［絶対王政の成立事情］

すなわち、歴史家として私は、［ヨーロッパでは］一七紀の中頃［フランスの］ルイ一四世の時代に復活したスチュアート朝によるロンドンへの電撃的な入城があるなかで、(八五)［デンマークで］我々の先祖が行ったことの危険を見過ごしてはならない。なぜなら、荘園領主たちの長い鞭が青あざのできるほど民衆を打ち据えたからであり、専制君主にくみして長期にわたり私的制裁をこととする道が開かれたからである。そして最後に、「学術教養層」が精神的に死んでいて民衆の問題を語る力がないだけでなく、民衆には疎遠で、ローマ皇帝の法定相続人にくわえ、教皇の聖なる正当な継承者、つまり聖ペテロの聖なる継承者である権力保持者に阿諛追従するような場合は看過できない。彼らはしばしば気高いデンマークの民衆を、「百姓は手綱がなければ犬にも劣る」(八六)というスラブ風の諺で中傷するからである。

しかし、そんな中傷は当たらない。私は一六六〇年にデンマークの民衆がすべてを賭ける危険を犯したことをよく知っている。(八七)しかし私には、それが一八三四年にデンマーク国王が賭けをしたのと同等だとわかっている。というのもそのさい世人は、いわゆるパリの「偉大なる一週間」の後に（八八）、［新たな］国家体制のための一般的夢想によって、天が無であり、地上には国家体制のない［混沌とした］状況の明快な真理を眼のあたりにするからである。それゆえ、我々のもとで［新たな］国家体制を叫びつつ、フランスの体制だけを考えている人々のほとんどすべてが、たんに国王に由来する権力を保持し、権力が誰の手に属するのか、権力を行使することとは何かという問題に配慮することがない。そうしたさい、国内の［公的］関心事すべてにかかわって、はるか以前に死んで埋葬されていた真のデンマークの民衆の声を湧きたたせること、より正確には、そうした民衆の声を呼び覚ますこと、全国の地主と地付き小農民からなる民衆議会を召集し、彼らの代弁人（代議士）を彼らに自由に選挙させ、議会の仲裁人（議長）を自由に選ばせ、一室で審議を行い、すべての問題を自らの手で、多数派にしたがって決済すること、こうしたことは、私は［問題を］熟知してはいないけれども、国王の危険な賭けであった。それは、［ここで絶対王政創立期の］民衆の危険な賭けを度外視するとして、国王の危険な賭けであった。ちなみに、前者の［民衆の賭けの］場合には、［議会制度と］同様の仕方で、はるか昔に死んで埋葬されていた平和な絶対王権を呼び出し創設する努力が行なわれたのであり、それゆえにフレゼリーク三世と彼の未知の子孫に全民衆を支配する頭脳と手を与えるよう努力が払われたのである。

　たしかに［後者の賭けにおいて］、私は国王が与えたもの、国王が危険な賭けをしようとしたことがすべて何でもないことだと諸々の雑誌［の記事］に載っているのを知っている。［それらの記事がいうには］民衆議会は立法的でなくたんに諮問的であり、新税を課す権利を保持したのではなく、民衆のために諸々の新税の謝絶が認められた［だけなのだから、たいしたことではないとされるのだ］。だが［それならば］、私見では、民衆が一六六〇年に与え、危険な賭けをしたことはたいしたことではないと同様にいうことができるだろう。なぜなら、その［転回が］起こったのは、共通の最善あるいは公共の福祉を目的として害毒を除くために、絶対王権が可能なかぎり父権的に、可能なかぎりキリスト教的に、可能なかぎり賢明に用いられねばならないというはっきりした約束を伴ってのことだったからである。というのも、民衆議会の十全な権力は残忍で弊害をもたらす仕方で誤用される可能性があるし、国王の絶対権力も同様の仕方で用いることが可能であり、前者の誤用がまさに一八三四年には筋の通ったものだったのと同様に、後者の誤用が一六六〇年には理にかなっていたのである。

［国王と民衆との和解］

ここで私は今さらこの［体制の］起源問題をいっそう深めようとは思わない。だが、祖国の国家体制がデンマーク語ホイスコーレでどのように考慮され、どのように啓蒙されねばならないかを示すため、私は多くのことを語らねばならないだろう。［とくに］その体制が国の不幸として論争の的であり続ける必要はなく、デンマークの大いなる幸運として創造され、慣習に根ざすものになるべきだとするなら多くのことを語らねばならないだろう。ちなみに、［慣習に根ざすものとは］二つの軌道をもつ線路（*the rail road*）であり、（八九）その上に王権と民衆の声［との両方を乗せた列車が走ることである。」それら両方とも蒸気で走り、デンマークの福祉と共通の最善という目標に向かって競い合うのである。

［ちなみに、］「自分の贈り物を取り戻す者がいれば、その者の子どもは邪悪になる」とは、私にとっては子ども時代に消し去ることのできない印象を残したデンマークの諺である。私はとりわけ、有名なスキョル王にかかわるサクソーの題材から[九〇]、太古の時代以来のデンマーク民属にあっても同様にその諺が用いられてきたことを知っている。だから、この古きよき諺はデンマーク語ホイスコーレでまさしく新鮮さを吹き返し、自由な立場で用いられる。すなわち、デンマーク国王とデンマークの民衆がまさしく自分には与えず、相互に与え合って、あらゆる方面から啓蒙がなされるとすれば、デンマークで国王が自らの絶対権力を取り戻すべきだという話はまったくないことになる。かといって、国王が自らの親切と交換に、彼が民衆に与えたものを取り戻せるだろうという話もまったくない。もしそうしたことがあるなら、とくに国王と民衆とは互いに相手から受け取ったことをひどく遺憾だと思わねばならないし、高貴なものの勇敢さにともなう信頼関係によって「打ち据えず、制限せず、強制しなかった[九一]」ことを、互いに大声で喜びあわねばならないし、そのことだけがデンマークにおいては国王と民衆の太古からの正義だからである。

　しかし、時機到来というべきは、デンマーク語ホイスコーレが我が国の国家体制を正しい光のなかにすえることである。というのも、（いわゆる「保守」といわゆる「リベラル」との）両方の側から、その正しい光を覆い隠すいっそうの努力が日常的に行われていて、問題の正しく望ましい連関にかかわって民衆啓蒙が欠如すれば、国王か民衆のどちらかが自らの贈り物を取り戻したという結末になったにちがいないからである。この両方の［どちらかが贈り物を取り戻す］場合に、デンマークは誤っていた。我々の時代において、国王も民衆もフォルケリ・ホイスコーレなしには、正しい光のもとで両者の諸権利を考察することを学べないし、両者の諸権利を、唯一公共の福祉に合致する正しい仕方で用いることもできない。そのような状況であればあるほど、［デンマークの］誤りはいっそうたしかである。すなわち、一八四三年以来デンマーク国王が引き受けねばならなかった忍耐は、デンマークの民衆が一六六〇年以後に耐え忍んできた我慢と同等のものであり、自由な国王にとって長期にわたり我慢を強いられることは、束縛され不自由な民衆の我慢にもましてそれを耐え忍ぶのにいっそうの困難がある［と考えられる］。だから、要求され促しを受けた国王の忍耐を手加減する状態がただちに生じるにちがいない。このことが良好な仕方で生じるのは、民衆が国王の自由と併存しえない自由への希求を学び取らない場合だけである。いったい、国王の自由とはたしかに解放された民衆に臆病者のように隷従しつつ冠されるようなものではない。民衆が学ぶべき自由とは、国王の自由および権利と民衆の自由および権利とが少なくともデンマークでは良好に和解できるだけでなく、相互に尊重しあい、改良しあい、飾りあい、支えあい、保障しあうことを理解することなのである。それゆえ、かりに真のデンマーク語ホイスコーレが必要でないとしても、あるいはホイスコーレの恩恵がわずかしか期待できないかまったく期待できないとしても、デンマーク語ホイスコーレは国王と民衆とのあいだの平和や同意のためにはまさしく必要不可欠であろう。そのホイスコーレはすでに、まさに絶対権力および民衆議会のデンマーク的意義と民属・民衆的課題を啓蒙することによって無数の利益をもたらしている。だから、その課題はどんなに困難に思えようと、ホイスコーレの最も切実な目標でなければならず、私があえていうように、目標に向かって歩もうとするなら、［国王と民衆との和解という］この課題がホイスコーレの第一の、最もたしかな成果でもあるだろう。

［外来法とデンマーク法］

［さて、］共通の市民的地位に最も密接に関連するかぎりでの祖国の立法は、［ソーア・アカデミーの将来についての］国王の政令文書のなかでも、とくにデンマーク語ホイスコーレにおいて啓蒙されるべきものとして名指されている。そのことは正当である。というのも、すべての人々がしたがう義務のある国法のその部分を熟知することが市民各々にとって自らの営為や活動全体のために重要だとすれば、全体として祖国の立法にかんする諮問に召集される人々すべてが、祖国の立法と法務についてはっきりした概念をもつことは、それらの人々には二重に必要である。なぜなら、そのことがなければ彼らはその時点で妥当な民衆の声を表現することも、諸々の変更にかかわる提案も行うこともできないからである。

　こうしてたしかに、現行の法規制のすべてにしたがい、さらに警察が市民の活動を制約し、市民の責任を拡張するために保持する権威にしたがうことで、若者に市民的地位にたいする簡潔で生きた見通しを与えることは現時点でデンマーク語ホイスコーレではできないだろう。だが、この［見通しを与えるという」観点で、市民的地位の大幅な仕方での改善が求められている。いずれにしてもこのことは啓蒙の課題である。ごく簡単にデンマーク語ホイスコーレで与えることのできる啓蒙の課題である。我々には民衆議会があるのだから、国王陛下への緊急の請願によってただちに良好な結果を得なければならない。補修され改正されるが、できるだけ追加されることの少ない新版の「デンマーク法」、デンマークの民衆に理解でき、彼らがそれに服することができるが、不必要に民衆の活動を制限し困惑させることのない新版の「デンマーク法」について陛下に緊急に請願して、良好な結果を得なければならない。[九二] この請願が当該立法の普遍的部分にかかわるデンマーク民衆の声であること、このことが民衆評議の最初の会合で注意すべきことがらである。[九三] なぜなら、これが議題にあげられ、我々すべてが心から参加して、［議論の進展に］したがうべきことがらだからであり、それがご破算になるのは、たんにラテン語派法律家の一致した説明によるだけである、すなわち「そのようなデンマーク的立法は、法があることがどんなに望ましいとしても、我々の時代には不可能であろう」というような説明によるだけである。そのような説明はどれほど誠実なものであっても、それでもってもちろん、先のような市民的福祉の問題にかんしてデンマーク民衆の声を拒否することはできないし、満足させることもできないのである。

ところで、我が国の法律家についていえば、これ以上の勧告がなくても、彼ら自身が一九世紀に入って久しく経って、少なくとも彼らのデンマークの同胞に向けて法典を編纂できないとすれば、ナポレオンが今世紀初頭にフランス人に与えたのと同じような民属・民衆的な法典を編纂できないとすれば(九四)、そのことはひとえに彼ら自身の責任に他ならない。我が国の法律家がこのことを把握して自分たちの胸に刻んではっきりさせるなら、それが大いに望ましいことはたしかである。というのも、デンマーク語ホイスコーレでただちに、我が国の複雑で混乱し、不安定になった法的状況についての悲しい啓蒙に添えて、喜ばしい知らせを、つまり我が国の法律家が現在大いなる不利益を取り戻すために真剣に努力しているという喜ばしい知らせを伝えることができたのは、たいへん望ましいことだったからである。

　とはいえ諸状況全般にあって、立法について民衆の声と協議する場合、民衆がルールに則り自分たちの心と、自分たちの自然な思考様式に基づいて諸々の法について主張し、要求することで、「法が」宣言されること「が大切である」。なぜなら、これ以外の法は自由な響きを失うし、国に恩恵をもたらさないからであり、このことについて民衆は啓蒙されなければならない。とりわけ「大切なのは」、立法がなされ、権利が保障されるさいの言語「がどれであるか」がまったくはっきりしており、健全な知性である常識をもち、母語を操れる人々は簡単にことがらを理解できることである。

　さらに、啓蒙されねばならないことがある。すなわち太古からデンマークには、異教時代においてさえ独自の民法と権利があったこと、我々はまだヴァルデマーの時代から伝わるデンマーク諸法を保持していることである(九五)。ちなみに、我々がこの観点でも、我々自身の思考様式を保持しているであろうことはよくわかることである。最後に、クリスチャン五世のデンマーク法(九六)は、そのなかに外来のものがたくさん入っているとしても、それでも概して民属・民衆的なものの明白な軌道を支えている。だから、今日の混乱や不安定の理由はひとえに、立法にデンマーク民衆の声が関与しなかったこと、我が国の法律専門家がつねにラテン語とドイツ語を用いており、おおよそデンマーク的法曹でないことにある。そのことが、なぜ彼ら［法律家］が民衆の声を満足させず、我が国のために真のデンマーク語法典と法手続きを編纂できないと考えるのか、そのことの唯一の理由なのである。

だが、我が国の法律専門家は一般的にいえば、彼らや我々［が教えを受けた］ラテン語学校の教師よりもはるかに理性的で思慮深い人々である。しかし彼らはいわば我が国のドイツ人審問官よりもいっそうデンマーク的でなければならない。だから彼ら自身が、デンマークの民衆にたいするローマ法の諸概念あるいはドイツ法の諸概念の押し付けという罪がじっさいにあったことを見抜き、そのことで［今後、外来法の強制に］まったく関与しないよう希望する。すなわち立法と法手続きにおいて［外来］言語を押し付けることが罪であり、そのことに関与しないよう私は希望する。そうした言語は我が国の母語で話すことのできる我々も、最良の知恵をもつ人々も、法関係の書物を除いてどこにも使っていないというような代物なのである。それだけに、その言語はたえず、なすべきことをいっそう紛糾させ、明らかに減らさねばならない煩雑さをたえず増やしている。我々が自国の法や権利とは何かを知らねばならない場合、いわんや、我々はどの圏域においても、その自然な境界の範囲内で自由に振舞うことができねばならないが、そのような場合、減らさねばならない煩雑さを増やしているのである。

すなわち、我々デンマーク人は一面で美しい性［である女性］のようであり、我々が「なすべき」

ことに話が及ぶ場合、ピーピーいっても、細かく突ついても、理解し把握することにかけてはたいへんおっとりしている。だから我が国の法は単純明快なものでなければならない。他面で我々デンマーク人は、スカルド詩人(九七)のように、不快なことに駆りたてられたり、また仕事を強いられたりすると、まったくの怠け者になるのだから、(九八)我が国の法はできるかぎり緩やかに与えられ、解放的でなければならない(九九)。我々デンマーク人にあってはまったく単純明快に目標を保持して、それを理解する者こそが、その目標にたいしてはっきりとユニークな仕方でふるまうことができる。最後に、我々デンマーク人は通常、温和で善良な心をもった民属集団であるから、自由の乱用や誤用がはっきり情報伝達され厳しく罰せられていれば、それら濫用・誤用は恐れるに足らない。

　たしかに、「敬虔な人々はつねに歩み続ける」、「人々はすべて、障壁がごく低いものなら、それを越えようとする」、「オーツ麦の畑で最良に働く馬がそこから得るものはごくわずかである」と諺にいわれるように、温和で忍耐強く、恥ずかしがり屋の人々が通常は、この世界ではいちばん不自由で、自由が許容される範囲も狭いことを私は知っている。だがデンマークもまた、「地理上では」まさしく世界のなかの極小の部分である。ここでは概して、国王と民衆のあいだで相互に自由を奪い合うのではなく、与え合うことが古い慣習であり、ようやく我々が自由な民衆の声を獲得したのだから、デンマーク的思考様式や思考過程、さらにデンマークの母語が地上の小さな斑点の上に自由の空間を獲得することはこの上なくお手ごろであり、容易である。なぜなら、その小さな斑点をデンマーク民属は最高の歴史的権利をもって、自らの祖国と呼び、つねに世界のその部分として、喜んで満足を覚えるからである。
　こうした状態が生じはじめると、民属の若者に祖国における合法的なもの、権利にかなったものにたいする視野を、簡便で生きいきとし明快で元気の出る視野を与えることはデンマーク語ホイスコーレにおいては日を追うごとにますます容易になるだろう。そのさい、［ホイスコーレへの］激しい攻撃がめっきり減っていき、よいことがらにかかわる冒険的精神が急速に成長する。この両者がたいへん華々しく進行することに人々は驚くはずである。というのも、基本的にデンマークの民属・民衆にはまさしく生が宿るからである。生の喜びは自由な活動であり、これにたいしておよそ民衆啓蒙が欠落することとは、はっきりと自由においてよいものが欠けることに他ならず、その欠落は悪しきものの傲慢さを増幅し、デンマークにおける豊穣な努力のすべてを萎縮させてしまう。だがしかし、［この努力の］萎縮の可能性はすべて、ラテン語かドイツ語の諸文献に由来するか、外国の歴史に由来するものだということがきっとわかるし、萎縮可能性はヴァンヴェック[一〇〇]では通じる［が、デンマークでは通じない］。むしろ、デンマークの民属とその歴史を学び知ろうと望めば、私の言説の方が正しいとわかるであろう。

［行政と自治体の状況について］

　最後に、祖国と自治体の行政にかかわる状況について。［ソーア・アカデミーの将来についての］国王の政令でも言及されているが、それについてはデンマーク語ホイスコーレで知識や情報を得なければならないものである。たしかに、外来のことばがそこにまったくないとしても、祖国の行政や自治体の状況の両方が本来「祖国の統計」あるいは「デンマークの鏡」に属するとしても、ことがらそのものは明らかに重要であり、日々高度なものとして啓蒙伝達される必要がある。なぜなら、中央諮問評議会やアムト評議会、教区評議会（一〇一）がまさに、我々の同僚の聖職者やアムト知事、町役人、あらゆる種類の行政管理者とともに活動しており、そのことで、概してごく簡単に衝突を起こしたり、混乱したりする可能性があるからである。

　このさいたしかに、世人は自由な民衆の声の急激な発展がどれほど冒険的であるかをきわめて簡単かつ迅速に発見するだろう。（一〇二）というのも、その発展はまた、死せる人々のなかからすんなりと起こることができるとしても、まったくすべてそうしたものが祖国において外来で疎遠なものでありすぎ、祖国と和解はできないであろうし、まさに祖国の抵抗によって市民的状態全般にわたって、あるいは政府機構や通商政策の進展の全般にわたって無秩序をもたらすにちがいないであろうからである。最も危険であることをつねとする最初の一撃がまったく成功裏に経過したのだから、（一〇三）それだけにデンマークでは「民衆の自由な声を受け入れる」国王の冒険が成功するだろうことを私は疑っていない。自由な王権と現代の急速な歩みしたがう国王の冒険は、民衆の冒険が成功したという以上にはるかに容易で迅速な仕方で成功した。しかし、このことにたいして、デンマーク語ホイスコーレによって、自由であるとともに啓蒙され、温和でお高くとまらない民衆の声が発展するという提案は一度もなされなかった。だがそうして発展した民衆の声に必然的に帰せられることであるが、本来的な（権威があり権力を保持する）官吏身分が啓蒙され、そのことで彼らはお高くとまらず、全体として誤った民衆の声からけっして消え去ることのない真の民衆の声を知り、とくに民衆の声が要求し、国王が命じることをよく執行するように十分に民属・民衆的になるのである。

たしかに、中央諮問評議会やアムト知事、町役人等々に［何事かを］期待するのは正しくない。彼らはまさしく受動的側面によって、つまり活動的でない側面によって民衆を理解することで、［絶対王権の成立以来］一五〇年以上にわたって指揮・命令権を保持してきた。だが彼らは［民衆評議会が生まれている］今現在においては見方を変えるだろうし、彼らに降りかかるにちがいない苦難に耐えねばならないだろう。だがしかし、彼らが民衆と旧知の仲になり自由な状況の下での柔軟さを示し、民衆の活動圏域の全体像や母語の力強さを示すだろうと期待することもまた間違っている。つまり彼らはそれらのことを目的として教育されてはおらず、それらのことによって教育されたわけでもないのである。それゆえデンマーク語ホイスコーレは、［国の］行政や自治体との関連で必然的に生じる緊張を高めるのではなく、その緊張を抑制するために可能なすべてのことを行うであろう。しかし、そのことはもちろん他面で官吏の育成が［民衆的なものと］同一の方向へと働かないとするなら、巧くいかないだろう。というのも、民衆が祖国にふさわしい彼らのデンマークらしさの権利を自覚するようになれば、それだけ民衆の声はラテン・ドイツ的なもの、概して、官吏身分の陶冶形成と呼ばれるものに久しく支配的であった非デンマークなものとは和解できなくなるからである。

しかし、デンマークの絶対権力者である国王は彼の英知によってまた、自由な国王と自由な民衆とのあいだの関係を、すなわち相互に自由におかれてきた関係をとらえていない官吏たち、「紛れもないデンマーク的なもの」をいかなる仕方によっても保持しない官吏たちが国王に酷い仕方で仕えていることをすばやく洞察しなければならない。国王と民衆の両方の「和解的」願望を阻害する可能性は、行政に携わる官吏のいわゆる古典的教養や学問によって事態を可能なように進める学者・教養層の偏見によることにすぎない。だから国王はたんにこのことを、有能なデンマーク王国の官吏を得るためにすばやく洞察しなければならない。すなわち、有能な官吏は自分たちの職責に責任を負って全うし、あらゆる仕方で、国王陛下と民衆とを理解し、両者が必要不可欠であるとして彼らを尊重する態度を示すからである。たしかにどんなアムト知事にしても、下手なラテン語よりも良質のデンマーク語ができることの方がいっそう必要なことであり、ましてや中央諮問評議会の面々にも必要であることを我が国の「ラテン語」学校長でさえ察知しなければならない。アムトの官吏がなすべきことすべてを良好に行えることの方が、彼らが最高のラテン語作文に通じているよりもはるかに有益だということを、「ラテン語」学校長でさえ察知しなければならない。「そもそも」官吏たちにはラテン語作文に時間を費やす暇などないし、彼らはラテン語作文によって国王と民衆に奉仕することもできない。ラテン語学校長の地位さえ「ラテン語作文によって」さほど値打が高く吊り上がることはないだろう。すなわち、その地位は、我々すべてが「誤解して」しくじってきたがゆえに、我々すべての責任によって、その「地位の」稀少さにゆえに注目と賞賛を強いられたのだが、それがもはやたいしたものでないとすれば、ラテン語学校長の地位さえ、さほど値打が高く吊り上がらないだろうということである。

［共通の最善のための闘いとデンマークの希望］

すなわち、急激で全面的な変革に伴う危険は、たんに古いものと新しいものとの最初の不可避的衝突だけではない。そこにはそれ以上の危険もある。つまり新しい諸事象の秩序が何を要求するのか、より正確にいえば、急激な変化によって古い諸関係や諸制度の全体から必然的に立ち現れる無秩序の混沌のなかで何が新しい秩序を救い出せるのか、このことを適切に認識できず、急速に［変革が］遂行される危険もある。このことは国王には［民衆諮問議会を開設した］一八三四年よりも［絶対王政を導入した］一六六〇年をリアルに認識することでいっそう簡単にわかるが、しかし、それゆえにその認識はとくに切実である。というのも、自由な民衆の声はたしかに世俗的権力を掌握しているわけではけっしてないが、その自由な声は［世俗的権力］以上のものであり、精神的権威であり心の力であって、いかなる仕方でも［絶対王政や議会制自由主義といった］名前や外的記号を変えることで満たされるものではないからである。［換言すれば］自由な民衆の声は、根底的に新たな民属・民衆的諸問題の秩序、諸議会の秩序を唯一の秩序として要求するからである。すなわち民衆の声が共通の最善、すなわち公共の福祉に合致し、すぐれた評議によって公共の福祉のために実り豊かなものになる、そのような秩序を要求するからである。

しかしながら、このことのための最初の闘いの歩みは、真のデンマーク語ホイスコーレが創設されるとともに開始されるだろう。第二の闘いの歩みは、デンマーク語ホイスコーレと結びついた国の行政に携わる官吏全体の養成学校、あるいは本来的な官吏全体の養成学校が創設されるとともに開始されるだろう。というのも、これらの学校はあらゆる名称のもとでの民衆諸議会、すなわちあらゆる段階の民衆諸議会と共通する固有の活動圏域をもつのだから、それらの学校での陶冶形成は民属・民衆的陶冶形成ときわめて緊密に結びつけられるべきであり、そうした陶冶形成の活動に携わるべきであろう。〔要するに、〕まだ物事を〔物的、制度的に〕保有しない場合には、それを自らの力として身体的にも精神的にも獲得できないのに反して、〔既存の制度である〕ラテン語学校とそれに対応する大学は明らかに、王国デンマークの官吏層にとっては考えうるかぎりで最も不幸な養成学校だということ、そのことが〔デンマーク語ホイスコーレ設立の〕理由なのである。

〔それゆえ、官吏の養成にかかわる〕デンマーク語ホイスコーレのこのような拡張もまた不都合を引き起こすものではなく、万人に利益をもたらすような仕方で、うまく着手できるであろう。しかし、このことは〔ホイスコーレについての〕国王の政令によって我々に与えられている問題とは別のことがらであるから、そのことで私はいかなる仕方でも問題自体を混乱させないように語るだろう。すなわちそのことで問題それ自体を覆い隠すことなく、純粋に民属・民衆的啓蒙の諸問題として扱うだろう。この我々の生と福祉の基本問題もまた生きいきと前進することができるとすれば、それゆえに、祖国愛とすべてのデンマーク的な諸々の感情が一般民衆のもとで覚醒し、強化され、配慮可能だとすれば、すべてがまた、遅かれ早かれ我々すべての理解できる秩序、デンマークで唯一正しいところのデンマークらしい秩序のなかに収まってくるであろう。それ自身がユニークなデンマークの国家体制はまた、類まれな諸々の議会の秩序、つまり民衆的自由であるような国王の自由にふさわしい議会の秩序である。民衆的自由は、それを唱導してきたことを国王の不滅の栄誉とするものであり、生きいきとした相互作用、友愛に溢れ、うまく行われる相互作用を保持すること、可能なかぎりそうした相互作用を起動させることが国王の誇りでなければならない。したがってデンマークで我々は愚かにふるまっているわけではなく、他の国々での国王や民衆よりもいっそう大胆でいっそうよいことを実行しているのである。このことは外国の人々も了解できることなのである。

［これにたいして外国での］国王と民衆は分権や自由の制限をめぐって争闘を繰り広げるが、これに反して我が国では［国王の］権力と［民衆の］自由とはともに友好関係にあり、それら両力の全体が生きた仕方で働くだろうし、自ずと両力の境界を定めるだろう。

この状況が生まれるのだ。とりわけ、この関係は我々自身のためであり、我々の祖先のため、我々の子どものため、古いデンマークのために生まれるだろう。だがその結果、そこに模倣に価するデンマークに独自なものがあることが外国人にはわかる。というのも、たしかに人々は遠からず賢明になるのだから、彼らには諸々の頭のよい人々を真似ることも恥だとわかってくるし、［真似るべき］頭がよければよいほど大いに恥であることがわかってくる。だが、［よい頭ではなく］よい心を真似ることは名誉である。だから、頭の悪い人々が自分たちの弱さ、脆さを熟知することこそ最も賢い行いであることができる。私はこの後者の賢さの点で、我々のデンマークの頭に希望をもっている。それはデンマークの頭がおおよそ、人々が考えたり語ったりするほど酷いものではないからであるが、このことから私は、デンマークの頭が全ヨーロッパに光をもたらす実例を提供するであろうことを希望する。

［とはいえ］今述べた私のデンマークの希望が類まれな不合理と［非難されて］呼ばれるにあたって、デンマーク史上に［隷属的で権威的な国家の］輝きがあり、明らかに独自の六〇〇年の期間があることを世人が念頭に置いていることは私にはよくわかっている。しかし、この輝きがデンマークほど人を誤らせる国も他にない。ヴァルデマー勝利王と［現国王］クリスチャン八世とのあいだの六〇〇年が、太古からの有名な一民属史のなかでのデンマーク民属史であること、その六〇〇年がサクソーのデンマーク年代記（一〇四）ではじめから終わりまで鏡に映し出される一二〇〇年だけでなく、無限の期間と並べれば、たいへん短い期間を数えるだけであることもわかっている。それゆえ、基本的に地上の希望のすべてが理にかなうのである。だからこそ、類まれに深い親愛の情に溢れた古い民属、類まれな自己否定をもってして、ただ従順さから外国人に隷従していても、それでも自らの祖国を勇敢に守ってきた民属は、自己自身に眼覚め、自らの召命を自覚するなら、以前に類を見ないような静かな［精神］力と平和的偉業を発展させ、輝かしくはないが、並ぶもののない継続的な幸福を保持するだろし、きわめて懐疑的な人々の世界さえ見て知ることができ、デンマークに倣うような幸福を、その［デンマークという］名が知られているかぎりで倣うような幸福を保持するであろう。

それゆえ、私もまたこの小さな本で真摯に、私のデンマークの希望を赤裸々に描き出して［悪しき外見の」装いを全部取り除いてきた。私はそうした装いにデンマークの人々のようにはにかみながら身を包んでいたのだが、その装いを剥ぎ取り、デンマーク民属をこの世に生まれたばかりのように丸裸にして万人の前に見えるように晒したのだ。こうしたことは野獣的にいえば、生まれた子どもを水につけて窒息させるように簡単にデンマーク民属を死に追いやるようなものである。だが、それは敬虔で愛すべきであるが死にゆく母が、生まれたばかりの大切な小さい娘を、つまりその母の似姿の現れを窒息させるかのようなことなのだから、幸いなるかな、人間的にいえばまったくもって不自然であり、なしえない罪であろう。きっと、生ける真のデンマーク語啓蒙と陶冶形成が誕生しなかったようなことがあれば、「野獣的ないい方にしたがい」デンマークの名において、我が国の愛しい母の名によって先の「悲惨な」ことがなされたにちがいないであろう。だが、デンマークが「そうした野獣的ないい方による悲惨を」実行することはないだろうと私は心に深く感じ取っているのである。

九　補　録

小論説、草稿、異文断片

創立時のマリエリュスト・ホイスコーレ（www. historifaget. dk より）

このホイスコーレは写真の建物で 1856 年 11 月 3 日にコペンハーゲン郊外（現在はネアブロ地区）からスタートした。だが、学校は 1890 年にリュングビュに移動し、1937 年以降は通常グルントヴィ・ホイスコーレと呼ばれ、ヒレレズに移転している。ちなみに、「マリエリュスト」の名称はグルントヴィの二番目の妻マリエ・トフトにちなんだものである。

（一）ロンドンの大学とソーアのアカデミー

些細なものを大いなるものと比べることが私に許されるとして（一）

［ソーアの夢想］

周知のように、国王フレゼリーク六世の楽しみは隠れた偉人に関連した諸々の記念碑を建立することである。それらはたしかに、現代の子どもたちにとって驚くほどのものではないが、来るべき世代には恩恵をもたらすであろう。同国王はまた、「いにしえの」国王の盟友アクセル（二）の墓に眼を向けていたのだが、そこには土砂や灰のように忘れ去られ、たんにホルベア（三）の黄金の笑いによって弱々しい支援を受けていたにすぎない学校、クリスチャン四世とクリスチャン六世による騎士の学校があった（四）。我々には既知のことだが、ここに国王陛下（五）は力強い政令によって、英雄の墓の新たなピラミッドの礎石をすえた。そこにはミイラではなく、生きている人間が住むのか、生きた人間が過ぎ去った時代の栄光を復活させるのか、それとも、ありうることとして、その栄光を被い隠すのか、こうしたことは高尚な賛辞にではなく精神的な英雄行為にかかっている。ソーアの第三のアカデミーの設立と拡張にかんする確定的な決定がなされたかどうか明らかではないが、「もしそうだとすれば」そのことは私には喜ばしい。なぜなら、それだけに私は、この問題をめぐって長年のあいだの静かな熟慮の成果である私の思想をいっそう自由に語ることができるからである。もっとも、私の眼には［火災の］炎が太古の偉業を包んだこの間の時代に、(六) その基礎土台が私の好む思想に基づいて建設できず、栄誉あるものを新たにする見通しもほとんど立たないと映ったにしても、それでも、私は沈黙し熟慮を重ねたであろうが。

しかしながら今、ソーアで民属・民衆の生ためのホイスコーレをはっきりした仕方で設立するというのが基本構想である。そのさい、学問的な官吏に向けたゼミナールの一つで訓練を予定する人々にたいして国家が要求する予備知識にかかわって、諸々の試験が実施されるであろう。ちなみに、そのゼミナールは通常は大学の四つの学部と呼ばれているものである。(七) この基本構想はまさしく私が内心で願っていたものである、すなわち暫定的設立計画が予想よりもはるかに大規模に、またはるかに自由な仕方で覚醒した人々の協力によって実現されるよう願っていたものである。

［ともあれ、］私は長らく沈黙していた。ことばが舌に萌していたにもかかわらず、そうしていた。ソーアでは歴史がフランス語で教えられるだろうという噂、その言語は我々の時代ではほとんどトルコ語の位置に等しいのだが、歴史がフランス語で教えられるだろうというおぞましい噂が立ってさえいた。その噂にすら私は苦笑を余儀なくされた。というのも、ある面で、それを信じるのはあまりに馬鹿げていたからである。だがある面で私は、体よく排除されている私のペンではそれ自体がどうにもならないことなので、(八) 私のペンから理にかなう仕方で見つけ出すような異論を他の人が語ってほしいと願っていたのではあるが。

［ロンドンの大学とソーアの始動］

しかし今では私は、様々なかたちで時機が到来したと感じている。それは、デンマークの読者と私の慎ましさとのあいだを架橋するのか、そのあいだを断ち切るのか、［決断］の時機の到来であるにちがいない。だから私のペンは、それでどうなるというわけでもないが、埃を払い落とさねばならない。こうした感情が私のなかでソーアにかかわって生きいきと、力強く動き出した。私はふとしたことから「ロンドンの新大学建設、じっさいに始動へ」という新聞記事に遭遇したからであるが、そのことについては、私の所持するいろいろな書物からは何の情報もえられなかった。ともあれそのおりに、「ソーアの始動」が私には生きてリアルなものになり、私の思索のすべてを支配するようになった。今では、はじめに誰がそこにやって来るのかだけでなく、とりわけ、誰がやってくるのが最もふさわしいのかが肝心の問題だと感じるようになった。というのは、今や我々は［ソーアの始動が］いかなる時代の、どういった時節のことなのかを知っているからなのである。

「夢想だよ、まさにレトロな夢想だよ」と、おそらく我が国の好奇心の強い読者はいうだろう。だが、彼ら読者への忠告を私に許してもらえるなら、彼らには［意見を述べるなら］まず先の新聞記事を最後まで読んでからにしてくれといいたい。というのも、そうすればそこに何がしかの夢想があるにしても、それはまったく新しいものであり、何がしかのレトロ趣味があるにしても、それはけっして古びることのない経験の真理であることが彼らにはきっとわかるからである。

たしかに、人間の精神史にまったく無知な人、あるいはその人が望む何らかの方向性をその人自身の理性なり知性を通じて精神史に与えることができると思っている人、この種の人は子どもの頃から勉強熱心で、性格上も申し分なくしっかりしているのだが、そうした人が、新しい大学が創設されるのをまったく無意味だと見ていることはありうるだろう。その人がきわめて偉大な精神力の持主であっても、きわめて富裕な支援者であっても、つまり、アルフレッド国王[九]の時代からオックスフォードとケンブリッジの修道院の学校を援助してきて、およそ千年に一度は見方を変える英国人の場合ですら、世界の首都［ロンドン］の新しい大学が必要だと見る英国人の場合ですら、新しい大学の創設を無意味だと見ていることはありうるだろう。だがこのことにたいして、この英国の卵に世界の出来事を見ることにおいて、私には恥じるところは何もない。英国の卵は、それが孵化したあかつきにはどんなものになるだろうか、見ている者すべてを驚かせ、眼の見えない人々さえも変え、生ける人々を啓蒙し、死せるものを支配するだろう。［大学の］新設にたいして、このように基本的に特徴づけることも恥ずかしいことではない。ちなみに、これらの特徴は運営評議会（the Council）によって考案され、印刷に付されているので見ることができる。以下で私はそれを（『ウェストミンスター・レヴュー』誌、一八二六年四月）に基づいて、はじめて耳にする読者諸氏にお伝えしたいと思う。

［草稿はここで終わっている］

（二）ロンドンの大学とソーアのアカデミーについて

【ソーアとロンドン】

　ソーアはロンドンと対比すれば、力溢れる大都会にたいする小さな田舎町（一〇）の関係にあることはいうまでもない。しかしそれゆえに、前者が時間的、暫定的で、後者が永遠だというものではない。逆に、良好な施設を備えた小さな町々と、一〇〇万か一五〇〇万の人口をもつ巨大な主都との関係は、赤い頬の少年たちと、［無数の群れのなかの］よちよち歩きの牛の頭数（一一）との関係に類似しているからである。前者は成長し、多くのよき日々を過ごしたいと希望しているが、後者にはたんに人口爆発前の猶予期間があるだけである。それゆえ、ロンドンがデンマーク全体と同程度の住民数を誇示し、（一二）シェラン島のソーアの住民数はごくわずかでしかないのだが、それにもかかわらず、将来的に爆発寸前の主都出身者よりも、小さな田舎町出身の偉大な人物がいっそう多く輩出されることはありえる。少なくとも、このことは経験の内実に裏づけられた希望である。そもそも、英国自身の歴史が示すのは北欧の片隅から人々が英国に移住した、ロンドン全体の住民だけでなく、ブリテン島全体の住民ともあえて比べられるほどの［たくさんの］数の人々が移住しただろうということなのである。（一三）

［学問的訓練の仕合せ］

このように、ロンドンの大学とソーアのアカデミーとを比べることで、我が国で湧き起こる笑いが満ち終えたので、つまりその比較は我々が簡単に、付き添われてもたもた歩く人たちとは別人になれるだろうというものだが、その笑いも満ち終えたので、今度はまっすぐに私の見解に進もう。すなわち、少なくとも私見ではおおよそ同年齢で、ともに我々の注目に価するロンドンとソーアの民衆の陶冶形成の二つの新たな特徴とは何かに関係する見解に進もう。

さて、ロンドンの研究所の礎石はようやく新規にすえられた(一四)のにたいして、ソーアのアカデミーはたんに湖を見はるかすだけでなく、すでにその名称が門に金字で刻まれているのだから見落とされることはないだろうし、しかも同時に、［ソーアのアカデミーの名は］歴史にも金字で刻まれている。こうした事実があるにもかかわらず、私は［ソーアという］田舎町から話をはじめるほど不躾ではなく、まずはラビュリントスの迷宮のような［人間という］小宇宙に眼を向けよう。そこにあって新しい大学は導きの糸(一五)となるだろうからである。

人間の精神的成長と高度に精神的な我々の時代における陶冶形成とはたいてい些細なことがらのなかにあり、それを甘受しなければならないのだが、そのようなことがらを考察する者にとって、まったく長きにわたって謎であったことがある。それは、堂々としており大胆な英国人が、どうして彼らの事業にしっかり結びつき、彼らの活動にあって小さなオックスフォードやケンブリッジの大学に満足しているのかということである。今、アカデミックな教育を受けることを親に許された若者たち、すなわち、年に三〇ポンドの学費の支払いを許された若者たちがロンドンだけで約六〇、〇〇〇人いることを考慮するなら、現状とは違っていっそう広い基盤の大学ができることはたしかに時代の要請である。（デンマークの貨幣で）七樽の金貨を要する建設の開始がまさしく賢慮ある判断かどうか、我々はその価値についてはふれないでおこう。とくに、七樽のデンマーク金貨が一樽のイングランド金貨にさえ価しないことにはふれないでおこう。我々自身が「まだ見ぬ大学の」胎児に立ち往生し、右往左往する弱さをもっているのである。さらに、その国じゅうの比較的小さな大学が、ロンドンで考案されるような巨大な大学よりもいっそう民衆に恩恵を与え、学問的にも有益であるのかないのか、この点も英国人たちの議論に委ねることができる。というのも、彼らが何を必要とし、そのことについて、たんに仕事の駆動力となる喜びをどの程度感じているのかは、彼ら自身がいちばんよくわかっているからである。しかし我々が、「ロンドンの大学にかかわって重要で」看過してならないのは、学問的陶冶、訓練が国家の将来の官吏の多くの者に煉獄と見なされてはならず、むしろ仕合せと見なさねばならないこと、もちろんすべての親が彼らの息子たちに味あわせることができるし、味あわせたいと望む仕合せと見ねばならないこと、この大いなる思想なのである。

この英国の思想が偉大にすぎて、小さなデンマークで居場所を見つけるのが難しいというわけではない。このことはたんに過去だけでなく現在によってさえ示し出されている。なぜなら我が国では毎年、空位の官職よりもはるかに多くの学生がいるのであるが、その多数の学生が好奇心に溢れる無知の状態にあって、実用的なものに聡い英国から「我が国の状況を照らし出す」反対論を聞くことはよいことであろう、つまり、地位と能力によって通常人を越えた高みにいる人々が学問的訓練を欠く状態、このいわゆる不釣合いが大いなる不幸と見されること、教養の欠落が大いなる不幸だと言明されること、こうした意見を英国から聞き知ることはよいことであろうからである。じつにこの不幸な状態の改善策に、我々は可能なかぎり尽力しなければならないのである。

［自由な大学］

ところで、私はまさに内心に、デンマークで市民権が得られることを望むもう一つの偉大な英国の思想を宿している。それは、民衆の陶冶形成全般に力強よく働きかけるような［ホイスコーレとしての］大学が、古い修道院学校とはまったく違って、はるかに自由な施設でなければならないというものである。後者の修道院学校は大学という誇りある名のもとに、たんなる機械的学習運動（the machinary of studies）によって久しく生きながらえてきたし、ぼろぼろになった工場のように、純粋に諸部分品を、同一モデルの純粋な諸部分品を産み出している。そのことで［この工場の］織機はいつものように自動的に回転し、生きいきとした個々の教授たちがいっそう高いものに向けて努力に勤しむこともなく、まさに自らの黒い［死］や［老齢化の］灰色を思い煩うことになるのである。

それゆえ啓蒙と学問の友はすべて、オックスフォードとケンブリッジ［の大学］の学校工場に最も先鋭に対立するかたちで、ロンドンの真ん中にようやく［大学としての］フリー・スクールが開校するのを大喜びするにちがいない。このフリー・スクールで教師の椅子は名のある官職ではないとしても、けっして閑職でも優雅な職でもありえない。というのも、確実に模倣されるようなフリー・スクールを必要としているのはたんに英国だけでなく、ヨーロッパ全体だからである。その理由は、大陸ヨーロッパの諸大学が英国の［既存の］諸大学以上に時代に乗り遅れないように心がけているとしても、時代に先駆けているわけではないからである。そうした［時代とともにあり、また時代に先駆ける］ことはすべて、［諸大学が］未来に向かって生きいきと働きかけることのできる根拠であるにはちがいないが、［まだ現状は］時代に先駆けているわけではない。［それゆえ新たな］ロンドン大学は自発的な［財政］貢献によって存立すべきであり、第一に、三二人の教授がいても、相変わらずのマンネリや向上心のない人々にとらえられていてはならない。大学自身は高い評価と信頼を得ていなければならず、そうならないならそれは消えていくだろう。ここにおいて学問的諸施設全体の基本法則を認識して弁えない人々は、自らを不可欠の人材だと思っていたにしても、重苦しくもあり、愚かしくもあるお荷物なのである。(一六)

しかしながら、新しい大学によって試験が実施されるということ、すなわち諸々のテストが行われるということは英国人の優れた観点をまさしく証明することである。というのも、試験のない［大学という］学校は、自分のことしか考えない教師たちにとってたしかに愉快なものであるかもしれないが、自分たちの子どものことを考える親にとって、したがって、学んでいる若者の分別のある同朋にとっても楽しいものではないだろう。諸々のテストが怠惰でない学生たちにとって重荷になるとすれば、その誤りは、型どおりの応答よりもユーモアを交えようとする教師たちの誤りであるか、若者たちが、彼らの要求と［自己］決定によって学ぼうと思って入学した主題とは別のことがらでテストが行われなければならないことにあるかのいずれかである。

［神学をめぐって］

［さらに、］新しい大学で必ずしも神学を学ばなくてもよいこともまた非難には価しない。というのも、国家の宗教学習の教師［すなわち牧師］たちがそれにふさわしい学問的訓練を受けることにたいして、それぞれの理性的国家が配慮しなければならないのではあるが、この点で宗教的信仰が不可避の世界でいちばん自由なことは、［神学が］学校でのまったくの自由選択科目でなければならないことであり、このことに疑問をもつ者は誰もいないからである。それゆえ、ありうるすべての宗派の若者（The Youth of *every* religious persuasion）のための学校を開校する参事会（The Council）が、宗教教育をたいへん重要なものとして（the important duty of religious education）親や保護者の任に当たる者たちへの配慮のためだけに推奨するのなら、私はそのことに拍手喝采を贈りたいと思う。

しかし、私にとってまったくの驚きは、思慮があり洞察力に溢れた人々が、教理と教会史とがすぐれて分離可能であること、それらは学校ではじっさいに切り離すべきものであることを看過していることである。というのは、［ロンドンの大学という］フリーフリー・スクールに高教会か低教会[一七]かのどちらかの教理を導入することはまったく愚かなことであろうし、同様に、信仰の歴史、すなわち人間的精神の歴史を排除するのも説得力がないというべきであろう。誰もが皆教授たちの講義の聴講を厭うので、彼らが自己自身との対話を楽しむような場合には、教会史の教授に好きなだけ生と死にかんして教理構築を任せることは容易であろう。ところで世人が、その教会史の教授は必ず信仰への視点をもたねばならない、すなわち信仰の歴史的諸機能は彼の講義台から見はるかすには巨大にすぎるという視点をもたねばならないといいたいとすれば、そのことはたしかに正しい。しかし私が、教会史教授が政治と法律とのあいだで孤立していることを見、彼がじっさいに人間として泥棒[一八]の仲間に転落するのを見るのは半ば微笑ましいが、半ば悩ましい。というのは、政治であり法律であるものは、歴史から区別されてしまえば、所与の歴史的関係にあって人間の福祉を促進することはなく、むしろたんに私腹を肥やすことであろうし、そのことが［給料］泥棒に他ならないからである。物理数学的諸科学の九人の教授、……の八人の教授……

［草稿はここで中断している］

(三) 一八三一年のホイスコーレ構想断片

(1) A・アシュルン『世界のはじまり』(コペンハーゲン、一八三〇年)にかかわって

[学問における民衆と学者のアンバランス]

しかしながら最後に、学問におけるポピュラーなものとスコラ的なもの(一九)(民属・民衆的なものと教授的なもの)との関係、より正しくは、両者のアンバランスな関係について、すなわち私の知るかぎりではドイツに固有なものであるが、遺憾ながら我々の北欧でも抑制されず、私の理解では、野蛮さを伴う脅威になっているアンバランスな関係について語ることは間違ってはいない。つまり、学者・教養層がものごとを生きいきと書こうともせず、あるいは民衆的に書けもしないし書こうともせず、むしろ彼らの学校知識を誤用して[ひけらかし]、非学者層を悩ませ、飽きさせて、非学者層自体が、スコラ形式の知識資源から手を引こうとするなら、その結果は必ず、非学者層による学校学習にたいする軽蔑につながるにちがいない。だが、非学者層がいなければ、[学術探求によって]得られた諸結果が保存できないし、軽薄な思いつきと有意義なヒントとを区別できないし、学問の進歩も可能にならない。だから、先のアンバランスは悲しいことがらなのである。

たしかに私は学者という専門職に従事する者ではないし、民衆的イメージでいえば、ひとりの学

徒であるにすぎないことを喜んで告白する。しかし、私は［学者の職業と非学者の徒弟的学習の］両方になじみ、心から両方の統一を願っており、横柄さや粗暴さと自惚れや衒学とをともに取り除こうと考えている。ちなみに、尊大さや粗暴さは通例一方の者に見られ、自惚れや衒学はしばしば他方の者に同伴する。だから私は悲しいアンバランスな関係をどのように取り除けるのか、多くを論じ、理由づけを行ってきた。このための最良の手段が、ポピュラー（民属・民衆的）な学問のためのホイスコーレの設立であるだろうと私は理解できた。それは大学であることを止め、同時に大学であることを好んだのだが、しかし、教授層がもちろん、彼らの特権を恐ろしく侵害するものと見なすだろうから、現在のところ多くの場で望ましいことがらとされる見通しはない。*

*ソーアにおける騎士のアカデミーがその惰眠から眼覚めるなら、そのようなフォルケリ・ホイスコーレとしてデンマークを豊かにするだろうという甘い夢を私は何年ものあいだ見てきた。現実の経験がそのことと矛盾するとしても、私はこのように喜ばしい出来事を体験する希望を断念したわけではない。

［学者と非学者のあいだで］

しかしながらこの見通しがつくまで、私のように学者・教養層と非学者層とのあいだに居場所を自然に見つけた作家が、教授たちに諸々の真剣なイメージ（一〇）をもたせる諸議論を提起してきた。教授たち自身の平和に役立ち、同様に真の学問の促進に役立つものにかんするイメージが提起されてきた。

高度な教養を身につけた紳士たちがあまりに尊大で、そのようなイメージを好む横柄な怒り肩をしているだけだとすれば、私は彼らを悪しざまにいうつもりである。しかし彼らもある時点ではきっとそのことを遺憾に思うようになるだろう。なぜなら、人々は［人間的］諸権利をイメージし夢想することに喜びを感じるからである、つまり、彼らがもっている現実の譲渡不可能な権利、［教養層から］精神的な奉仕を受け専制的に支配されない権利、注意深く発達を促され、彼らの教師たちから傲岸に無視されない権利を断念することはほとんどないだろうからである。私は現存の教授仲間の罪すべてを否定するほど不公正な者ではない。というのも私は、［先の学者・教養層と非教養層の］アンバランスが、ローマが世界に行使した三重の圧政、すなわち皇帝的なもの、教皇的なもの、古典的なもの(二一)をルーツとする古い害毒だということを歴史によって知っているからである。* しかし、学者・教養層が改悛しないなら、彼らはなおも父祖の罪および自分自身の罪のために苦しむことになろうし、彼らが警告を受けている場合は、自分たち自身に帰すべき責任があるだろう。八世紀に諸学問の営みに母語を導入することでたしかに人々は大喜びしている。しかし、導入された諸民属の言語は古典の親愛な母（母校）の言語に他ならない。というのも、その言語は明らかに野蛮な非言語であり、古い修道院ラテン語、あるいは大学のわずかな名誉にかかわって学校長スタイルと呼ばれるにちがいないようなものにすぎなかったからである。数学はその明晰さが誇りとして語られ、教授になるには頭とともに眼も必要だと考えられるとしても、その数学さえ、あまりに野蛮な言語によって営まれることは否定できず、その言語は憐れであり、その問題は哲学においても改善されていない。哲学は万事を明晰にすべしとするが、そのことを我々はかならずしも正確に知っているわけではない。だから我々は、その言語が［数学と哲学の］両者のあいだにどう定着するかを問う必要はないのである。

＊ちなみに古典的なローマの轍は、生けるギリシア語（新ギリシア語）が死せるラテン語の代わりに学者・教養層の言語とならないかぎり、ほとんど断たれないだろうが、(一一) このこともまた基本的に、野蛮を回避するために起こらねばならない学問的改革に属するものである。

たしかに人々は、自然言語とは違った言語がありうるだけで、自然言語などはないと我々に語ってきた。このすばらしい人造言語だけが知識の純粋かつ規定的（正確かつ厳密）な表現を保障するといわれてきた。しかし、諸概念の不分明さ、あるいは母語にかんする無知、ハエを象に変える快感、あるいはそうしたこと全体のわずかな部分がじっさいに野蛮状態の根底にありうることもまさに確実である。

なんらかの仕方でポピュラーに（読みやすく）書くすべを親方たちは通常、少年あるいは徒弟たちに伝授してきた。もちろん少年や徒弟たちが親方の役割を演じるなら、彼らは職場でおしゃべりするだけである。ところが、非学者のなかの好奇心旺盛な人間が野蛮な書物の闇によってか、いっそう読みやすい書物の薄明かりによって、間違った軌道に導かれるとしても、［大学］教授層は通常は彼を笑い飛ばすだけである。恭しくその人間に許しを乞い、よい手引書がないこと、正しく読みやすい手引書がないことを率直に嘆き、その欠落を補うために、熱心に努力して自らが根本的かつ柔軟で、明瞭でわかりやすい本を一度書く努力をすることによって、彼ら非学者の手引書をものすべきである

のだが、そうせずに笑い飛ばすだけなのである。…………〔この論考はまだ一頁ほど続いているが省略〕

(2)『デンマークとホルシュテーン問題にたいする政治的考察』（コペンハーゲン、一八三一年）にかかわって

〔グルントヴィは出版の自由とそれに関連する諸問題を議論するが、このこととのかかわりで次のように論じている。〕

〔民属・民衆的学問と市民教育のためのホイスコーレ〕

執筆の自由を学識ある人々の特権とすることによって、一部の人々はこの特権を得るために学んだし、当世の慣わしのように生活の糧のためだけではなく学び研究した。このことは立派なことである。というのも、たしかに国家は啓蒙を促進するために多くの官吏の力を借りなければならないが、まさにそれゆえに、啓蒙は官職のポストを得るためにあるのであり、官職のポストが啓蒙に〔奉仕するために〕あるのではないと誤って考えられている。

官職のポストを得るために〔啓蒙がある〕と考える人が多すぎるだけのことであるが、〔そのこと

で自分たちの仕事の」正当化可能な指針を導き出すことはできないと思える。というのは、余談になるが、私はラテン語への熱中状態から距離を置いており、今では世間は、ラテン語ないしギリシア語による訓練、陶冶形成といわれるものを知らなくても、大いに学識ある人でありえると考えているだけではない。そうした訓練を経なくても、多くの専門的職業で、とくに国事において、たくさんの古典的教養に優れた人々よりもはるかに有能で、はるかにましな作家であることもできるとじっさいに考えているからである。［だが現実にそうなることが］困難であるのはたんに、民属・民衆的な学問と市民的教育のためのホイスコーレがほとんどないか、まったくないからである。民属・民衆的学問と市民教育は一方で、教養世界に属しているような非学者層に、彼らがじっさいに必要とすることを提供するのであり、他方で国家にたいしてしたがうべき指針を導くという目標を与えるのである［が、そうした学問と教育を提供するホイスコーレがないことが問題である］。そのようなホイスコーレが開校されるまで、教養ある者と無教養な者とのあいだに境界線がつねに恣意的に引かれるであろうが、しかしおよそのところどんな国家でも判断可能なことは、執筆の自由を適切な仕方で利用でき、あるいはそれを有害な仕方で誤用しようとしない防壁をすえたと見なさねばならないのはどの階級なのか、つまり［そのことができるのは］国家の非学者官吏や地主等々のどの階級なのか、という点である。

（四）市民の陶冶形成

［問題の所在］

私の理解が正しければ、我々の時代はまだそれほど啓蒙されてはおらず、それゆえ人々はどこでも、地上における三つの最重要なことがらにかんして概念上の大いなる不分明に悩んでいる。それらのことがらはたしかに、現状よりもいっそう生きいきと相互作用を行うべきであろう。だがまさにそれゆえに、それらはけっして相互に混ぜ合わされてはならない。そうなったなら、それらの活動が危険な混乱、大混乱に陥るからである。もちろん、これらの三つのことがらとは、教会社会および市民社会、陶冶形成制度のことであり、換言すれば教会、国家、学校のことである。それらを合わせれば、我が国の人間的関係の全体が総括されるのであり、したがってそれらは、時代の経緯のなかで現実に保持された諸形態にあって、すべての思想家にとって最も際立った［考察］対象であるが、今現実的には、フランスおよびドイツで自由気ままに描かれる諸々の空中の楼閣のために［それらのことがらは］忘却されている。つまり、それらの楼閣では、人間が裕福に暮らすことが許されているだけでなく、神の［ような］生活もまた許されている、すなわち教会にたいして自由で、たえず変更される設計図にしたがって国家を構築する絶え間ない仕事に従事する生活もまた許されている。このことの大きな誤りに我が同胞の注意を喚起すること、その誤りが支配的になるところではさらに人間の生の全体にきわめて悲惨な結果が起こり続けるであろうこと、その点に注意を喚起することは、私の絶えず熱望しているところであり、多くの試みが不首尾に終わった後でさえも、私は新たな試みに向かう気概に満ちている。すなわち、私の諸々の観念の独自性がいっそう脚光を浴び、それらの展開が有益で正しいものを推奨できれば、その反対の［有害で不当な］ものへの警告となるだけでなく、それ以上に私がいつも新たな試みに向かう気概に溢れるのである。

なるほど私はまさしくペンによる奇跡を、つまり紙で見て知る諸々の奇跡をまったくとっていいほど信じていない。思考過程に新たな転回を与えるのは文字とは違ったものであろう。だがしかし作家が、三百年を通じ諸々の書物を銃砲［として用いて］行ってきた戦闘、その銃砲の最も戦闘的なあり方はまさしく要塞に他ならないであろうが、そうした戦闘に向けてしだいに気概を回復すれば、よく根拠づけられているが不当に無視されている命題を防御することで、人はじっさいに多数者のもとにある強固な思いに、つまりその命題は正しいはずだという思いに眼覚めることができる。私がそのことでしばしばどんなに不手際を演じようと、あらゆる方向に防御的な仕方で防塁を築くことは、じっさいには私の辛辣な真剣さのなせることである。なぜなら私には、防御すべき命題をもたない者、つまり防御すべきものによって満足を得るものがない者は、いかなる戦闘においてもローマ人のような略奪者であるにすぎないことがよくわかっているからであり、防御すべきものがあっても、明らかにそれを尊重しない者は、誤解に遭遇してさえ感謝するにちがいないことがよくわかっているからである。そうした理由で私は今意識的に、「フランスのように」気概に溢れ、まったく新しい国家を、血を流して無から創造できるのかどうか、あるいは「ドイツのように」まさしく諸々の文字のようなたいへん煩わしい素材から新しい国家が創造できるのかどうか試みる人々をそのまま放任したままといわねばならない。

しかし、我々北欧の小民属は我々自身であることに満足するという共通意識をもち、我々は背後に過去を背負うが、将来は輝きを失うことがありうるし、それ以上に、ごく簡単に醜態を晒すことがありうる。だがその我々には明らかに憂鬱な眼差しで冒険をおかすよりも、むしろまったく冷静な状態で「我々自身の」経験と相談し、信じるに価する経験の証明にしたがって歩むことが最も賢く、確実なふるまいでもある。このことによってなるほど、我々は思弁家たちが約束するように多くのものを一瞬にして獲得する視点をもつことがないのであり、むしろ我々は、経験が思弁家たちに脅威を与える欠落、補うことのできない欠落に苦しむことはたしかであるのだが、最終的には、我々は塵「としての人間の世俗的生活」が達成するものすべてを果敢に獲得するのである。

とはいえ、私はここで「国家という関係のみならず」人間的生の関係全体に言及しなければならないだろう。なぜなら、諸々の関係のひとつは他の諸関係を度外視すれば、けっして正しく考察することができないからであるが、それにもかかわらず、私は考察をそれら諸関係すべてに広げようとは思わない。というのも、そのことの詩的な喜びがすでに私をごく頻繁に不安に落とし入れてきたからである。つまり、私が明らかだと見ているものを私の読者は明らかでないと見、そのさいもちろん、私が喜びと感じたことにたいして［読者が］倦怠を覚えているのではないかという不安に、私はごく頻繁に悩まされてきたからである。市民社会はこれまで存在したし、現に存在しているし、それが存続し、形成され続けるべきであるとすれば、今後も存在し続けるにちがいないのだが、その市民社会を私は一挙に記述しようとすることは控え、むしろ私の記述を唯一の要点に限定しよう。すなわち、我々の［時代の］諸国家で明らかに大部分の市民が希望しているより高度な陶冶形成すなわち高等教育に、といっても市民が学者になることもできなければ、学者になることを義務づけられているわけでもないような高等教育に限定しよう。

［市民的高等教育の必要］

さて、個別的な階級、裁判官のような官吏の階級にたいして学術的訓練、アカデミックな陶冶形成がどの程度行われるべきか、私はそのことを否定するのだが多くの人々が肯定する学術的訓練がどの程度行われるべきかにかかわっては、たしかに様々な意見があるだろう。だが、将校や地主、多くの学校教師のような大多数の者はどこでも学術的訓練を修め、あるいはそれを利用できるわけではなく、価値あるふさわしい仕方で、彼らの職務を履行し、彼らの地位を全うするために高度の計画的な陶冶形成が必要であること、これまで大多数が携わることなく済ませて来たにちがいない計画的な陶冶形成が必要であること、こうしたことにかんしては疑う余地はありえない。そうした陶冶形成がまったく必須であること、いわゆる代表制［評議］体制がすでに導入されているか、戸口に立っているときにあって、まったく不可欠であることも疑いえない。

今、そうした陶冶形成が国王の政令に基づいて導入されようとしてもいる。[二三] それゆえ、祖国愛を抱く思索的人間は、［一方での］市民的陶冶すなわち市民的教育訓練と、［他方での］人間的国家について価値あるイメージをもち、その国家の時代と場所にたいする真の利益について筋の通った意見をもつような人の誰もが要求する陶冶形成、これら［時代と場所］の両者のあいだにあるアンバランスをある種の不安感を抱きながら考察することは不可避となる。すなわち、市民が一律の陶冶形成を、つまり市民を民属・民衆の固有性や国家の歴史に親しませる陶冶形成をあたかじめ受けていなかった場合、いわゆる代議士、代表評議員の大多数には、彼らが代表すべきものにかんする概念のすべてが欠落しまうことを他の諸国家の経験はあらかじめ想定しうることとして我が国にたいして教示しているのである。［一律の市民的陶冶形成と］違ったものは外国モデルにしたがってできるかぎりよく教育されている。つまり、学者層はたいていギリシアあるいはローマ・モデルにしたがって教育され、非学者層は英国ないしフランスモデルで教育されている。だが、こうしたものは市民には簡単に身につくものではない。そうした［諸外国モデルによって教育する］ことがまったく理不尽であること、［いったい］国家とはまったく地域的あるいは国民的なものであり、それゆえに独自の道を歩むか滅びるかしかないこと、このようなことを他の諸国家の経験はあらかじめ想定しうることとして教えているのである。

このことから、高等教育施設の要求がきわめて力強い仕方で宣言される。つまり、市民の教養のためのホイスコーレやアカデミー、民属・民衆の陶冶形成のためのホイスコーレやアカデミー、あるいはそれが何と呼ばれようと、ともかく高等教育施設の必要が宣言される。だが、この要求は市民や民衆の陶冶形成に限定されてはいない。というのはこの要求は、いわゆる代表制議会体制の軌道が敷かれていなかったらそれほど顕著でなかったかもしれないが、［ともあれ］かなり強く大きなものだったからである。すなわち、地主や非学者中間身分は自覚していようがいまいが、どの国家においても民属・民衆を体現する。現実に影響を与えるには、あらゆる形式にあって彼らの陶冶形成に依拠することが必要である。なぜなら、［現実に影響を与える］諸々の手段のほとんどすべてが彼ら民衆の手の内にあるからというだけでなく、彼ら民衆は自身でそうした諸手段でもあるから、つまり、この上なく賢明な政府でさえも、これまでにように巧く働かせることのできない諸手段でもあるからだ。このようなことから一国の学者・教養層は、民衆を代表する者たちではなくむしろ「学者の共和国」と呼ばれるある種の空中の楼閣、あるいは普遍的進歩の途上にある人類を代表する。一般庶民は、国家の評議全体に学者・教養層とともに携わるとしても、自分たち自身を代表し、自分たち自身を統治できる。というのも、このことが可能なように庶民はいっそう高度な教育訓練によってはじめて、彼らの［一般庶民］という圏域から精神的に駆り出されているのであり、もはや庶民ではなかったのである。

　それゆえ、私の主張にしたがえば、どんな国家にも市民的、民衆的陶冶のための一施設ないし複数の施設がぜひとも必要である。とりわけ、各人が国事の評議においてその名に価する代表者として行動できるようにその陶冶形成を遂行しなければならない施設、あるいは各人が［評議において代表者として］正当化されるような施設がぜひとも必要である。というのも我々の諸国家はすべて、時代の経過のなかで瑕疵や欠陥があまりにも多くなり、［その経緯の］点検・反省やその帰結としての多くの変更が必要になる。しかし、点検・反省や変更が改良になり、それらが社会のいっそうしっかりした結びつきのために尊重され、社会を解体することがなければ、時代と場所にかかわる諸状況の明快な先の見通しが個々人にとってだけでなく、中間身分全体にとっても前提となる。じっさい、この状態は自動的に生まれるわけでもないし、そのことを望んでいる人々の討議によって生まれるわけでもないのである。

こうして今度は、デンマークの国家に眼を向けてみよう。それは他の国家に比べるとより奥深い歴史的本能を宿していて、何世紀もの歴史を通じて正義に耐え、諸状況が許すかぎり多くの自由と平等を提供することで、さらに学問と庶民の啓蒙の両方を推進することで、この上なく高い目標(一四)に向かって働いてきた。それは自身の軌道を追求するさい、類まれな社会と後続世代の賞賛のなかで［歴史状況にかかわる］一時的な誤解にたいして有り余る埋め合わせを見つけ出すだろう。このデンマーク国家に眼を向けてみるなら、民衆がたんなる学術的訓練か外国流の研鑽のいずれかを通じて、不可欠になっている時代の関心に大いに便宜を図るよう、税査定官やコンサルタントになるような場合、我々は将来に不安を抱くにちがいない。くわえて今、北欧精神や民属の軌道、そこでの経験による証明、それらは［点検・反省の対象として］今真剣に従事せねばならないだろうが、通例のようにそうしたことに通暁していない人々による諸々の評議的会合を規則どおり組織することを思い描いてみれば明らかに予測できるのだが、それらの人々は最良の意図をもち、知性と博識に溢れているにもかかわらず取り返しのつかない損害を与える可能性がある。そのような不利益を防ぐためにわずかなことしかできないとしても、そのために何事かがなされるべきである。ちなみに、「海峡によるつながり（二五）」を越えて手を携えよという予言があるが、それに基づいて何事かがなされるべきである。あるいはお望みなら「こういおう。」幾多の歳月に暗い夜空に煌めき続けたデンマークの「命運を左右する」よき星々にかけて、我々はあえて神々の黄昏、ラグナロク（二六）においてさえ、それらの星々の煌めきは止むことがないと望む、そのデンマークのよき星々にかけて、何事かがなされるべきなのである。

〔なされるべき市民的陶冶形成とその施設〕

ところで、たんに現実に、あるいはまた名目的に国家や民属・民衆を代表するような人々すべてが共になすべき市民的陶冶形成はどこにあるべきなのかといえば、それは簡単に言及することができる。というのも、それらの人々はもちろんすべて民属・民衆の母語や歴史、自然の素質、位置と慣習、思考様式や生業のあり方を既知のものとしており、国の資源や国民文学になじんでいるはずだからである。このことは明らかに本質的問題であって、すべての人々に望ましく、多くの点で必要不可欠であるが、同時代のごく著名な諸国家についての歴史的知識さえ、全体として副次的に重要なものといわなければならない。なぜなら、外国の諸制度についてどう判断しているかは、それが自分自身の国家に首尾よく適用できるものか否かがわかっていれば、じっさいには大声では語らないからである。

だが、当の陶冶形成が常に保持している自由な言語空間と市民的方向づけが知られている英国でさえ、長らく［市民的陶冶形成のための］独自の施設をもたずにいることができたのだが、今まさに「諸々の改革」が開始されている英国で(二七)、そうした施設がぜひとも必要だとされるのであり、その感情は、ロンドンの新たな大学やブリストル(二八)における類似の大学が創立されたことが伝えている。しかし、ある面でそれらはたしかに遅きに失しており、ある面でまったくの失敗の危険に晒されている。そうした状況にあって、歴史を理解している英国人はおよそ百年前に遡るが、そのことはまさに二千年間の判定と同義である。なぜなら、前者はこの百年ことであるが、それはドイツ人や我々デンマーク人にあっては、［二千年にわたる］大きな生の行路としての民属・民衆についての理解を発展させてきた。その大きな生の行路は、それを別のものに変えようとするならば、そのことにたいして反乱が生じるか、あるいは死によって断絶するか、なのである。

残念ながら今、英国人は我々が必要とする好例を与えることができないし、ドイツ人は過去および現在にあって［領邦体制への分裂の経緯から］市民的一体性の欠落を感じているのであるから、肝心なのは明らかに、我々北欧の小民属が我々自身の手でひとつの実験を行う勇気を獲得できるかどうかである。その実験によって、最悪の場合でも施設に費やされる［デンマークの］スキリング貨幣以外に失うものがないことははっきりしており、むしろそのことによって、我々はおそらくはすべての民属が必要としているが保持してはいないものを獲得するだろう。すなわち、我々自身の最善、我々自身の福祉についての理解を獲得するであろう。北欧もまた［諸国それぞれに］政治的に分離しているのだから、我々がドイツ人と同じ困難を抱えているとは誰も考えない。というのも、ある面で我々北欧の分離は自然から語ろうが市民的に語ろうが元来からのもので、［多くの領邦に分離した］ドイツの抱える困難さの三分の一にも当たらない。［むしろ］ある面ではたしかに、民属形成が良好に進んだ結果の一例であり、［我々の］分離がまったく害のないものになったということだからである。そのことによって、我々は相互に分離の必然性を認識し、これまで共通の無理解によってのみ保持してきた有害な諸帰結のすべてを一掃した。我々はただちに、共通の学問的センター（北欧大学）と、［北欧の］外部の人々にたいする我々の防衛手段としてのある種の絆とが北欧全体の利益であることを発見するであろうことは疑いない。(二九) しかし、我々の市民的ヴィジョンのあり様は太古の時代からまったく異なるものだったのだから、我々はその観点で、我々自身の古い軌道にしたがって進むことによってのみ、成功を収めることができるにすぎない。我々はまさに現実の長所をまったく犠牲にすることなく、北欧の義兄弟の仲間となる生得の権利を相互に贈与し合うことを主張したのである。その義兄弟の仲間は諸外国にかかわり、その［広大な］領土や融合状態を羨むように誘惑されることなどけっしてありえないであろう。

だが、このことは私の内心でのこと、すなわち、お望みならいうが、私的夢想、甘味な詩人的夢想のなかでのことであり、こう述べても、予期できる異論に出会うことになる。というのは、我々は進んで最悪事態をイメージできるからである。つまり、［デンマークの］他の北欧では国民形成が目的とされていないか、あるいはそこでは国民形成がきわめて歪んだ方向へと進み、諸々の困難がこれまで以上に増大したとイメージできるからである。このことを我々ははっきりイメージできるのだから、国民形成は我が国にとって必要となり、必然となるだろう。そのことで国民形成はたしかに生きたものになるだけでなく、二重に必要なものになるだろうからである。

しかし、国民的形成の施設は、小さな諸国家のよくなしうる範囲を越えて大きな支出を意味するのではないのか。世人はこのように問うことができるのではないだろうか。

この問いにたいする本質的な解答は、そのような施設が国家を生きた仕方で維持するために必要不可欠であるかぎり、国家の維持を断念するのか、それともその維持のためにかかる費用を捻出するかの選択肢があるだけである。しかし、付言すれば、このことにかかわっては、世の万事と同様であるが、どのようにその問題が受け取られるかがまったく肝心な点だということである。つまり、その問題を自慢の種と理解するのか、あるいはたんに有用で役に立つことと理解するのかが肝心な点で、後者の場合、当該の［国民形成の］施設は国家の力を越え出ることはできない。なぜなら、施設の規模はまさしく国家の規模に依存しているからである。

さらに、国家はたんに無害であるだけでなく有意義な恩恵であって、大部分の人々に彼らが彼ら自身となるための学問的訓練を施し、そのことで彼らが市民的陶冶を推進する諸手段を獲得することができる、我々は今、そうした［歴史］発展の地点にいる。市民的陶冶形成は国家にきわめて密接なものであり、愛情のこもった［国家の］配慮を切実なものとしているのである。したがって、先の国民形成のための教育施設は、私が考える以上にいっそう多額の費用がかかるだろうし、それゆえに、その施設は、［ドイツのように］類まれな仕方で長い幼年期に学問的訓練を維持する手段を見つけ出した国では座礁の難を逃れていた。だが、その国にかんしてもまた、私が異議を準備していることを示すために過去形を用いて言及するにすぎない。というのも、このデンマークにおいては次のような逆説的命題を見つけ出す必要はないからである。つまり、［ドイツにおけるように］学術探求の学校の四分の三を廃止するが、大学へと移行するさい必要とされる諸々の専門的知識の確固とした水準を維持するために、その残り［の四分の一］を維持すれば、(二〇)我々はいっそう良質の学生を獲得するだろうという逆説的命題を見つけ出す必要はないからである。

だが、世人が自ずとこの逆接を見つけ出すことはありうるだろう。なぜといってとくに、諸々の古典研究が最高度に進んでいる国、すなわち英国には、まさに八つの主要な学校があり、それらの学校を国家は認知しているが、国家自身がそれらの維持のためにびた一文支出していないことを多くの人々は知らないからである。(二一)私は、このことを大いなる逆説と見なせるといいたいし、我が国もまた今この地点に到達していることを大いなる逆説と見なせるといいたい。なぜなら、我々自身の頭に基づいて教育を行う自由は、学頭たちや博学の者たちすべてがもたらす以上に多くの学問的恩恵をもたらすだろうからである。にもかかわらず、ソーアに何も［学術施設が］なかったとしても、我が国に学術探求の学校がないとは認めがたい。したがって、おそらく市民の陶冶形成のためのホイスコーレにたいして、人々がその必要不可欠さを確信してはじめて、無くてもよいような学術探求の学校にかかる経費をそちらに回すことができれば、そのようなホイスコーレを設立するための資金に事欠くことはないだろう。それゆえに私は、廃止された「騎士のアカデミー」を再生するという賞賛すべき観点が不首尾に終わったことにたいして深いため息をついた。つまり、そのアカデミーが、古いものにきわめて密接に関連し、他ならない「現代という」時代の関心と啓蒙の進歩にしたがって拡張され、人々に便宜をはかるという使命に新たなものを加えることで「再生が」可能であろうとその当時は信じていたのだが、そうした仕方では再生できなかったことにため息をついたのである。私はけっしてデンマークの市民的陶冶形成がアブサロンやホルベアの墓（三二）できっと花咲くであろうという甘味な夢を諦めたわけではない。しかし、私の眼がその出発を見届けるかどうかはたしかにわからないし、私はこの見通しについて、「楽観か悲観かの」何らかの意見をもてるかどうかもほとんどわからない。

ちなみに、すべての国民的なものにおいて、その記憶がおよそ半ばするのであるから、どこにそのような「市民的陶冶形成の」施設が建つのか無関心ではないのであるが、しかしそれは主要な問題ではない。というのも、主要な問題はつねにことがらそのものであり、私には「「どこに」の問題が」緊急のものに思えるとしても、そのさい、八本足の馬（三三）に乗るスカルド詩人としての私の喜びとともに、たやすく失敗する可能性がある。だから、市民的陶冶形成の必要性の問題だけが、生きた仕方で動き出し、時代によって好ましい応答を期待できるなら、私は、主要な問題という点で、少し動揺するにちがいないとしても満足するであろう。なぜなら、まさしく我々の時代である現代は、すべての諸施設が、値が張るという以上に高価で値打ちがあるからである。

［民衆的陶冶形成と学術探求］

しかしながら私は十数年前に、我が国の最も著名な思想家の一人にたいして市民的、民衆的陶冶形成にかかわる私の思想を表明したとき、彼は私にたいして、そのような考えは望ましいが、その場合学術的訓練が価値を失うであろうから熟慮を要するとしながら、私が正しいとしたことを覚えている。それゆえ私はあえて、ことがらの本性による説得力よりも、むしろラテン語学校に代々引き継がれてきた偏見の威を借る異議をやり過ごさない。今、そのような偏見によって何がしかのものを蔑むのはたしかに罪である。そうした偏見を民衆が最悪の仕方で保持し、それが学校の塵のなかにしっかり根づき、教卓と著名な名声（magna nomina）に囲まれ［て守られ］るので、人々はたしかに、自分たちの正当化の可能性をあえて疑うには［教養ある人間であるよりも］俗物であるか、詩人であるかしなければならない。だがしかし、学術探求の制度はそれ自体で権利に価するという偏見、あるいはその制度は少なくともそこから人間の生のための利益として導出されるもの以上に価値があるという偏見、そうした偏見は、諸民属・民衆が死の犠牲に供されないように、根こそぎにされねばならない。学術探求の制度がじっさいに人間の生を解明し改良するかぎり、少なくとも北欧の国民形成はまさしく周知のように、それを大いに尊重する気風を強化し、しっかりと地に付けこそすれ、その気風を弱めるようなことはないのである。

さらに、ここに「生は食うこと以上のもの、身体は衣よりもすぐれたもの」(三四)という箴言が当てはまる。それゆえ、民属・民衆の生はその継続のために、国家の身体はその維持のために市民的、民衆的陶冶形成の拡大を必要とするさい、その陶冶形成がいかなる諸帰結を学術探求の制度にもたらすかはけっして問題ではない。というのも、民属・民衆の生から果汁を搾るのではなく、インクの角笛から果汁を搾り出す場合、民衆と国家とを皮製版の書物に変えるように努めることは大いなる災いだからであり、その時代の歩みによって、学術探求の制度が民衆の生の墓場の上にだけあだ花を咲かせ、学術探求の学校が国家の荒廃を前にして尊大にふるまうようなものになるなら、自己献身は民属と国家への義務にはならず、むしろ学校と学者・教養層への義務になることは明白である。換言すれば、［逆に］賢慮ある国家が学者・教養層にたいしてとらねばならない関係は、賢人が自らの子どもの世話役にたいしてとられねばならない関係である。つまり、世話役が子どもをほぼ死んだ状態にし、［大地と接する建物が逆立ちさせられ］一階が最上階に置かれるようなら、［正しい関係が取り戻されねばならないことは］明白である。

そのことが意味するのは、私が学術探求の制度の没落を期待したとか、その制度が民衆的陶冶形成のための費用を支出することになるだろうと私が考えるとか、そういうことだと単純に考えないでほしい。というのも、私は［生活の］四分の三が本の虫でさえあり、それなりに年もとっていて、その虫のなかに生を保持するのが死せる言語ではなく、まさに私のもつわずかな民属・民衆性であることを知っているからである。世人はしかしそのことにうんざりしているだろうが、他方で否定できないこともある。すなわち、民衆的陶冶形成が推進されるべきで、それ自体が学者・教養層のある種の没落であるとするなら、その民衆的陶冶形成は、一部の学者・教養層におそらくはまったく根も葉もない不安を与えていることがいっそうはっきりしているのである。その不安とは、彼らの仕事が威信を少し損ねるだろうというものである。

しかしながら、そうした不安は、私に判断できるかぎりでは奇妙な誤解が発端である。すなわち、学者・教養層の一部が自分たち自身を「ラテン語作文と文法」に置き換えるという、奇妙奇天烈な誤解に端を発している。もちろん、「ラテン語作文と文法」は民衆的陶冶形成の普及によって、その威信の何がしかを失うだけでなく、個々の学者が楽しく利用することを除いて、ほとんど棚上げにされるだろう。［ラテン語作文や文法を利用する］学者はそこに特殊な趣味を見つけたか、諸言語の連関や学術型教育の歴史についての情報を探し求めたかしたのである。

ここで我々はまた、ラテン語の神のような力にたいする迷信、すべての欠落を置き換える力とそこから湧き出る、すべての他の民属の母語や思考様式、生、魂を犠牲に供するよう要求する迷信に遭遇する。その迷信はある種の魔力によって数百年間にわたって学術探求の学校で通用してきて、すべての歴史的啓蒙を無視する。というのは、世人が「生と精神」をラテン語とローマ的性格とで表面的に代用することを考える場合、ラテン語的生が母語の死であり、ローマ的性格が民属の精神の墓場であることを証明するのに役立つからである。

したがってここに、すべてがローマに通ずるような結び目、解くことができず、ゴート族やマルティン・ルターの例にしたがって、（三五）剣で切り裂くしかない結び目がある。それゆえ、英国やドイツ、北欧の大問題はまさに、民属・民衆的要素が十分に強く、それに対応する陶冶形成を実施できるかどうかにある。その陶冶形成は学術探求の制度の没落につながるのではなく、その制度をローマの鍵爪から引き離し、普遍的人間の生を解明し遂げるために創りなおすであろう。そのことの解明が現実の民属集団の生のすべてをそれ自体に即して結論に導くだろうし、大いなる盗賊団（ローマ人たち）の生を除去するのであるが、このことはアリーナすなわち闘争場裏において成就されるのである。

　ここで我々は、学術探求の制度がその課題として、端緒から終末にいたるまでの大いなる人間の生全体になじみ、それを熟慮し、しだいにそれを理解し解明することに携わるなら、民属・民衆的生に制限される市民の陶冶形成が、一定の観点とともに、学術探求の陶冶形成と矛盾せずに、民属・民衆の現在の関心や状況の上に成り立つことを知る。しかし、市民の陶冶は包括性と根底性においては学術探求の教育訓練にしたがうものであり、現在への生きいきとした適用という点で後者を越え出ているにすぎないことがわかる。だから、［市民型すなわち］民属・民衆型陶冶形成と学術探求型教養との連携を保ち、そのことで前者を成長させ、洗練させる課題はつねに学者の力によるものであり、そのことが学者の市民的義務であると同時に、彼自身への恵みでもあるのだ。学術探求の制度が生から切り離され、文献のなかで理解され把握されるにすぎないとすれば、その制度は信望を失うだけである。民属・民衆的陶冶形成があっても、それが失われるべきだとするなら、学術探求の制度は信望を失うだけである。たんに学者・教養層がローマ的盗賊の墓穴のなかで万事を自らのものとして理解把握しようとするなら、彼らはその場合、すべての民属・民衆的なものと対立するだけなのである。

[学術型と市民型の陶冶形成を架橋するデンマーク]

必然的でなければならないような、こうした単純な真理が一般的に明らかにされるさい、学術探求の制度が危機に立つような国々はたしかにありうる。しかし、そのことがありうるのは、たんにそれが民属・民衆の腐敗堕落であるか、民衆の自ずからする精神の喪失であるか、そのどちらかの理由からである。両者いずれの場合でも、危機は自然の秩序において生じる問題であるが、我が国デンマークでは、明かに［そうした問題で］窮するところはいっさいない。なぜなら、この国では太古の時代から支配的であり、きわめて厳格なラテン学者の時代においてさえ周知のものとして維持された歴史観が、明かにごく親密な仕方で民属・民衆型陶冶形成と学術探求型のそれとを結合しており、同時に、祖国の歴史と世界史とを結びつけているからである。民属・民衆的陶冶形成が市民社会のなかに普及したあらゆる事項にしたがえば、まさにデンマークにおけるように、民衆の生活にとっても、生の泉から湧き出て、生に割り当てられ、すべてを包括する学問にとっても、麗しく喜ばしい諸々の果実を結ぶことのできる地上の圏域はどこにもありえない。デンマークほど、国家の側からもまた、歴史的学問と共通啓蒙との両方の促進のために働きかけのなされる国はない。このことの帰結であるが、一九世紀現在の我が国にあって、詩情や詩作はきわめて親密な仕方で民属・民衆的生と祖国の歴史の両方に結びついており、それゆえに［それらが衰退し］下降して揺れることはない。だからこの国には明らかに、羨まれるほどすばらしい市民的陶冶と民属・民衆的啓蒙のために与えられたすべての諸条件が揃っている。そうした市民的、民衆的陶冶は焦点へと集成されることを要するだけであり、そのことでまだかなり燻っている祖国愛が、灰の下の炭火のようにどれほど熱いものであるか、「パンの代用に石を、魚の代用に蛇を」(三六)与えられることがなければ、デンマーク人の胃がどれほどよく専門知識を消化できるか、こうしたことを示すであろう。

それゆえ、私には逆説的と思えるのだが、時代がまだ、明らかにその要求や衝迫であるものにたいして成熟していないとすれば、時代は我が国ではただちに、その要求たいして成熟するということについて、欠如を感じ、我々の民属が「よい日々に暮らし、そうした時代を知ら」ねばならないと心から願う我々が最善を尽くすなら、時代がその要求にたいして成熟することについて私はいっさいの疑いをもっていない。［ちなみに今私は、最善を尽くすと書いたが］それは口とペンによって陰に陽に祖国愛を眼覚めさせ涵養するためであり、その祖国愛が我が国にあってはすべてのよきもの、高貴なもののための母体である、つまり善良なデーンの人たちと彼らの事業にかかわる知識をあらゆるかたちで、あらゆる時代に普及し、生きいきと活気づけ、最終的に、必要とあればラテン語にたいしてデンマーク語を、ローマの悪霊にたいして北欧精神を勇敢に擁護するすべてのよきものや高貴なもののための母体なのである。

すなわち、学者・教養層がよくラテン語を書いていたとき、デンマーク語は旗色がよくなかったこと、北欧精神がローマの悪霊を捕縛したことが全世界への恵みであったこと、これらのことは歴史の真実である。だが、我々はその真実を、次のような仮説を語ることに委ねてはならない。つまり、ラテン語が再びよいものとして再生すれば、デンマーク語もおそらくはるかによいものになるだろうとか、ローマの悪霊の幻影が北欧精神と一緒に克服されれば、世界はおそらくいっそう仕合せになるだろうとかいうような、「ラテン的なものと北欧精神とを同列におくような」しごく麗しい仮説を語るに任せてはならない。というのも、同一の原因があれば同一の結果をもたらされるという「因果律」がいっそう理にかなっていることを誰も否定できないからである。だから、もし我々が罠に落ちるほど騙され易いとすれば、以前は有益だった北欧の闘争精神をローマの地下の神々の祭壇に進んで捧げることによって、我々は罠から脱出する自由を得るということになるだろうが、*「そんなことはないのである」。

＊「ここで草稿は終わっている」

（五）デンマーク語学校

デンマークよ、古きスキョルの末裔の国よ
どれほど太古の昔から
海峡やベルト、フィヨルド、入江が
螺旋のようにあちこちで波打っていることか
それらに緑なす森から挨拶せよ
エアスンの波の只中に向けて
嵐になった小さな白波の大群がまた
岸に寄せ来るとき

君の青い波々のように優しく
夏空のもとで
太陽や月に照らされた波々に挨拶せよ
君の新しい学校で
君の母語が支配すべきところで

舌は心の神秘を解き明かし
そこに与えられた光は
生に輝きを投じる

高らかに歌え、君が息をつぐように深く歌え
恐ろしい状況にあっても
海の太陽が昇るように
今こそ君の黄金期なのだから
それは君の若者に答えるだろう
それは打ち勝ち、存続するだろう
我等の母語とともに甘味なものは
死から蘇ったのだ

君たちフレーゼの末裔、スキョルの末裔(二七)は
忽然として新たに蘇るだろう
君の農人たちよ、勇敢な人々よ
彼らもまた同様である

君のヒヤルネたちよ（三八）、君の歌い手たちよ
彼らは君を称賛し、君を真似る
バラの頬をした人々とともに夜が明けよう
岩れんげのような眼の前で夜が明けよう

遍く大地に広がるだろう
海を越えてもまた
我等が北方の死せる者たちが島の地下に生きることが
新旧の英雄が
優しく記憶のなかに溶け合うことが
だからはっきりとするのだ
いにしえの人々が何であったのかが

わかることは、人魚の末裔が
　デンマークの北方で
心暖かい妖精から生まれて
　フレイ（三九）とともに同船したことだ

だから船の同伴者たちは産み出せるのだ
北方の栄誉であるものすべてを
嵐にあっても静けさにあっても
　偉大な者と小さな者とがともに

君に挨拶を送る、古きスキョルの末裔の国よ
君の新たな学校とともに
デンマークの知恵は高められよう
　我等の歌声とともに空へと
澄み渡るのは民衆の生であり
青き波や優美な船であり
武具の盾や獅子の勇気であり
　デーンの心に流れる血なのだ

（六）デンマーク語啓蒙とソーアのデンマーク語ホイスコーレ

〔土着的なものにくみする声への覚醒〕

すべて合わせればもう一世代の期間にわたるが、私は現在、北欧的なもの一般、とくにデンマーク的なものが外来のラテン語およびドイツ語の軛を放擲する闘争を継続している。その課題の達成は、我が国と我々の父祖が何百年ものあいだ当の軛に隷従してきたことから、容易になったというよりむしろいっそう困難になっている。というのも、その軛によってもちろん民属・民衆の［力］はますます衰弱し、無気力となり、したがって、その軛が耐え難いものになるからである。あらゆる面から私は、疎遠な思考様式と縁遠い言語の両方がひとつの国で手に負えないものになれば、必然的に母語を圧迫し、あらゆる観点から土着的な言語を話す人々を壊滅させてしまうことを告発し、強調してきた。同様に、すべての北欧の諸民属や、まさしく我々に周知のデンマークの人々が内的にも外的にも気高く立派な性格を保持していること、人間的な観点で素養があり聡明であるから、たとえ可能であったにしても、太陽のもとにある他の民属と置き換わることに彼らは躊躇すること、とくにドイツ人あるいはラテン人（新旧のローマ人）に置き換わることに躊躇することを強調してきた。ちなみに、彼らは基本的にいつでも不人気の寄食者たちで、「衝突することで養われて」きたにすぎず、強奪によって豊かになったにすぎない。

たしかに長いあいだ、土着的で民属・民衆的なものにくみする私の孤独な声はどこにいっても聞こえていたと思う。そこにはとくに、誰も聞く者がいない「荒野の声」（四〇）と我々が呼ぶものが、デンマークにおけるデンマーク的なものにくみする声があったと思う。だが、それはごくわずかなものだったと思える。というのも、年を経るごとにドイツでもどこでも、何がしかの民属、すなわち名誉とともに存立しようとするどんな民属も国内では他のすべての言語にたいしてそれ自身の母語を高々と掲げねばならないし、当の民属自身の関心とその国での事情によりその国自身によって万事が融通され、備えられていることを確認したいという感情にしだいに眼覚めてきたからである。そのことによってデンマークと北欧においてしだいに、私の孤独な声がもう一つの「荒野の声」であったこと、来るべきもの、備えねばならないものについての現世的な叫びとしての「荒野の声」であったことが知られるようになったのである。

［小著『デンマークへの祝賀』にかかわって］

昨年、そのかぎりでは最終的なものとして、デンマーク国王がデンマーク語を用い民属・民衆的な性格をもつ祖国のホイスコーレをソーアに設立するとの決定を行った。（四一）そのようなホイスコーレを私は長らく語り、執筆し、請願してきたのであり、その理由から［昨年］小さな本も書いた。私はその本に『デンマークへの祝賀、デンマーク人の愚かしさとデンマーク語ホイスコーレ』の表題を付したのである。

しかしながら読者諸氏は実直にすぎ、本の表題に自分たちが好まないことばがあるので、それにあまりにこだわりすぎて、その本を読まないようにするか、眼の前のおぞましいことばだけを読むかのどちらかにするといった具合である。そのおぞましいことばとは、「デンマーク人の愚かしさ」である。というのも、デンマーク的なものすべてにたいする私の偏愛はよく知られていて、ここで主要問題であったデンマーク人の頭の具合について誰も私が悪口をいうなどと誤解しはしないからである。たしかに［この本を］長々と読むまでもなく、私が真剣に取り上げたのが、ドイツ人による我々にたいする悪口で、そこから尖った釘を抜きとり、その悪口を笑い飛ばすためだったことはわかるだろう。だが、まったくおかしなことがそこにはある。人々はデンマークの愚かしさを促すことに堪え、いわゆるドイツの学校長の敷石に鼻を打ちつけることに我慢を重ねてきたが、彼らが堪え切れなかったのは、私の［本のタイトルという］肩の上にあるこの「愚かしさ」、いわゆる「デンマーク人の愚かしさ」がドイツの学校長たちにたいして道化を演じ、［道化としては］自信もあり能力もあることをそれらの校長たちに知らしめたことにあったのである。

それゆえ今、とくに我が国の善良なデンマーク農民層にその［「愚かしさ」の］何たるかを示すことができるような私の小さな処方策が待ち望まれていたので、私はこのように気前よく彼らにソーアでの［デンマーク語ホイスコーレという処方策を］与えるだろうが、他の多くの人々は農民層を羨ましがるようである。今彼ら農民層は、クリスチャン八世が［一八四八年一月二〇日に］亡くなったので、民属・民衆的自由と啓蒙の叫びのただなかでその処方策が失われるのは遺憾だと思うだろうから、私もまた自著『デンマークへの祝賀』を、啓蒙とは何かについて私の知るかぎり最良の処方策と呼ばねばなるまい。その処方策はデンマークの農民層が必要とするものであり、ソーアで得られるだろし、もし国王［クリスチャン八世］がずっと長生きしていれば実現されるであろうものである。なぜなら私は、ソーアで私にできることすべてをしてよいとの約束を得たことで、かの「国王のことば」を授かって［それを実行しようとして］いるからである。しかし、私はそのさい、結局のところ私がこれまでかなり頻繁に書いてきたのと同じことをできるだけ単純、明快、簡潔に書くことに躊躇しないだろう。その核心は私のあいことば、すなわち、闇を退け、光にくみせよ、ドイツ語を除き、デンマーク語を取り入れよ、である。

［対自的に語り、書くこと］

「対自的、自主的にうまく語り、書けること（四二）」、これが簡潔にして、デンマーク農民がそうあらねばならないと望むことであり、そのための啓蒙や助言が欠けていると感じることである。そのことは、たんにデンマークの農民層だけではなく、大多数のデンマーク人に欠けていることであり、彼らが、あるいは可能なかぎりのすべての人々が、彼ら自身の足で立つことができるように、保持しなければならないことである。彼らの声は平和的であり無理のない仕方で通じる。彼ら［農民層］だけに通じるか、あるいは我々が等しく責任を負うデンマークの国全体に通じるのである。

［うまく自主的に語り、書けることには］どこの国でもそうであるように我が国にあっても、民衆

のなかにかなり程度の違いがあり、したがって、彼らはまさに、等しくウイットに富んでいるのでも、才能に恵まれているのでもない。すなわち、自分たちの頭を使うのに等しい分量の光を保持しているわけでもないし、生計の糧を稼ぐのとは別のことを学ぶ良質の時間があるわけでもないのだから、結果的にすべてのデンマーク人が等しく上手な仕方で対自的に語り、書くことを学べるわけでもない。だがしかし、とくに使用法を学ぶのがいつも動かしている口であるとすれば、半分の人々はそれがうまくできる。その場合、すべての人々が口もペンも、頭と同じように上手に使えるようになる機会と施設が国には必ずなければならない。しかしながらそのための提案を、我が国の庶民学校とすべての幼年学校[四三]は何もしていないのと同じである。というのも、指定されたものを書いたり、他の国のことばを暗記して学んでも、明らかに自主的に語ったり、書いたりすることは学べない、むしろ、たんに対他的に、他の人々のために［という原理で］書いたり、他の人々の口真似をしたりするだけにすぎないからである。

それゆえ、我が国に幼年学校がよく整備されている場合には、一部は恩恵となりうるだろうが、しかしまずなにより、我が国には［おとなへの］境界年齢にあり、自主的に上手に語り、書くことを学べる年代の若者がいる。にもかかわらず、我が国にはまだそうしたことを学ぶための機会や施設がまったくない。というのも、デンマーク人が上手に自主的に話し、書くすべを学ぶとするなら、それは明らかに彼らの母語であるデンマーク語によってでなければならないし、そのさい彼らは彼ら自身に固有なデンマーク的なもののために語り、書くすべを学ばねばならず、ドイツ的なものや他の外国に特有なものすべてに反して語り、書くことを学ばねばならない。というのも後者は我々自身に固有なデンマーク的なものを排除あるいは圧迫するだろうからである。それゆえ我々は、我々固有の財産であるデンマーク的なものにできるだけ上手になじみ、それを学ぶべきであり、手と口の両方を通じて最良に保持し、我々すべてが手と口でその財産を保護すべきである。我々にはそれを平和裡に守り、利用し、享受することが許されるのである。

　デンマークの若者全体のためのそのような組織を考えてみたまえ。そこで若者は容易に、また楽しく本当にデンマーク的であるものすべてに内面的にも外面的にもなじみ学ぶことができるだろう。我々は若者に、手と口を用い、彼らのデンマークの母語を使ってデンマーク的なものを保護するすべを学べるだろう。そうした組織を我々は切実に必要としている。デンマーク的であるものがそれとして維持されるなら、神はこの世の終わりまで、我々すべてに恵みと喜びを与えるだろうし、古いデンマークを讃えるであろう。

　それゆえ、我が国が本物のデンマーク語啓蒙を獲得すべきであるとすれば、デンマーク農民およびデンマーク人のすべてが対自的、自主的に語ったり、書いたりするすべを学べるとするなら、したがって、ドイツ人やフランス人、イングランド人が対自的、自主的に語ったり、書いたりできるのと同じように、しかも彼らが我が国のためにではないが、我が国に対抗してでもない仕方で対自的、自主的に語ったり、書いたりできるのとちょうど同じように「デンマーク人も」そうできるとするなら、我々は何よりもまず、若者が出向いて、過去と現在のデンマークの諸事象について最良のメッセージを知っている語り部たちと交わることのできるデンマーク語ホイスコーレを保持していなければならない。そのホイスコーレでは最良の仕方で、デンマーク語で対自的、自主的に話したり書いたりできるのであり、デンマーク語学芸をあらゆる仕方で自立させ、スタートさせる喜びや、動機が得られるのである。

［デンマーク語ホイスコーレ獲得の意義］

これまで我が国は啓蒙にかかわってドイツ人やその他の諸民属を真似てきたにすぎない。だから、我々が何かを学んだとされる場合、次のようにいわれるだろう。すなわち、我々はドイツ語やラテン語、フランス語、そして多種多様な［諸言語の］ごった煮のスープを暗記して学んだ。だからデンマーク語ものはすっかり忘れ去られるか隅に投げやられたかのようで、この世界のことがらとは見なされない。我が国の大多数の人々は周知のように外国の諸思想やことば、話し方を十全に駆使して、たいへん謙虚なデンマーク語で書いたり話したりする。だから人々は記録の全体を理解するために［諸外国語を］暗記して学ばねばならない。そのさい、我が国の大多数はデンマークの民衆や国、デンマークの思考様式、すべてのデンマーク的な事象について、まったく酷たらしいメッセージを知っているだけなのだ。

まず我が国が、本物のデンマーク語ホイスコーレを獲得したときにはじめて、ちなみに、そこでは他ならないデンマーク的な世界の事象を問い、デンマーク的であるもの、そうあったもの、そうあるべきものすべてについて質疑応答がなされるのであるが、そうしたデンマーク語ホイスコーレを得たときにはじめて、我々はきちんと対自的、自主的に語り、書くことのできる民衆評議員や聖職者、判事、学校長だけでなく、多種多様なデンマーク人をも、ともに得ることが期待できるし、デンマークの民衆がどのような状況で考えたり、感じたりするのか、いったいデンマーク国にとって何が善であり恵みであるかを知ることができるのである。

さて、そのようなデンマーク語ホイスコーレを獲得するために、ソーアのアカデミーにも余地があり、それはまったく望ましいものである。そこには古い時代からの伝わる広大な土地に大きな資産があるが、それを何のために使うべきか、その用途は長いあいだ見つからなかった。だが、国王クリスチャン八世はデンマーク語ホイスコーレを設立することを強く心に思い描いていた。そのホイスコーレには希望する誰もが訪問でき、デンマークの我々自身の祖国や民衆、母語、我々自身の歴史、我々自身の法や制度についてすべてのことがら［の学習］がデンマーク語によって進められるだろう。だから、そうしたデンマーク語ホイスコーレは、たんに意思するだけで簡単に得られる。というのも、自ずからの結果だろうがデンマーク語が話せ、デンマークとデンマークの民衆に愛情をもつ我が国の誰もが、大きな喜びとともに競い合って［そうしたホイスコーレを実現するという］問題を軌道に乗せるだろうからである。

何がこれまでこのすばらしい事業と必要な施設の実現を妨げてきたのか、何が依然として妨げようとしているのであろうか。このことは農民や市民にあって、彼ら自身についての正しい啓蒙、彼らの、そして我が国独自のことがらについての正しい啓蒙がないか、あるいは彼らの用いるドイツ語やラテン語にまったくもって惑溺しており、彼らがデンマーク語では何もできないと考えているか、によることなのである。しかし、とくに今、対独戦争[四四]が我々すべてに、ドイツ語は我々の不幸であり、デンマーク語が我々の唯一の救いであることを教えるのだから、我が国のデンマーク語ホイスコーレにたいする反対派は自らの立ち位置を手探りし、自分たちがどこにいるかを嗅ぎ分けねばならないだろう。

　それゆえ国王クリスチャン八世が今年じゅうに開校するとはっきり決断したソーアのデンマーク語ホイスコーレも、［その決断通りに］今年じゅうに開校されること、国王の力でできるよりもデンマーク人がはるかに自由で、いっそう生きいきとしたものになるであろうことを我々は希望して止まない。［一方で］長期であれ短期であれ、試験の強制でも他の義務からでもなく、学費支出もまったくないデンマーク語ホイスコーレを自由に訪れ利用できる人々のすべてが考慮されねばならないし、さらに［他方で］、意欲と適性のある貧しい人々の子弟が学費を支出することなくホイスコーレにある期間わずかながら滞在できることにも配慮がなされねばならない。我々すべてに必要なデンマーク語啓蒙もまた、可能なかぎりすべての人々が利用できることをめざさなければならないのである。

［財産としてのデンマーク語］

　こうして今、次のことだけ最後にいっておきたい。すなわち、この問題について最終的にはすべての善良なデンマーク人が、いやすべてデンマーク語を話す人々が同意するにちがいない。多くのことがらについてどれほど異なる考えや意見をもっていようとも、我々にはすべて正しく相互に理解し合うことが必要であり、我々にたいしてデンマーク語でうまく話し、書けることが必要なことである。デンマーク語は我々自身の母語である。男にとっても女にとっても、子どもにとっても高齢の者たちにとっても母語である。もし古いデンマークに愛着をもたないとするなら、古代においてデンマークとは何であったのか、現代において何であるのか、これらの両方を若者が知るように学ぶことを我々は心から願わざるをえない。若者が「デンマークという」自分自身の財産を正しく評価することを願わざるを得ない。そうすれば彼らはその財産を手放し、ドイツやその他の国の財産にすることはない。すなわち彼らの圧倒的多数が基本的に自分自身にも他の人々にも不幸をもたらすことではじめて利用可能な財産にすることはない。

「そもそも」我らの主もまた我々デンマーク民属に頭と心、母語と祖国を与えたのであり、そのことを我々は全世界に知ってもらうことができる。我々がたんに我々自身の財産を評価し、それに満足し、それと上手に和解するとすれば、我々デンマーク人は古代から戦争においても平和においてもたいへん幸運で幸福だったのであり、その財産は、それについて聞き、問い尋ねた外国人すべてにとって大きな驚きの的であった。このように、我々がすべてのドイツ的イメージや外国イメージを払拭し、我々自身のデンマークの頭と心で、我々自身の便宜に基づいて整えた「デンマーク、すなわち素晴らしい野や牧場」（四五）のすべてのことがらを得ることができるなら、先の財産は再び確かなものになるであろう。だが、遺憾ながら我々は我々自身の頭と心、我々自身の便宜といったことを久しく忘れていた。

それらがドイツ語やフランス語、ラテン語に優先することを、外来の思想や外来の書物、諸々のことばや妄想の色々な種類のごった煮に優先することを長らく忘れていた。要するに、〔デンマークの〕愚か者や彼の曾祖母はそれらのごった煮に優先することを長らく忘れていたのである。

今こそ、すべてのデンマーク人が、すべての人が一つの口をもって次のようにいうことで、彼らに生があり、生きていることを示すであろう。すなわち、優先すべきはデンマーク語だ。それは今後、デンマークのすべてのものごとを表現するだろうと。

（七）王国議会の審議から

(1)〔一八四八年の王国議会でのグルントヴィの質問〕

〔ソーアのホイスコーレとは〕

デンマークの王国議員に国王陛下がお授けくださった権利、すなわち陛下の助言者の方々、国王と民衆の両方に責任を負っておられる方々に口頭で公的に質問する権利は私の眼にはすばらしいものに見えます。しかし、まさにそれゆえに閣僚も名誉ある会合全体も、私が今日はじめてこの権利を行使するさいに、議員が閣僚を糺す質問がけっして個人的ではなく、民属・民衆的な質疑であることをご理解いただかなければならないことは心からの願いであります。ですが、運命とか遇運とか、とくに今年民衆全体を対象に働きかけた不思議な力が何と呼ばれましても、(四六)そうしたものが望んだのですが、私が今日、ソーアのホイスコーレの件で、デンマークの学校制度を管轄する閣僚にたいして行う質問は、［すなわち憲法制定議会の］この議場で行われる質問は、きわめて個人的なものの一つだと安易に見なされることでしょう。こうした事情ですから、私は、栄えある大臣にたいしても、名誉ある会合全体にたいしましても、私に注意を払っていただくようお願いします。私は今日質問を継続して行う問題の国民的重要性をお知らせしようと努めます。ここで私があえて注意をお願いしますのは、もし私がそのお願いをしなければ、私はこの議場で自分をまったくの余計者と見なさなければならないからです。私は今、老齢で、間違いなく無党派の人間でして、現在あるどの政党にも所属する可能性はありません。私はただ一人、古いデンマークの単純さと大胆さによって自由や民属・民衆性、啓蒙の問題を語るためにこの王国議会にやってまいりました。しかしそれは、問題を無限定に一般論として語るためではありません。そうしたことなら、時代の流れが独自にそのことを行っていますし、その語り部たちがおります。むしろ、この問題を、時と場所との関係でお話しすること、デンマークとの関係でお話しすること、過去と現在の状況のなかでの民属・民衆との関係でお話しすることが

［ここでの私の］目的であります。

もちろん、私がお尋ねするソーアのホイスコーレは、国王クリスチャン八世の治世の最後の［一八四七］年に［政令によって］立ち上げたものです。このホイスコーレのために彼は最後の思索を巡らせました。ですが、ホイスコーレはまた、彼とともに墓に沈んでいるように思えるのです。彼の見解と定義によれば、一面でこれまでこのコペンハーゲン［の大学］で行われてきたよりもいっそう自由な諸学問の練成に通路を拓くのがホイスコーレでした。他面でそれは、身分ないし職業にかかわりなく、若い人々全体に、祖国とデンマーク的なものすべてにかんして、母語による探求の基礎と啓蒙を与えるはずです。ホイスコーレはこれまでにこの国でそのことがなされるために存在した公的な機会にまして、よりよい基礎とよりよい啓蒙を与えるはずの場です。私が質問しますのは、この［定義による］ホイスコーレにかかわってのことであります。元来私の念頭にあるのもまた、この後者のホイスコーレのことであります。それは私が自分の意見として、我が国の大学あるいは他の現存する大学での学問が、時代が求め、私が希望するような仕方で自由に、恵み豊かに営まれていると考えるからではありません。しかし、［ホイスコーレと大学の両方の部分を］混合して編成すべきだと、そういうようなことは一切語ってはおりません。私にはそのようなことについてお話しする使命はほとんどありません。ソーアの学校との個人的つながりで、あるいはその学校思想との個人的なつながりで発言しているとしても、そのような［個人的な］ことはさらさらないのですが、たとえそうだったとしても、私の考え、あるいは私の提案はこうした混合編成ではけっしてありません。すなわち［私の考えは］、すべての若い人々のための啓蒙施設がソーアに建てられるべきだというものです。ソーアには、そのような啓蒙施設のための外的諸手段、諸条件が十分に備わっているでしょうし、当の啓蒙施設が存立し、国立［施設］のかたちで歩みを進められる諸手段が備わっているといえるでしょう。

［民属・民衆のための施設］

ところで、そのような啓蒙施設がすべての若い人々のために設立されるべきかどうかが問われるが、そのさい、当の施設が民属・民衆意識を覚醒させることができ、そこで祖国愛が養われ、以前の［身分社会という］既存の関係、これらの［若い人々の］いっそう密接な関係のすべてが啓蒙されて［取り結ばれ］、我々すべての個人がどんな身分であろうがどんな職業をもとうが一つの民属であり、そうした民属として母をもち、そうした民属として運命や使命を担うことが教えられるとすれば、明らかなのは、そのような施設が一つの国にないとするなら、大いなる民衆の願望になるにちがいないこと、そうした施設が民属・民衆性を意識するようになる者にとって、心の奥底に感じ取られた欲求であるにちがいないことです。この心の奥底から感じ取られる欲求についていえば、まさに現在のような時点は転換点にあります。一つの民属に起こりうる最大の転換点、この会合に集った我々すべてにとって明快であるにちがいない転換点であります。我々は、ここで新憲法について、したがって社会全体の新たな基礎について議論するために召集されているのを知っております。それゆえにまたその我々は、古い社会区分がすべて崩壊状態にあるときに、どのように秩序を再建すべきか、万人が共通の最善、公共の福祉のために民属・民衆的に協働するにはどのように考えたらよいのか、これらのことを議論するために、この会合に召集されているのであります。

しかし、この大いなる仕事である民属・民衆的再生の事業を成功させようというのなら、我々はたんに大多数の諸民属だけでなく、我々自身の民属にあって、明らかに求められる明快さと確実さに欠けるところがあるにちがいないこと、このことをキリスト教圏の各民属とともに我々も理解し、認識していなければならなりません。それゆえ一般的にいって、ソーアで考案されているような民衆啓蒙の施設が時代の関心であることは疑いえないものなのです。ゆえに、デンマークの学校制度に責任を負う［D・G・モンラッズ］前大臣[四七]が、この施設を活用するのでなく一時停止させることを第一に考慮したのは、まさに大いなる驚きでなくしてなんでありましょうか。飛び交う噂がすべて間違いでなければ、かの前大臣の意図は、この施設を全面廃止することにあったのであります。それゆえ、私はこの名誉ある会合と栄えある［学校制度を管轄するJ・N・マズヴィ現］大臣[四八]が［問題を］理解するよう希望します。私が、たとえここで実行に移されるべき構想に貢献することがなかったとしても、私は端的に、デンマークの学校制度を管轄する現大臣がこのような啓蒙施設の活動が理にかなうと考えているのかどうか、施設の活動を促進するのか、それを妨げるのか、［この場で］質問しチェックすることを使命としますし、そのことを権利とも考えるでしょう。

たしかに私は今、いっそうの暖かさと深い真剣さとを胸にして質問を行いますが、期待できるお答えがいただけるかどうか、いっそうの不安を抱きながらお伺いすることは否めません。といいますのも、そうした[啓蒙施設が活動する]ことは、私の生涯全体を通じて愛好してきた思想であり、私の心のなかにあっただけでなく、私がつねに熟慮してきたことがらだったからです。しかし、私が思うに、このことは非民属・民衆的なことではありません。なぜそれが私の心のなかにあったのか、なぜ私がそれについて熟慮してきたのかといえば、私が年老いた民衆の友、年老いた農民の友だからというのではありません。つまり、たんにデンマークの農民が物静かだと賞賛されなければならない、こう心の底から願っているだけではなく、熟慮して彼らのものになっていることがらを冷静に発言し、全体として民属・民衆すべてに共通の最善、共通の福祉となるものを発信することも願っているからであります。我々が他の人々に促すことは、個々の身分あるいは階級の最善を見るのではなく、個々の職業の[共通の]最善、個々の科学、専門知識の[共通の]最善を見るようにすることなのです。

そうです。私はそれゆえに、あえていいたいのです。私が最後の謁見のおりに、国王クリスチャン八世がはっきりと言明し、私に約束してくださった教育施設が、私の希望通りに全面的に実現しなかったとしても、すべての人々にとってアクセス可能であること、身分や職業を考慮せずアクセス可能であること、何らかの痛ましい試問や試験抜きにアクセス可能であること、これらのことが肝心な点でした。それゆえ、私が思うに、この施設の運命にたいする私の個人的関与にかかわりなく、[すべての人々にアクセス可能であること等々が肝心でした。」たしかに、私は必要な仕方でその運命に関与したにちがいありません。それはたんに長年の私の思想、私の唯一の思想であっただけではありません。私の生きたかつての日々に尊び、その実現のために全力を挙げた思想でもありました。といいますのも、国王によって定礎されたホイスコーレが陽の目を見ることが私の希望だからです。ホイスコーレにたいして、かの国王陛下はお約束してくださったのです。そのおことばがどうなるのか、私の昔日のソーア［での構想］にかかわって当該の啓蒙施設が多くの人々の考えるように想像力の絵空事であり詩人の夢想であるのか、それともそうした施設の設立が民属・民衆に恵みをもたらすのか、［実際に開校して］自由に証明することはお許しいただいてしかるべきと存じます。私が思うに、それが［現実に］創設できるのかどうか、民属・民衆的啓蒙、祖国の喜ばしい啓蒙、我々すべてが参加する啓蒙が育てられるのかどうかは証明に価することがらであります。それゆえ、我々の職業や、様々な観点での我々の思考諸過程にかかわってあるにちがいないあらゆる相違にもかかわらず、それでも我々すべてを満足させる［共通の］財産があること、必然的に我々がすべて光を保持するような財産があることは証明に価することがらであります。その光こそ、我々すべてを暖めるような質のものであり、民属・民衆全体の恵みであり、王国全体の幸運のための共通の最善、公共の福祉を促進するためのものなのです。

［マズヴィ文化大臣の答弁］

［以上のグルントヴィの質問にたいして、文化大臣J・N・マズヴィが答弁に立ち、次のように答えた。］

［ただいまの質問で］検討中の実質ホイスコーレが本質的にデンマーク語の民衆的施設であったことが示唆されました。デンマーク語の民衆的教育施設を見合わせておくことは、すでにそれ自体で何かまったくの不安の種であるかのように思えます。［しかし、質問者］自身のデンマーク的心情に個人的保障を与えることは有益ではありません。それが有益なら、私には同様の権利によって、この議場にいる者としての私個人のための心情に保障を与えるでしょう。デンマーク語の教育施設についての質問がある場合、今現在デンマークの教育制度を代表する者として私は、デンマーク的性格、デンマークらしさが現存の教育諸施設に欠落しているという点で争います。以前ラテン語学校と呼ばれた諸々の学校はデンマーク的であり、そうあるべきでした。このコペンハーゲンの大学はデンマーク的であり、そうあるべきでしょう。すべての教育研修が母語と、教育施設によって与えられることのできるデンマークの状況を知るためにあるべきなら、そうあるべきではないですが、かりにそうなら、教育諸施設がこの義務を満たすことができるようになるべきです。だがそうであるべきではないのです。私はそのような施設を、つまり特殊デンマーク的性格を独占する教育施設を提案することも考えていません。すべての教育施設は、デンマーク精神に導かれることを望み、その精神に導かれるべきであるような正しいあり方をした諸施設は、普遍的教養を伝えることに出発点があり、普遍的教養として陶冶形成はなされるべきです。しかも、陶冶形成がデンマークで帯びるデンマーク的な音調や色合いとともになされるべきです。しかしながら、デンマーク的性格、「らしさ」そのものが教えられるはずのデンマークの学校は、人々が学校と考えるような形態で設立されるべきではないのです。

［他に一人の議会議員によってさらに意見表明がなされた後、グルントヴィは次のように質問を継続した。］

［北欧精神とデンマークの心をもって］

もし私が、私の質問を個人的なものと見ていたとすれば、私が受け取りました答弁以外のことをまったく期待できなかったでしょう。というのも、この老いたデンマーク人が、徹底したラテン語研究者として院外で著名になっている、いや外国でさえ著名になっている大臣に質問するさい、別の答弁は期待できないからです。しかし、私はこの場でたしかに、ただ一人の民衆（フォルケリ）側の者としてできるかぎりの質問を思案しました。私が思いましたのは、大臣の専門が何であっても、大臣が人生において何に最も励んでおられても、大臣はまさに基本的に私に刺激を与えたのと同様の［デンマーク的］感情を共有しているということです。私が思いましたのは、大臣もまた全面的ないし部分的に、何か別の観点でないとすれば、まさしく市民的観点において、我々が会合できる場で、会合する必要のある何かがあること、我が国が生きいきとした啓蒙を必要とし、我々の母語で、我々の祖国や祖国にきわめて密接にかかわることすべてにかかわって啓蒙を必要とする何かがあること、こうしたことを直観するでしょう。我々はそのような共通の啓蒙の機会を必要としているのであります。ですが、この啓蒙のために、ただ一つの施設もこの国に存在したわけではないと私は考えねばならないのです。ただ一つの施設というのは、そこで学者が養成されるのではなく、人々が母語を学ぶことができるようなものです。その場では学問的栄誉の志をもつことなく、自国の諸状況にかかわる知識に携わることができるのです。といいますのは、農民自身が［議会等で］祖国の利益について我々とともに討議を行うのなら、まさにそのような知識が要求されると思えるからです。文化大臣が述べましたように、その学校があるかどうかがここでの問題ではありません。その学校が実を結ぶかどうかがここでの問題であり、ここで示されるべきなのは、そうした［実を結ぶ］学校がないということ、このことが問題です。そうです、それが私の確信なのです。大臣の言うように、たんに学校があるかどうかが問題だというなら、誰もそのことを取り上げて考え、語りはしなかったでしょう。

しかし、一つの場で開始されねばならないと私は考えるでしょう。民属・民衆的陶冶形成がむしろ我が国ではまだ豊かでもないし、広がりももってもいませんから、我々は簡単に多くの場で適切な諸施設を見つけ出さねばならないと私は考えるでしょう。我々がそれらの施設を一つの場でうまく見つけられるならもう十分です。そのような学校を実現することに成功すれば、諸々のそうした施設がただちに国じゅうの多くの場で立ち上げられるでしょう。

私はソーアのホイスコーレをこのように考えました。それがホイスコーレ［すなわち大学］の名に価しえるのか、しえないのか、私には基本的にどちらでもよかったのです。というのは、そのホイスコーレがたんに、世界の大学がなしえないことを達成し、デンマークの民衆が、彼らの自由と名誉のために何が利益となるかを意識し、それを啓蒙するようになる状況が達成されるなら、世の人々は自ずとソーアのホイスコーレを［大学などに比べたら］ごく初級の学校と呼ぶにちがいないからです。我々はこの啓蒙を利用すべきですから、現状はあまりにも厳しくなっており、このことにたいしてむしろ不平が語られるにちがいないでしょう。我が国にこの啓蒙がないことは寂しく思われます。しかし、私はデンマークの民衆には善良さや内面があり、公正であること［のようなエートス］が漲ることを期待しておりますし、我々自身がこうした普遍的啓蒙抜きにして、我々を脅かす深淵、現代において民衆全体を脅かすような深淵を回避することはできないだろうということを知っております。デンマークの人々は彼らの子どもたちを愛しておりますので、彼らの若者、彼らの子どもたちがよりよく成長し、［ホイスコーレによって］時代を照らすことがまさしく期待できるようになれば、彼らは辛抱づよく、すべての重荷を背負うことができるだろうことは私にはわかっております。

しかしながら、デンマークの教育制度を管轄する大臣が、お望みのように私を無視し、私のささやかな意見を度外視し、デンマーク人の抱く安価で公正な希望に、［現状で］学校では学ぶことのできないことがらのための民属・民衆的啓蒙施設が、すなわちデンマーク語の啓蒙施設が生まれねばならないとする希望に応じるご意思がないとするなら、私はあえて申し上げますが、大臣は［ラテン語派として］北欧の精神とデンマークの心との闘争で［自らの］敗北を望んでいないということ、このことはたしかであります。北欧精神とデンマークの心にかかわって申し上げれば、大臣はそれに親しんでいるとしましても、まったく信頼していないのであります。（拍手が聴衆席から繰り返される。）

［文化大臣がもう一度グルントトヴィに答え、二、三の質問の後、とくにクリスチャン・フロー（四九）による質問の後に、グルントトヴィは次のように述べて質問を締め括った。］

［民衆の願望としてのフォルケリ・ホイスコーレ］

私は、折にふれて発言してきたことのなかで、先年の様々な請願ないし申請が、すべての階級の人々を網羅する仕方で署名を得ていること、なかでも農民身分の様々な人々から署名を得ていることにまさしく注意を喚起し、説明を加えてきました。それは、ソーア・ホイスコーレが国王クリスチャン八世の決定通りに、民属・民衆的ホイスコーレ、フォルケリ・ホイスコーレになっていかねばならないということにかかわるものです。私はこのことにたいしてまさしく説明を加えました。そのかぎりで、私が内面的に確信していることについて、世人は外面的信号を受け取っているのです。そして私が内面的に確信していることですが、それは［要するに、フォルケリ・ホイスコーレが］民衆の願望であり、人々の願望となるだろうということなのであります。（ブラボー、ブラボーの声。）

［ここで審議が閉じられ、当該の議題は次の時点に持ち越される。］

(2)［一八五一年の王国議会フォルケティンでのグルントヴィの質問］

［農民ホイスコーレを財政支出の対象に］

我々が聖職者たちに分配されるはずの二〇〇〇デンマーク・リースダラーについて新たに問題にしても、その分配は実施されないでしょう。彼らが全額を手に入れるのは待った方がよいと異論が出るでしょう。（聞きたまえ。）これにたいして今、諸々の農民ホイスコーレのために二〇〇〇デンマーク・リースダラーの要求があるのだから、これに反対する理由もきっとあるはずだという声を私は聞いていています。つまり、［農民ホイスコーレの］理念に喝采を与え、そのことがらをまったく必然的なものと見なしても、その要求は農民や庶民の教育改善に必要なことには程遠いという意見を聞いています。したがってすでになされているように、さらに延期されるのですが、そのようにことがらが数百年先延ばしにされ、［実施すべき農民ホイスコーレへの支出という］ことがらの開始が延び延びになるでしょう。（聞きたまえ。）ですが、［ことがらの］終了の前には、まずはつねにその開始がなされねばならないのです。

ですが私は今のところ、このように議会全体が考えると思ってはいません。私はつねに、この題材によって、私が以前お話したこと、つまり議会フォルケティンに席を占める名誉が私にあるかぎり、主張し続けるべきことに立ち戻らなければなりません。すなわち、我々は尋ねなければならなかったのですし、私が間違って声を聞いていないかどうかを、今日尋ねたのです。以前の我が国の国王の一人が、あるいは［国王に対する］諮問議会が日常の約束の一つとして与えたのなら、必ず［ホイスコーレのために支出がなされねばならず、我々に何が起ころうが充当されるべき神聖な伝統と見なされねばならないと主張し続けねばなりません。しかし、クリスチャン八世のような以前の我が国の国王が、長い時間をかけて慎重に考察し、彼の生前、ほとんど［在位の］最後の段階で決定し、時宜を得て民衆に一施設の定礎の約束をした場合、私の眼から見てそのことはまったく別格のことであり、［通常のことがらより］はるかに高く重要なものであります。ちなみにその施設は、まさに最下層の人々を含む民属の若者全体が高度の陶冶形成を受けるために提供されるにふさわしいものでしょう。この陶冶形成は彼ら若者たちの地位にもマッチし、彼らの楽しみにも応えうるものです。［ともあれ、］そうしたことがあったのですから、その約束は、［絶対王政から議会主義への］体制の転換が起ころうが起こるまいが、不動のものでなければなりません。後継のいかなる統治者もその実現に努力する意思をもたねばならないものです。できるなら、前の政府のもとで期待されていたよりも、いっそう大規模で、いっそうあでやかで、いっそう実り多い仕方で実現されねばならないものでしょう。

しかしながら、それは今まったくかなっていないことがらです。そのようなことがらを取り上げたさい我々はこれまで、なんら出発点にいたることはできませんでした。その出発点がここで提案されているることがらであります。すなわち、政府の後援のもとで立ち上げねばならない諸々の農民ホイスコーレを支援するために、二〇〇〇リースダラーが助成されるべきであるという提案です。この出発点はたしかに脆弱なもので、そのかぎりでは未決定ということができるでしょう。そのような学校がはっきり説明されていようがいまいが、未決定状態でしょう。ですが、質問によって未決定状態が極小のものになるなら、財政支出を要求する対象ではなく未決定状態でなければならないという説明は私には理解できません。［支出の］対象が示されないのなら財政支出は省かれるでしょうが、［対象は質問によってはっきり示されるだろうからです］。とはいえ、私の考えでどんなにそう思えないとしても、その［財政支出の省略］が議会討議によって決定されたのなら、そのように［対象が未決定状態にあるように］思えるというしかありません。というのは、このことはたんに注意事項であるだけでなく、議会討議にしたがって何事かが行われることの条件といっていいだろうからです。民衆啓蒙のためによりましなこと、たんに生活の糧を得るだけの啓蒙や訓練だけでなく、よりよい職業的営為を可能にし、そのことによって社会のどんな地位を占めていても、（聞きたまえ）、いっそうの喜びを得る可能性にも貢献する啓蒙や訓練のためによりましなことがなされること、ほとんどこのことの条件といっていいだろうからです。

それゆえ、私はもちろんこの修正提案に加わっていまが、すでに現存しているか［今後］立ち上げられ、支援されるようになる農民のホイスコーレがどの程度、私が正しいと見なしたものに一致するのか、逆にそれとは相反するものなのか、この点が肝心になるにもかかわらず、この修正提案に加わっているのです。しかしながら、最後の栄えある討論者の意見のように、［どの程度正しいのかといったことがらに］疑いをもたずに、提案に中心になって加わっております。その理由は、主要な問題が生きいきとした運動になること、民衆が明らかにもっている要望、日常的にいっそう強く感じる要望が明快になりうるということを私が確信しているからであります。その要望は、己自身についての光をえるためのものです。内面の光でもあり、外面の光でもあります。自らの社会的な位置についての光でもあり、意見をもったり、声を上げたりすべき祖国におけるすべてのことがらにたいする光でもあります。（聞きたまえ。）私は諸々の啓蒙諸施設がたんに、この目標を達成できる場で、自ずとその道を歩んでいくだろうと考えるのであります。（聞きたまえ。）

（八）デンマーク語ホイスコーレ、ラテン語派大臣、プレステーの議会議員

【一八四八年の憲法制定議会で】

「デンマーク語学芸とラテン語学芸」との最初の決闘が起こったのは「会期（Terminen）*」に密接に結びつく時期であった。すなわちそれは「六月一一日」ではなく、会期切れ間近の「十二月一一日」のことであった。勝利者とされたのは、この［ラテン語学芸とデンマーク語学芸の］決闘と、現実世界のデュペルでの戦闘（五〇）や多くの小競り合いとの両方面で一致していたことであるが、私は「デンマーク側が勝利した」と考えている。私はこの観点で読者にコメントを伝えたい、つまり、私には歴史家としてついでにコメントするよう求められたので、このことを読者に伝えたい。すなわち、広々と

した野原であろうが、四方を壁に囲まれた［議場の］内側であろうが、衝突の勝利者が［どちらなのか］疑わしいと思える場合、ただその後に生じる動向に留意すべきであろう、すなわち、そのさいにどちらが撤退し、次の機会までどちらが敗北したのか、その人が十二分に誠実であると確信し「良心で感じることができる」だけでなく幸運をもちあわせているにしても、［どちらが撤退し、敗北したのか］に留意すべきだからなのである。

＊「会期」が外来語であっても、読者はたしかに日常の会話でこのことばが何を意味するのかを知っている。しかし、そのことば自体は［国の］「境界」を意味し、そのことを読者はおそらく知らない。だが、私がとくに考えたことはこのことであった。

ところで、小競り合いがいくらあっても大きな勝利は得られない。それらが基本的に勝利をもたらすものであっても、大きな勝利は得られない。このことを我々デンマーク人はしみじみと経験してきた。文字通り「賃仕事で稼いだ」その「利益」によって褒められるべきではない我々デンマーク人は、とくにこのことを経験してきた。だが、小さな国民が大きな勝利を獲得したのは、彼らが小さく、地道にスタートすることで、そうした勝利を見つけ出したからなのだ。というのも、正しい勇気はそうした領野においてのみ成長するからであるが、このことは「修練だけが達人を生む」［という諺を用いる］ことでまさしく理解されよう。だから、デンマーク的性格のために、そしてデンマーク語ホイスコーレのために、私は諸々の小さな勝利を、輝かしいというよりむしろ判然としない勝利をさしあたり素直に喜ぶ、［南シェラン島の］プレステーから選出された王国議会議員［である私］がそのためにこの前の土曜日、つまり新教会暦における最初の土曜日に獲得した勝利を率直に喜ぶ。その勝利はたしかに暦の上に何も影響を与えなかったが、少々隠微な仕方ですでに時代の流れに影響を及ぼしている。

すなわち、まず私は読者に判断を委ねたいのだが、我が国ではまだ「審議日程」にすぎないまったくの秘密事項として、たんに王国議会に提示され、果敢にラテン語的性格とラテン語学校を衆目に晒すことで、当の議会人「グルントヴィの活動」においてデンマーク的性格とデンマーク語ホイスコーレとが小さな勝利を得るにちがいない。元来一瞬たりとも「勝利に」疑いの余地はないものだが、しかし現在の状況下では不確かな勝利、小さな勝利を得なければならないのである。

［これまでを反省を踏まえて］

問題に最も詳しい読者の友人諸氏はほとんどすべて、デンマーク語ホイスコーレについて王国議会で審議されるのは冒険だと見ていた。つまり「外国」では徹底的「キケロ派*」だとの名声を博している根深いラテン語派「J・N・マズヴィ大臣」のまさに鼻先で審議が行われることは冒険だと見ていた。だから私はまったく厳しい仕方で私自身に、次のことを突きつけねばならなかった。すなわち「ラテン語という」理解不能なことばでのいわゆる「意見陳述」は多かれ少なかれデンマーク語による「公式の意見陳述」ではなかったこと、だがその「デンマーク語による」質問提出を以前はごく温和なプレステー出身の男たちが勇気を奮ってデンマーク王国の官房で行ったことを突き付けなければならなかった。そのさい私は、かつては老闘士であった私自身に恥じ入らねばならなかった。私が民衆に責任を負う大臣にデンマークの学校制度について一度もデンマーク語による質問を敢行しなかったことを恥じ入らねばならなかった。とりわけふれねばならないことだが、まったく「デンマーク語ホイスコーレの意義について」何も知らないのなら、けっして意見陳述に立つことはできないのだから、「その意義を熟知している」私は恥じ入らねばならなかったのである。

＊私が話の流れのなかでこの大臣の名声にふれたので、我が国の王国議会の議長閣下はたしかに、「「議会の」院外」にあたることがらは「院内」でとりあげないようにと注意した。しかし、一方でこの議長が忘れていたのは、大臣はもはや「議会の」院の構成員ではないということであり、他方でとくに野党議員にたいして、彼らの院外での名声を院内で話すことがいつも許されてきたことである。

したがって、じっさいに私が王国議会で大臣に大きな声で高らかに、ソーアのデンマーク語ホイスコーレが昨年の国王の政令では設立されることになっているのだが、今年になって国立施設としては墓に埋葬されてしまったのか、すなわちこのホイスコーレについての情報を隠匿したのは三月議会の「D・G・モンラッズ」大臣に他ならないのか、と質問したことはたしかに小さな勝利であった。私は「質問のように」ソーアのホイスコーレの全体について問わねばならなかったのだから、この機会にまた、諸状況にしたがって、この質問の民属・民衆的重要性を啓蒙する自由をうまく活用できただろうし、そのさい私は、当該ホイスコーレがコペンハーゲンの大学よりもいっそう自由な仕方の諸学問の開拓をめざして設立されたこと、同時に当該ホイスコーレが、これまでの職業活動に公的な場を与えていたホイスコーレよりも、民属の若者に母語でよりよい基礎を提供し、祖国やデンマーク的なものすべてについてよりよい知識を提供することをめざして設立されたことを隠すことはないだろう。しかし、私が先の質問の機会に重点を置いたのは、他ならないこのホイスコーレの民属・民衆的側面であって、そのことのためにだけ私は王国の議会人として大臣を問い質したのだった。最後に、私は少し勇気を奮って、［この議会が］栄誉ある会合［となること］に心がけた。デンマークの新憲法が議論され、未来の新たな礎がすえられる場はまさしくこの建物であり、この王国議会においてであった。そこで［議論されている］新たな礎にたいして、我々は先に述べたデンマーク語フォルケリ・ホイスコーレの不在をきわめて深刻に憂慮しなければならないし、同時に将来のそのような民属・民衆的啓蒙の施設にかんして、この上なく熱い感情を抱かねばならないだろう。

［議会質問での得失］

こうして私はできるかぎり問題を明確にし、質問に鋭さを与えるよう努めた。その質問は必ず、いわゆる「厳しい運命」とか「偶然の気まぐれ」のなかで行われたが、その場で、一世代全体のなかで唯一人、デンマーク語啓蒙のために闘い、抵抗にたいしても退くことなく、嘲りを気にかけず、失望にも怯むことなく闘った老デンマーク人が一人の大臣にたいして、多くのコペンハーゲンの教授たち、とくにラテン語の教授たちにとって眼のなかの棘であったソーアのホイスコーレについて質問したのである。*　だが、このことと同様に、二匹のハエを一撃で叩き落す様々な芸当がなければ、めったに成功が得られることもなかった。こうして私は私の望んだことの半分に成功しただけである。というのも、たしかに私は問題を私の経歴と人となりから明らかにしたが、しかし、その問題から大臣の経歴と人となりを明らかにせず、それゆえもちろん、この闘争［の性格］を曖昧にしたからである。だから、闘争は元来の意味が見失われ、むしろ権力を保有するラテン語派と哀れに見られるデンマーク人との単純な紛争にいっそう類似したものになった。元来の意味とは、国のデンマーク的性格と［そこから遊離し］飛翔するラテン語派とのあいだの小競り合いだったのである。

＊この文章全体にかかわって、王国議会誌（第五八号）には「私の例外的思想」のような間違った記録があるだけである。だから、たしかに「緊急課題」のことばがその場を占めることができるにしても、この質問はうまくいかなかった。

すなわち、小さな王国議会の出来事に正しい概観を与えようとすれば真っ先に注目しなければならないことがある。つまり、当該［マズヴィ］大臣は、前任者［モンラッズ］の失敗を踏襲し、ソーアのホイスコーレの全体を宙ぶらりんの状態に置くこと、そのホイスコーレが忘れられるか、何の大騒ぎもなく廃止できるようになるまで、宙吊りにしておくことこそ当の大臣の意図であること、このことを十分に意識していることである。すべてのラテン語派の人々と「ラテン語作文」との両方にたいして奇妙な仕方で反逆するソーアのホイスコーレが生みの苦しみを負うべきだと当の［マズヴィ］大臣は考えるのだから、彼は問題の扱いに悩む議長を守ろうとはしないだろうということ［このことに真っ先に注目しなければならない］。逆に、大臣は「責任」があまりに大きすぎると議長や自分自身の弁解に終始した。その「責任」は国王の命令を執行しないことに負うものであり、「対独」戦時の財政圧迫や「対独戦争」全体が済むまで、個々のことで動揺しないという基本原則によってはもはや覆い尽くせるものではないと思われるのであるが。

すぐわかるように、この「財政圧迫等の」弁解はそれ自体純粋なものではなく、むしろ「たくさんの単純な失態」が演じられたのだ。というのも、一方で三月議会の「モンラッズ」大臣は国王の命令を民衆への施策として果敢に実施する以外には弁解の余地のない問題の責任を引き受けたからであり、他方で、ソーアそれ自身が当のホイスコーレのために十分な手段を備えていていたからである。

結局のところ、ソーアのホイスコーレのための計画はまったく新たな教育計画だった。そうしたものはコペンハーゲンでもどこでもただちに実行に移されるよう根本的検討がなされるべきものなのだが、しかしそのソーアの教育計画は「実行のための」検討がまったく行われなかったのである。

ソーアのホイスコーレの学問面にかかわる観点においてさえ、中世以来の教育制度の全体に時代の要求に対応した新たな形態を与える必要性を洞察している大臣にとって、ソーアの実験を行うことはたいへん望ましいにことでなければならない。その実験とは、生ける言語によっても死せる言語によっても同様によく、人間の生について理解する可能性があるのかどうか、人間の生のあらゆる位置において、人間を尊重し、祖国に恩恵をもたらす能力が得られるのかどうかを問うもので「その成果を見ることは望ましいことであろう」。

ソーアのホイスコーレの民属・民衆的側面への視点においては、どんな大臣も、彼が一般的な民衆的陶冶形成の必要性に疑いを差し挟む意思がないのなら、自らの躊躇にたいしてごくわずかであっても弁解はしないであろう。というのも、そのような［民衆的陶冶形成］のための施設が［以前には］、たしかによかれ悪しかれ我が国にはなかったのだし、［現時点でも］ないので、月並みに見える成功でさえ大きな勝利であり収穫であろうからである。

さらに、我が国の学校制度を担当する三月議会の大臣［D・G・モンラッズ］は、彼の周知の「回状(五一)」において民衆陶冶のための新しい施設の必要性をはっきりと認めていた。秋議会の［担当］大臣［マズヴィ］が、フォルケリ・ホイスコーレの反対者にとっては明白な誤りを犯しており、春議会の大臣［の認識］をしぶしぶ踏襲したにすぎないとしても、そうだ、秋議会の大臣は［ホイスコーレの必要性の］危険な承認を身もだえして振り払おうと努力したにしても、民衆的陶冶形成のための新しい施設の必要性をはっきりと認めたのである。この承認は、［私が］ある場合には、もちろん良質なデンマーク人の芽を自ずと伸ばすにちがいないであろうデンマークの土壌を指摘することによるものであり、ある場合は以前のラテン語学校を簡単に概観することによるものであった。つまり学者・教養層の陶冶形成全体にデンマーク的な調子と色彩を与えることが必然的に前提にされねばならないとすることによるものであったし、最後に、［私が］議会人たちの痛いところを突いて、彼らに議会の建物でさえこのうえなく優れた民衆の学校であることがわからないのかと問うことによるものであった。

それにもかかわらず、秋議会の大臣は、終にはきっと民衆啓蒙にはまだ［知を強制する］鞭がなく、確実な欠陥、修復されるべき確実な欠陥があると気づくにちがいない。したがって、十一月［秋議会］の大臣は［一方で］ソーアのデンマーク語ホイスコーレを避けるために、［他方で］ラテン語学校のまったく奇妙な魔術とは異なる民衆の陶冶形成にドイツ語路線を敷設しないために、三月［議会］の大臣が名づけた「アムトスコーレ」(五二)に避難しなければならなかったのだ。この学校はなるほど拍手喝采を得たわけではないが、可能な諸々の変更によって、賛意を得ることができたであろう、あるいは一般的な民衆啓蒙や民衆的陶冶形成のために何もしてこなかったし、何もしないだろうという告発を武装解除できたであろう。

［アムトスコーレか、ホイスコーレか］

今では、この［民衆的陶冶形成の必要性を］承認するさいに、［それに反対する］頑なな根拠は本来的にはなくなっている。というのも、ラテン語学校も実質学校も庶民学校も提供しないような独自の民衆啓蒙と民衆陶冶とを我が国が必要としていることがまず認められれば、精神の国の理解不能な言語の「絶対主義」における「首と手」(五三)とが断念されているからである。そうした「絶対主義」なしにラテン語学術はその「死の園」で花咲き、禁断のソドムのりんご(五四)を実らせることもない。そこで問題は、民衆啓蒙と民衆陶冶が瞬時に最良の仕方でソーアのホイスコーレか、「アムトスコーレ」で推進できるかどうかということになる。［ただし、］ホイスコーレそのものには、あたかも魔法によるかのように開校のための諸手段があるのだが、「アムトスコーレ」であればまず、そのための手立てを集めるか、捻出すべきであろう。民衆の健全な感覚はそのさいきっと前者［のホイスコーレ］をただちに指定するだろう。とくにホイスコーレとともに成功するものが明らかであるのだから、精神の世界においてより高次のものがそれ自身においてつねにより低次のものと循環し、生けるものをそれ自身で展開するとすれば、ホイスコーレが唯一存立するようになることに何の困難もないのである。

したがって、その名を冠するすべてのラテン語学校やそのすべての枝葉とは異なる民衆啓蒙の施設であるかぎり、［至当であったのは］私の問題提起であって大臣のそれではなかった。だから、明らかにプレステーの王国議会議員［である私］がその問題には勝利した、他ならない大臣にたいする「質問」によって得られるような仕方で勝利した。にもかかわらず、議会報告の賛成印に基づくなら、大臣の見解が最も多数の賛成を得たように見ることができるのだから、それはただ、失望をせざるをえない質の仮象にすぎない。というのも、一方で大臣の話で何が賛意を得たのかを探れば、他方で、賛成印が奇妙な過失によって［本来の側から］移動し、大いに開明的な言説が排除されたことがわかるようになれば、ただちに混迷は消えるからである。

すなわち、まず第一に、議会審議での通常の発言者の誰も［マズヴィ］大臣の見解にたいする賛成討論を引き受けなかった。ある仕方で大臣に同意するいくつかのことばを表明した他の発言者たちが行った討論は誤った前提に立っていた。つまり大臣は、いっそう初等の［「アムトスコーレ」と呼ばれる］フォルケスコーレ［の提案］によってフォルケリ・ホイスコーレの活動を妨げはしないだろうが、改善もしないだろうというような誤った前提に立っていた。だからこそ十分にデンマーク的である大臣のラテン語学校にかんする見解、および民衆的啓蒙施設としてまさしく焦眉のものとなっているホイスコーレについての［私の］見解が、特段の賛成を得たのである。大臣に賛同する「そうだ、そうだ」の［声］は、議会会合が王国議会にとって最良の学校であったことを確認したのだが、その声はあきらかに「ひとつのお世辞は次のお世辞を呼び起こす」という諺*にしたがって判断されねばならないのだ。

*私が［その諺を］必ずしも間違いでないと受け取るさい、小注を参照すれば議会自身が、私が正しかったことがわかったであろう。つまり［その小注で記されたのは］フォルケリ・ホイスコーレが実現可能であろうとか、あるいは保持されるであろうとかいうような［些細な］ことではなく、まさに、ホイスコーレは実を結ぶだろうという［より大きな］ことであった。私が希望したのは、大きな賛同を得るために些細なことばを用いただけであった。

第二に、かなり唇を大きく開いて発声する賛意「ブラボー、ブラボー」の声が、議会報告によれば、まさしく私の最後のことばに付随していたことを知るにちがいない。(五五)だが、［じっさいに］議会会合で聞かれたのは最初の「ブラボー」だけであった。なぜなら私は、大臣が北欧精神とデンマークの心に対抗する戦闘で勝利を得るとしても、大臣はそのことでデンマークの感謝もデンマークの信頼も得ていないと発言して［質問を終え］着席したからである。*それゆえ、とくに外部の聴衆からの第二の賛意［ブラボー］の表現は、それが起こったとき、［すでに］私は着席していなければならなかった、つまり私のデンマーク語ホイスコーレについての最後のことば「実現されるまでは、［ホイスコーレは］民衆の希望であり、民衆の希望になる」**ということばとともに着席していなければならなかったのである。

＊すなわち、私の発言はこのようなものであり、議会報告で［二度の「ブラボー」の記述によって］角を削ぎ落とされたようなものではない。

＊＊最後に強調したことばはけっして省略することはできない。それは議会報告には記載されていないが、しかし、じっさいに議場で聞かれたのである。来場した一般聴衆が注目したのはこの点であって、そのことは議長の追想を見ればわかる。

今、このことにたいして、たんにデンマーク語ホイスコーレだけでなく、教育制度全体にかかわる私の見解が高貴な農民の声のなかで最も生きいきとした賛意を得たとするなら、どちらの側に幸運［の女神］が微笑み、どちらに幸運の［女神の］秤が傾くかは疑いのないところであり、むしろ、［幸運に］何がしか不満をこぼすのは全体として些細でありすぎるし、無意味でありすぎるように思える。というのも、デンマーク議会で老齢の一人のデンマーク人が我が国の最良のラテン語派［マズヴィ大臣］に、しかも頭のてっぺんからつま先までのラテン語派に質問してもなんら驚くことはない、つまり、国王が民衆にたいして民の声が基本的に質問者を支援していると認めたデンマーク語ホイスコーレの問題が［この先］どうなってしまうのかを質問してもなんら驚くことはないからである。むしろ驚くのは、その質問が必要とされ、圧倒的な不評を博することもないのに、非デンマーク的で、非民属・民衆的な答弁がなされることがありうること、すなわちデンマーク語ホイスコーレが「デンマーク的性格を独占する教育施設になるだろう」(五六)というような答弁がありうることである。＊

＊この答弁をデンマーク的と見なす者は、たしかにデンマークないし他の場所にあるラテン語学校で、デンマーク的な「口調や色彩」の欠如を悲しむことはありえないであろう。

［北欧精神の再生］

しかしながら、これにたいして私は、頑固なラテン語派がなんらかの機会にデンマークの教会制度や学校制度を［管轄する］大臣であることは不可能なことがわかるだろうと応じなければならない。すなわち、人がまさに（原理にかない、規則正しく）フォルケリヘズ、民属・民衆性にしたがって考えるなら、地上においても、かりにそこに人が住んでいるとして月においても、諸々の惑星すべてにおいても、すべての諸個人に浸透しているにちがいない民属・民衆性にしたがって考えるなら、同様に、民衆性の必然的表現、生のなかに強く根を張った表現としての母語について考えるなら、不可能だとわかるだろうと答えねばならない。しかし、この数百年を通じて存在してきて、現在のデンマークに存在する状態について考えるなら、デンマークの学校制度が最大級のラテン語派に支配されていることがまったく明らかなだけでなく、その状況にたいして不平をいう勇気があること、そして「ラテン語派にたいする賛同の声が」ほとんど聞き取れない幸運もまたそこにあること、それゆえに小さな勝利を大いに喜ばねばならない、と私は応じなければならないのである。

すなわち我々は、デンマーク民属がまず中世の三〇〇年の期間全体にわたってラテン語教会の軛に繋がれねばならなかったこと、それ以降、ドイツ語教会の軛と結びついたラテン語学校の軛に繋がれてきたこと、デンマーク語には古い読書世界がなく、ラテン語学校の軛のもとではじめて読書世界の創造に努めねばならなかったこと、それゆえ、何がしかの成功があるなら、デンマーク語はまさに勝利を期して、［軛に繋いだ］ドイツ語やラテン語にたいして蜂起し、無数の軛を放擲することがまったく偉大なことがらであること、こうしたことをよく考慮すべきである。

それだから、私が向こう見ずと見なされるのはいつものことである。なぜなら、私は生涯全体を通じて勇気をもってデンマーク人の母語を用いて考察や講演、執筆を行ってきて、ラテン語派の矛盾や愚かしいコメントにかんしても注意を払ったし、［私を］評価し承認するよう求めることもなく、ドイツ語雑誌の重荷にたいしても恐れなかったからである。同様にして、私が半ば狂ったように喚きたて、ラテン語派大臣には愚か者と見なされたこともいつも通りである。なぜなら、私はこの国で共通するデンマーク語の啓蒙とデンマーク語による陶冶形成を行ってきて、それらが、個人が楽しめ興味をもつことのできる個別方面での啓蒙や陶冶形成よりもいっそう尊重されるべきだと望むからである。というのもラテン語派にとって教養ある民属集団はただ二つだけ、つまり、ともにずっと以前に死に絶えてしまったギリシア人とローマ人だけで、その他のすべての民属集団、とくに北欧の住人たち（ヒュペルボレイオイ）[五七]はローマ人にとってもラテン語派にとっても北狄の野蛮人（バルバロイ）なのだが、ラテン語派はその［バルバロイという土台］から教養を得ることができたのである。［にもかかわらずラテン語派は］ギリシア語とラテン語の支配下で彼らの民属と彼らの父祖の家を忘れ、一つの民属が心のなかで、自らの母語を頂点にすえ、たんに母語で事業を営むことができる教育形成を企てるなら、神にかけて(per Jovem)、同民属がまっしぐらに野蛮に逆戻りすると見なしているのである。

しかし、他面でデンマーク民属が孤立しておらず、スウェーデン人やノルウェー人、アイスランド人とともに精神と言語様式において一全体をなすことはデンマーク民属にとって大いなる幸運である。この［北欧の］一全体はアイスランドにおいて最古の読書世界を保持し、そこに北欧の住人すべてが簡単に参加できた。デンマーク人が外国人の軛に引かれてきて大いに苦しみ耐えるなかで、彼らの母語への心からの愛着を維持してきたことは大いなる幸運である。そして、高らかに響くスカルドすなわち吟唱詩人の歌謡は、デンマークの名声と北欧の神々を新たに蘇らせるが、その歌謡とともにすべての束縛を解き放つ北欧の闘争精神にたいする深い感情が維持されてきたことは大いなる幸運である。すなわち、同時にこのことをもって国をめぐる民属の感情が眼覚め、日々鮮明に次のような点を意識する。すなわち、この上なく神的なものさえ、それが彼らの母語を通じて自由な仕方で刺激を与え、生きいきと民衆のなかに浸透することがなければ一つの民属に益をもたらさないこと、そして民衆は学者・教養層に見下されて教育訓練を施されるために存在するのではなく、むしろ学者・教養層が民衆を敬い、彼らに奉仕するために存在するのだということ、こうしたことを意識するようになる。今まさにデンマーク人は母語による民衆啓蒙を要求しはじめるのであり、それを学者・教養層はただ共有すべきであるだけでなく、空にまで高く掲げて、推進することを栄誉とすべきである。この生ける［母語による民衆啓蒙の］端緒はまだまったく脆弱なものにすぎないが、人間性の全体が生み出したものとして私にはたいへん喜ばしいので、［北欧神話の］運命の女神ノルンたちが英雄の揺りかごの傍らで歌ったように、私はずっと久しくこの啓蒙を讃えて歌ってきた。今後も私は、古北欧で養父たちが養育しなければならなかった王の子どもたちのために語ったように、この啓蒙のために語るつもりである。

［生の希望とともに］

つまりここで語ることは、光り輝くべき、装飾に用いるべき啓蒙や陶冶形成にかかわることではなく、民衆の圏域全体において喜ばしく感じられるように人間的生に良好に働くはずの啓蒙や陶冶形成、あらゆる方面で年輪を重ね、いっそう高貴な仕方で示され、より鮮明に表現されるはずの啓蒙や陶冶形成にかかわることである。だからここで終始貫徹しているのは、生が努力のなかに宿り、目的のためのすべての手段に宿るということ、したがって、ごくわずかな程度の生でさえ、喜ばしいということである。なぜなら、「生あるかぎり、希望もまたある」からである。我々は人間的生の流れが緑をなす民衆の生について、（五八）我々の学識すべてをひけらかして見せても虚しいだけである。我々が読書教養層にたいして、彼らの学識すなわち知識や哲学の全体が死せる祖税に他ならないこと、彼らが民衆の生を自分のルーツとせず、その上に果実を実らせることがなければ、死せる祖税にすぎないということを説得しようとするのはただ虚しいだけである。民衆の生に固有の暗く不分明な胎内に産み落とされるのが喜びでなかったとするなら、［換言すれば］親愛の光にたいする喜びでなく、自分たち自身と、自分たちの情動や諸々の条件、方向性のすべてにたいする生きいきとした喜びでなかったとするなら、万事が虚しいにすぎない。だが、つねにある種の発展段階の上にあるこの喜びが、今の我々の段階で最良の資質を与えられた民属・民衆のもとに湧き起こるのかどうか。この喜びの誕生が抑制されるべきなのか、それとも喜びが生きいきとした前進によってたえず成長し、民属・民衆的、人間的な啓蒙と陶冶形成のために鼓舞されるべきのなか、これらのことは、大きな民属においても、我が国のような小さな民属においても多くの偶然的幸運によるのであり、ゆえに、時代がそのことを証明するまでは、つねに疑わしいものと見られるにちがいないのである。

今日の私の眼からは、我々の北欧、とくにデンマークの民属・民衆的啓蒙と陶冶形成の喜びはまったく幸運な星々のもとで誕生したものに見える。大いなる諸手段を備え、豊かな記憶に満ちたソーアの施設はたんに柔らかな幼児のための国立の揺籃であることを命じるだけでなく、その子の幼年期を外部から保護するものすべてがまた、その子の歩みを見守り、その子の成長を促す。それゆえ私はたんに、精神を金で買えると信じてはいないという理由だけでなく、自慢のホイスコーレの名称に値札をつけないという理由からも、つねにソーアのアカデミーに、すなわち以前のいわゆる騎士のアカデミーに注意を喚起してきたし、喚起している。というのも、私はソーアの資金がなくても、すべてのラテン語派、ドイツ語派の学校教師たちへの挑戦にさいして、デンマーク語による北欧的啓蒙と陶冶形成が成功可能であるし、成功するはずだということについてまったく疑っていない、民衆全体への恵みのために、喜びのために、人類の名誉のために、そうした啓蒙が成功するはずだということを疑っていないからである。民衆の学校は、低次と見られようがそう呼ばれようが何も損ねるものではない。つまり民衆の学校がアース神族およびヴァン神族（五九）を高等に維持し、学校の技芸のなかで北欧の高貴な民衆の系譜と神々および英雄の子孫［という意識］を呼び覚ますほどであれば、それが低次元と見られようがそう呼ばれようが何ら問題はない。要は、ドイツ語やラテン語を誇示し自慢する諸大学が、北欧の民衆の系譜や神々、英雄の座を奪うことがなければ問題はない。学校が［本当に］低次元で、民衆がまさしく暗黒の不自然な諸技芸によって落ち込むようなことがなければ、［外見上］低次元と見られようがそう呼ばれようが何も問題はないのである。

（九）「グルントヴィ・ホイスコーレと『デンマーク協会』」
——ペーター・ラーセン・スクレッペンボーへの返信

［はじめに］

「彼らが彼の子どもたちにお金を与えたことを私は好ましいとします、と牧師さんはいいました。」これは古くからの友であるあなたがご存知のように、古い言い伝えです。少なくとも、このことばは当たっています。というのは、あなたがこのホイスコーレにお金を寄付しようとするだけでなく、正しい配慮によって多額のお金を寄付しようとすることは、私にとっては大歓迎です。私の友人たちが、（六〇）［ホイスコーレ］設立のために私を支援してくれるのと同じように歓迎します。ホイスコーレはたんに「私の子どもたち」への後援を意図しているだけではありません。同時に、ホイスコーレが出現して生きいきと活動するようになれば、私もまた必ず、ごく父親らしい眼をしてそれをバックアップしなければならないのです。

　これにたいして、私があまり好ましいと思わないことは、いや、より正確にはまったく好まないことは、私が心のなかでホイスコーレについて本来的に抱いていたこと、ホイスコーレにどんなメリットがあるのかということにかかわって、あなたがまったく暗い見通しをもち、疑っていることです。というのも、この問題に疑いを差し挟むしごく当然の理由があなたにはありえるでしょうが、老作家も若い作家も、読者が彼ら作家たちの見解を疑うことは好みはしないからです、つまり作家たちが彼らの見解を万人に知らせようとして書物を著したさい、その見解が疑われるのを好みはしないからなのです。

　この状態で私たちに何ができるでしょうか。多くの書物やたくさんの新聞雑誌上で私が懸命な努力を払っても闇のように漠然としたものを、私の一番古くからの読者、きわめて熱心で有能な読者にとってさえも漠然とした状態のものを、私がこの小さな書簡で鮮明にできると期待できるでしょうか。付け加えますが、そうした［古くからの熱心な］読者は人間の生とその正しい営み方にかんして私と意見が基本的に一致しています。デンマーク内外で必ずしも多くはないのですが、私と基本的に一致

しています。［そうした読者にさえ、漠然としたところは残るのです。］

もちろん、私には［漠然としたものを鮮明にできるかどうか］わかりません。しかし、どんなものであれ、これは「公開書簡」であり、同時に友への手紙ですから、作家にとってかなり大きな励ましになり、自分の考えを単純・明快に表現するいっそうよい機会を与えてくれます。その作家が書くのはいったい誰のためなのか、彼の読者がどの点で彼と意見を共にするのか、彼の読者が人間的なことがらについて常々聞いたり語ったりするのはどの言語によることなのか、こうしたことを考えもせずに作家が自著を広い世間に送り出すことはありますが、そうしたときよりもいっそう彼の考えを単純・明快に表現するよい機会を与えてくれるのです。ですから、私がホイスコーレ問題についてペンによって少なくともあなたに満足のいく答えを出すことができるかどうか、つねに吟味に価することです。なぜなら、当の問題があなたの口を通じてたくさんの人々に届く、私の声が届かず、私のペンが役立たないような人々に届き、彼らの耳に上ることでしょうから。

［「自らの理性を用いること」をめぐって］

そこで私はあなたの仮定、すなわち私のホイスコーレで若者たちに、自らの理性の用いることを教える意図を私がもっているという仮定から出発しましょう。(六一) あなたが見つけ出したこうした仮定は、ぜひとも必要なことでありましょう。なぜなら、そのことは我が国の他の学校では惨たらしく無視されていることに疑いの余地はありませんし、むしろあらゆる仕方の暗記学習と文字解読法によってはそのことは妨げられこそすれ、促進されはしないからなのです。

ところで、「自らの理性を用いる」という成句はたしかに、私が用いる表現のひとつではありませんし、教会あるいは学校にかかわる私の出版物のなかで好み、指示を与える表現のひとつでもありません。というのもこの成句は、［教会と学校の］両方の場で人間の生とその啓蒙の見解を表現するさいに常々用いられてきたし、依然として用いられていますが、それは私が用いるものではないからですし、あえていいますが、真理に基づく成句でも我等の主の成句でもないからです。しかしその成句はたんに、あなたのペンにあっても人々の口元にあっても、自らの知性と反省力を用いることの意味に等しいのです。［これにたいして］私がお願いし希望したことはまさしく、私のホイスコーレで若者たちが我が国の他のいくつかのホイスコーレにもましていっそう元気になり、よりよい教育訓練を得ていただきたいということです。ですが、この［「知性と反省力」に関連する］ことで私が考えているのはたんに現存の正規の学校制度にかかわることでして、民属・民衆的なデンマーク語ホイスコーレにかかわることではありません。というのも、現存の学校の思想からすれば、自らの知性と反省力の使用を学ばないような学校はないからです。しかし、学校で何のために自らの知性と反省力を用いるのか、どのようにそれを用いるのかにかかわっては［現存の学校制度と私のホイスコーレでは］著しい相違があります。さらに、「知性と反省力」［だけで］は全体としての人間、すなわち全人のためではありませんが、我々が学校に通い、教会に通いを必要とするのは全人のためなのです。したがって、私が学校問題をいわゆる「純粋に人間的な」側面から、つまり私のスタイルでいう「キリスト者の」（六二）側から考察しようが、デンマーク民衆の側から考察しようが、いずれにしても我が国は、私が「ホイスコーレ」と呼ぶような我が国の「若き農民」のための新たな学校を切実に必要としていると私は見ているのです。この学校はたしかに「傲慢」にも「自惚れ」にも媚を売るものではなく、理にかなったあり方による成人のフリースクールと特徴づけられるものですし、またその学校は普遍的には人間の生にかかわり、特殊的にはデンマーク民属と各デーン人の人間的生にかかわって、通常なされるよりもいっそう高度な考察に覚醒し、その考察を育み、明瞭さを得るよう努めることを意図するものなのです。

　ですから、敬虔も祖国愛も学校の問題ではないということにかんして、私の友であるあなたはたしかに正しいのです。なぜなら、それらは学ぶことができるようなものではありませんし、人々にスプーンで与えることができるようなものでもないからです。ですが同時に、これらの心の問題を視野から欠落させ、あるいはそれらを歪んだ光のなかに置くのはまったく酷い学校だけのです。それゆえ、よい学校長たちがすべて、人間的生全体の源泉である人間の心（六三）にまったく欠けるなら、人間的な啓蒙はまったく不可能であろうことを理解しなければならないでしょうし、人間的生の諸条件とその生の正しい使用と関連して、学校長たちのイメージ全体を動員して彼らの弟子たちにも、この「人間の心と啓蒙のかかわり」に注意を喚起しなければならないでしょう。

「デンマーク語フォルケリ・ホイスコーレのめざすもの」

「つまり、」デンマークの若者にあってあえて前提としたいし、前提としなければならないのですが、人間の生に眼覚め、それを育て、光を当て啓蒙すること、これがデンマーク語フォルケリ・ホイスコーレの唯一の目標です。この目標にふさわしい諸手段を用いるかぎりで、ホイスコーレは周知のように高等教育であれ初等教育であれ、他のすべての「現存の」学校とは違ったものとして知られています。それら「現存」の学校はすべて、何らかの書物による知識を目的とするもので、通常はこの書物による知識がそれにかかわる人々の人間的生にとって有益なのか有害なのかを問うことはありません。いずれにしても、「現存の学校は」特殊な諸状況や、諸々の徳と背徳、長所や欠陥を考慮することがありません。ですが、それらのことは、デンマークの若者が保持しなければならない前提、ドイツやフランスの若者と違った仕方で保持されるべき前提なのです。つまり、「独仏に見られる」「若者なるもの」は諸々の思索者の思弁の織物であり、思索者はこれによってあらゆる国の若者を同一の型に改造するよう虚しい努力を払っているにすぎません。ですが、「そうして得られる「若者なるもの」」とは違った仕方で、デンマークの若者が「問われねばならない」先の前提を保持すべきなのです。

以上で、私が「デンマーク語ホイスコーレ」にたいして考えていることについて、あなたはおおよその結論を得られると思います。あなたはつねに生の現実的状況を見すえ、益をもたらすものを探求する思慮深い人ですが、ここできっと私に同意していただけることでしょう。このようなホイスコーレが私たちデンマークの若者には切に必要であり、有益でもあるだろうことを肯首していただけるでしょう。その必要性や有益さは、若者たちがデンマークの議会政治家あるいはデンマークの官吏になる場合だけでなく、彼らがなる「デンマークの人間」としての職業や社会的地位すべてに就く場合に当てはまります。「デンマークの人間」は彼ら自身のよき皮膚［あるいは身体］の内から外に遊離して、自分に［関与せず］配慮しないというようなことはできませんし、そうすべきでもありません。むしろ、できるかぎりよく、彼らの皮膚の内にあり彼ら自身に配慮しながら、同時にそこにおいて［外に配慮して］働く努力ができるのですし、そうすべきなのです。そのために、私たちの国の若者がなおも何がしかの［現存の］学校で眼覚め、援助を受け、育成されているのとはまったく違った信頼すべき仕方で、自己自身や自らの民属、その母語、その祖国、そしてすべてのデンマークの生状況についての話を聞いてなじみ、知見を得る努力ができるし、そうすべきなのです（六四）。

［未成年男子学校の改革について］

最後に、我が国の非人間的で非デンマーク的な諸々の未成年男子学校にかんして（六五）、あなたが私に依頼なさることについてですが、私は、それらの学校のつくりかえのために尽力して積極的に貢献するでしょうし、そのことは早ければ早いほどよいでしょう。というのは、それらの学校は成人の若者の人間的啓蒙を準備するどころか、そのことを妨害し、無視するからです。しかし、男子学校改革には、とりわけ学校長たちの良質な部分が必要でしょう。そうした啓蒙を実施する意思をもち、そのカもある良質な部分の学校長たちが必要でしょう。私たちはまさしく、そうした校長たちをフォルケリ・ホイスコーレでの若者の成人教育によって得ることができるのです。でなければ、よい学校長、人間的に啓蒙された学校長はいつまでたっても現状と同様にまったく稀だろうからです。あなたは、よい教育にかかわる明確な諸規制によって、私が多くの学校教師たちの口をつぐませることが可能だろうとお考えのようです。たしかに彼らは、未成年男子学校が現状とは違って生きいきとし、人間的であるべきだと理解しています。しかし彼らは、学校をそのようにするのに、どのように行動すべきか知らないのです。

とはいえ、私のような年輩の「作家」はけっきょく、ペンによって学校の改造が可能であり、生の吹きこみが可能だという過信の病を治療しなければなりません。ですから私は私の善意にしたがい、この「過信を正当化する」証明をけっして行わないのです。現在未成年男子学校のためにできることは、日々学校を劣悪化する学校による強制を廃止することであり、そして教師であるにふさわしいと思える人間たち、この上なく生きいきとした人間たちを選び出すこと、これがすべてです。しかし、それらの課題のどちらも、私が思いのままにできることではありませんし、それらのどちらも生やさしいことではないでしょう、高度に人間的な啓蒙が成人した若者にいきわたり、そうした男子学校で思考活動を放棄した暗記と、退屈至極の文字学習の継続が不可能になるまでは容易なものではないでしょう。

［結び――「デンマーク協会」について］

「ここで」結びとしましょう。あなたは冗談めかしてデンマークのなかの「デンマーク協会（六六）」と呼んでいますが、これは「諸々の神的集会（六七）」を当の聖職者が教会のなかの教会と呼んだこととの対比でしょうが、その「デンマーク協会」について二、三いわせてください。私の答えは次のようになるでしょう。「諸々の神的集会」の観点が生けるキリスト教を承認し確保するだけだとすれば、つまり教会の諸文献にしたがい万人が、しかしじっさいにはわずか数人が保持するような生けるキリスト教を承認し確保するだけだとすれば、キリスト教の観点での「諸々の神的集会」は、民属・民衆的な観点で「デンマーク協会」が創設されている目的とまったく正確に対応するでしょう。というのも、たしかに生けるデンマーク的性格、デンマークらしさの承認と確保とが「「デンマーク協会」において」生得権をもつものなのですが、しかし、それは統計表によれば（六八）、「神的集会との」比較の上では、その数にかんしてそれほど多くはありません。

　その場合、これらの二つの社会団体はともに正当なものですし、「それぞれが」キリスト教と「国民の」デンマーク的性格とに恵みをもたらすでしょう。しかし私は今、これらの両方の自前の結びつきを必ずしも不可欠なものと見てはいませんし、それらの団体のために「争ったり苦しんだりする（六九）」こともほとんどないでしょう。これにたいしてあえていいますが、私は私の念頭にあるような、生けるキリスト教と生けるデンマーク的性格のために、できるだけ勇敢に闘争し、苦悩する備えがあると考えております。私の判断できるかぎりで、「これら両者は」デンマークでは通常不可分のものになっておりますが、そのことには根拠があります。それは、一方で生けるデンマーク的性格がキリスト教の万能と［デンマーク的性格］それ自身の無力にたいして正確な眼をもっているからであり、他方では、キリスト教の精神が民属・民衆にあってはつねに母語を借りるからです。キリスト教の精神は母語によって生き、［人々を］元気づけ、啓蒙します。それはちょうど、キリスト自身が民衆から母語を借りたのと同様です。彼はまさしく民属・民衆のただなかで人間として生き、働いたのです。

一八五四年一月　コペンハーゲンにて

（一〇）陽光は漆黒の土を照らす

——マリエリュスト・ホイスコーレ開校によせて

太陽の輝きが、漆黒の土に贈り物を届けるように
真の啓蒙は土の縁者たちに贈り物をする
それは赤らかな黄金よりはるかに貴重だ
それは彼らの神であり、贈り物は自分自身を知ることだ

闇の脅威にもかかわらず
光線の腕に抱かれれば
光と暖かさによって
その幸運は明らか

太陽が春の季節に輝くように
それが夏の日々を暖めるように
真の啓蒙はいつも温暖で優しい
だから我等の心は寛げるにちがいない
　闇の脅威にもかかわらず
光線の腕に抱かれれば
光と暖かさによって
心は歓喜する

青物に花が咲き、穀物が育つように
暖かい昼間と明るい夏の夜に育つように
北方では生の啓蒙が

我等の青春の花と果実を約束する
　闇の脅威にもかかわらず
　光線の腕に抱かれれば
　光と暖かさによって
　大地は豊饒

緑の森の鳥たちの囀りが
春と夏とに響く愉快な調べは
若者の口元から発する我等の母語であり
陽光に照らされれば心地よく響く
　闇の脅威にもかかわらず
　光線の腕に抱かれれば
　光と暖かさによって
　声は澄んで晴れやか

こうしてマリエリュストに射し込んでくる
君の朝焼けとともに、啓蒙の太陽が

歌え、若鳥よ、君の胸いっぱいに呼吸して
けだし、母語は優しい響きを醸すのだから
　　闇の脅威にもかかわらず
　光線の腕に抱かれれば
　光と暖かさによって
　デンマーク人は優しい

デンマーク人が夏の日々を乗り越え
嫌なトロル(七〇)を野から追い遣ったように
その光は今、問題をよく克服するだろう
獅子が心の盾になるとするならば
　　闇の脅威にもかかわらず
　光線の腕に抱かれれば
　光と暖かさをもとに
　我等の学校は存続する

我等の主は、光はよきものと請合う

真理が愛されるように、その光もまた好まれるのだ
光の嘲りを笑い飛ばす我等の主とともに
学校の事業が幸運に恵まれ、ここにはじまる
　黄金の窓枠のなかに
光と暖かさがもたらされ
光線の腕を用いて働けば
その営みは守られる

（一一）グルントヴィ・デンマーク語ホイスコーレ案内

「マリエリュスト・ホイスコーレの新たな活動への期待」

よき友人たちの献身のおかげで生まれたマリエリュストの小さなフォルケリ・ホイスコーレは、彼らの意思にしたがって「グルントヴィ・デンマーク語ホイスコーレと」私の名が冠せられ、彼ら友人たちの援助と公の寛厚な支援によってここ三年、冬期を通してずっと活動してきました。このホイ

スコーレは、今度は天の思し召しにより秋期に新しい人々の指導を得てその活動を継続することになるでしょう。

この機会に我が友人たちは、学校の試行期間と未来の両方について遠慮せずに私に発言してほしいと要求できますし、我が国の同胞はそのことを待っているにちがいありません。しかしながら試行期間については、以前あったし今もある私の期待に応えてくれたといえるだけです。私のいう期待とは、若者に民衆的陶冶形成を伝える生きいきとした努力のそれぞれが成功するだろう、その活動が活発で若者を眼覚めさせたという程度には成功するだろうし、成功するにちがいないということです。私はその出発があらゆる点でたいへん順風満帆であったと確信しております。

他方、将来にかんしては希望を語ることができるだけです。私はじっさい、私たちが民属・民衆的な方面において最善を尽くすなら、その希望が年を経るごとに一般の人々に知られ、認識されるでしょう。ここでの問題の条件からして民属・民衆的陶冶形成が普遍的、一般的であることのできる唯一のものであり、しかもこの陶冶形成がまた我々の時代には、どこへいってもはなはだ欠落しているのですから、それは社会にもたらすことのできる最大の利益であることが人々に知られ、認識されるでしょう。

［フォルケリ・ホイスコーレの基本原則］

すなわち［次のようなことがいえるでしょう。］悲しい呪文ではなく、真の人間形成であるものすべてが生のため、生の関心のために配慮されねばなりません。人間的生と市民の生にはいかなる場でも民属・民衆の生にその根があります。学校長スタイルの民属・民衆的なものは考えられるかぎりで最も愚かしいものです。本によって生きられるのは書店や製本業者、本の虫だけです。しかし、これにたいして、今後も生き続け、良好な日々を迎えることになる民属はそれぞれ、すぐに自分たちの精神と心を、自分たちの諸々の罪や自然な限界を正しく理解し、内面的態度においても外向的なそれにおいても意識するようにならねばなりません。そのことによって人々は、彼らがもつものを有益に利用できますし、彼らを守ることで一致しますし、自らの限界を踏み越えないよう注意することができます。これらのことは、とくにデンマークでは久しく知られておらず、あるいは誤解されてきましたが、紛れもない真理なのです。だがしかし、この［一九世紀という］民属・民衆の時代において、これらの明白な真理が民衆の声として表明されず、これらと矛盾することが声高に叫ばれるようであれば、デンマークはきっと独立した国であることをすぐに止めるでしょう。

　しかしながら、私が以前構想したフォルケリ・ホイスコーレはこれらの不動の真理に基づいています。我が同胞は自分たちよりも外国人を信頼し、デンマーク語ホイスコーレは王国と民衆、母語の類まれな惨めさのために不可能だと久しく思われていたのですが、ともかくフォルケリ・ホイスコーレは遅ればせながらようやく、私が協力するのは遅きに失しているのですが、立ち上げ実験を行うことができるでしょう。

　すなわち、必然的な結論は次のようになります。フォルケリ・ホイスコーレがその名に価するのなら、それは民属・民衆的であり、したがってデンマークにおいてはデンマーク語を用いるものでなければなりません。そのホイスコーレはこの国の成人した若者とともに高い目標を掲げねばなりません。農民たちによって無難に掲げられるものよりはるかに高い目標を掲げねばなりません。そのかぎり、若者はあるがままの仕方でもっぱら若者であらねばなりません。すなわち民属・民衆全体に共通する若者でしょうし、そのことが期待されるにちがいありません。これらのことが相互に結びつくものと見なされるかぎり、人々はある種の特殊な立場や地位の者にとどまりませんし、我々自身についての啓蒙を必要とするかぎりで、疎遠な存在者にとどまりませんし、そのことが妨げられないとするなら、とくに敵対的な者であることもないのです。

それゆえ、フォルケリ・ホイスコーレでは母語がもっぱら用いられねばならないでしょうが、同様に、母語をはっきりと愛好するすべての啓蒙にとって、母語や民属・民衆、祖国は肝心なものでなければならないでしょう。最後に、民衆・国民的生活を覚醒させ、その生活を扶養し、彼らを教育するといった目標にたいして、そのための諸々の基金の意義をけっして忘れてはなりません。それらはまさに価値あるもので、めざすべき目的の達成に資するのです。

したがって私は、この機会を借りてはっきりと申し述べたいと思います。あらゆるフォルケリ・ホイスコーレのためのこの基本法則をあえて承認せず、真剣に追求せず、多かれ少なかれ、正しいものと間違ったもの、生けるものと死せるもの、固有に獲得したものときわめて外面的なものとのあいだでよろめいているかぎり、フォルケリの方向、民属・民衆的な方向はごくわずかの達成でしかないでしょうし、「学校」と呼ばれるものすべてにたいする嫌悪感をけっして克服することができないでしょう。この嫌悪感がデンマークの大部分の若者にあって、とりわけ最も心ある部分にあって深く内面にまで食い込んでいるのは理由のないことではありません。ですが、そうした若者にあってこそ、民属・民衆的啓蒙と陶冶形成とがきわめて輝きある果実をもらすことになるでしょう。

〔小山から見える喜びと自己発見〕

したがって、私にかかわっていえば、私の小さなホイスコーレは開放的な仕方で、一、から、十まで、デ、ン、マ、ー、ク、ら、し、い、装いで現れるでしょうし、学校の埃をすべて洗い流すでしょうし、魂から生を騙し取るすべての学校の校則を警戒し、それに注意を払うでしょう。私はそのことが、デンマークの小山に登る楽しみがすべてそうであるように、デンマークの若者のいっそうの歓喜を誘うと確信しています。ちなみに、若者はその小山から「ごくすばらしい野や牧場」を見渡すことができ、そうした野のまっただなかで意識的に生きいきとできるのです。その小山から若者は私たちを［外に向けて］開きもし、閉じ込めもする「青い海」を見渡すことができますが、［その見渡しによって、最善の生を築き、そこに住んで最善をなす喜びを保ち続けることができるかどうかを示すことは］世界の海洋のまっただなかにに投げ出されて、若者が故郷に泳ぎ着き、デンマークと呼ばれる小さな丘を見つけ、その丘で彼の最良の生活を築き、そこに住んで最善をなす喜びを保ち続けることができるかどうかを示すよりもいっそう優れたやり方なのです。

その喜びがそうした［最善の生を築く］仕事に駆り立てるかぎりで、前者［の小山に登ること］は後者［の海洋に投げ出されることよりも］はるかに優れた成功を約束するでしょう。古いデンマークとデンマーク的であるものすべては、そのことで最良のものを保持します。このことが［優れた意味で］理性を与えてくれるのです。つまり、私たちすべてが、とくに各人が私たちを愛する人々、私たちが自ずと援助の手を差し向ける人々、私たちを斟酌し配慮してくれる人々に満たされた思いを感じて私たち自身を見つけるかぎり、理性を与えてくれるのです。それは無視のできない偉大で著名なすべての人々と比べて、私たちをほとんど注目に価しないと見る人々が満たされた思いになるのとは全く違った仕方なのです。［つまり後者の著名人と比べる仕方を選んで］私たちが日常生活を送るとするなら、その生活は朝から晩まで私たちが頭の上の方から見下ろされ、犬のように扱われて切り刻まれることに耐えるだけになってしまうのです。そのことは、いわゆる啓蒙され教養ある人々が貧しく小さなデンマーク王国や貧しく愚かなデンマークの民衆、高等教育には純粋に不向き（といわれる）デンマークの母語をこれまで扱ってきたのと同じことになっているのです。

（一二）異文断片集

(1)「ソーアのデンマーク語ホイスコーレの概念」異文

［すぐ前の箇所で、グルントヴィはホイスコーレの教師・指導員の精神的力量について議論し、ソーアでの教育にかかわって、じっさいに個人的にも毎年数か月間共同作業を行った。］

［ホイスコーレをはじめることの重要性］

たしかに、ホイスコーレが、最初からどれだけ通常のように訪問を受け、あるいは評価されるだろうかと疑うことができる。というのも、ある部分デンマークの民属・民衆は空飛ぶ人々[七一]に由来するのではないし、ある部分大多数の人々は子どものころから学校といわれるもの、あるいはそれに類するもののすべてに不安や不愉快な思いを抱いていたのであるから、成人年齢に達したみなさんは、学校について特別よい知らせを耳にしないかぎり善意をもつようにはならないだろうからである。しかし、このようなことも、他の人々がそうした施設を見下そうとする高邁さも、私はともに不幸だと見ている。すなわち、そうした施設にどう自由に出入りできるか新たに試みたいとする人々はつねにいるのであり、いちばんの覚醒派が自発的にそうする。はじめは数人しかそんな行動はしないだろうが、その分だけ彼らはきっと前よりましな［人間と］なるだろうし、その［施設の］土台はいっそう確実な仕方ですえられるだろう。

(2)「ソーア・ホイスコーレ設立のために」異文

［「法律家」の役割、およびホイスコーレにおける彼の役割について言及したすぐ後で、グルントヴィはホイスコーレが文学教育において果たすべき役割の議論に足を踏み入れる。］

［公共の対話教育の試み］

最終的に、若者が祖国の民衆文学に親しむようになること、とくに詩的および歴史的な部分に親しむようになること、このことは当然のこととして、我々が今あるものとはまったく違った読書世界を創造することになるだろう。しかし、ある部分私は、その観点でインゲマン（七二）の努力を信頼している。一方で私は、読書が活動的、実践的な生においてつねに副次的なことがらにならねばならないことを銘記する。したがって、書物を主要なことがらとして扱うのは、若者の共通教育の基本的な誤りである。つまり、書物は個人にとってだけ端的に有用でありえるが、日常的営為がけっして読書的であってはならない人々すべてにとっては、たんに甚だしい害毒にすぎない可能性がある。

ところで、教師ないし指導員とそうした若者とのあいだの相互作用が最良の仕方でどのように生じるのか、このことはたしかに重要問題であるが、その問題にはまず［そうした相互作用の］経験によって答えが与えられる。それゆえはじめのうちは、教師・指導員は様々なやり方を自由に実験しなければならない。たしかにある種の諸条件のもとでは、公共の対話が、我々が講義と呼ぶ公共の独り語りよりも生きいきと、実り豊かになされねばならない。しかし、その諸条件が教師・指導員にも若者にも許されるのかどうか、このことはたんに実験の教えうるところである。もっとも、優れた講義はつねに、ひどい対話よりもましではあるのだが。

(3)「デンマークへの祝賀」異文

［デンマークの精神的独立の宣言とその強調はグルントヴィに特徴的なのだが、そうした独立の主張が「デンマークへの祝賀」の論考のなかでも同様に行われている。しかしこの論考の後には教会と国家、学校の関係についての議論が続いている。その関係はまた、自由の概念について次の考察につながっている］

［自由と秩序］

これにたいして、規律訓練の場や牢獄では一致しない「自由と秩序」が国家教会や公立学校制度においては一致するだけでなく、たんに連携して両者を人間的生にとってまさしく豊穣なものたらしめていること、このことは、フランスの自由や、ドイツあるいはローマの秩序概念にしたがうかぎり理解不可能である。というのも、こうした自由は都市襲撃のさいの兵士の自由であり、そうした秩序は兵士が主に模範とする秩序であって、それら［自由と秩序］は相互に一致しないし、人間精神の活動とも人間的生の発達とも調和しない。しかし、［古代］ギリシアの秩序概念と北欧の自由概念の場合はまったく別である。というのは、この秩序と自由によれば、ある種の循環のなかで公正な諸規則にしたがう精神諸力の表現が考えられるからであり、さらに、そのような循環が「北欧型循環過程」、「北欧型やりとりの過程」でもあり、ギリシアの「オリンピック・ゲーム」でもあったからである。[七三] そのことはまさしく偉大な事業の実行についても当てはまるし、すべての経験からして人間の生に役立つという以上の、自由を要求する慎しいことがら、規則を要する慎ましいことがらにも当てはまる。

［印刷された書物と同様に、この草稿のなかにも一八四七年三月二七日の国王の政令による「祖国の言語」という表現を含んで議論する一節がある。このことの関係で次のようにいわれる。］

［母語と民衆歌謡］

このことにあって銘記されなければならないのは、我々本の虫がいつも忘れるよう誘惑をされていること、つまり、どこにあっても民衆は口も耳も母語と連れ添い、彼らが紙の上にいるのではないことである。日常に便宜をもたらすすべてのものが「紙の上にではなく」すでに手の内にあること、民衆は母語によって獲得する力強さを喜びながら我々に聞き耳を立てることで「便宜をもたらすものを」得ることも忘れてはならない。こうして我々は、デンマーク人が感情的に自分たちの母語を面白く愉快なものと見るのが民衆歌謡、フォークソングによってであることも知らなければならない。

それゆえ、文法の規則や正書法による句読点「の付け方」、作文の熟達についての思想の全体は、すべてのフォルケリ・ホイスコーレから追放しなければならないが、その一方で民衆歌謡はデンマーク語ホイスコーレでは母語の生命と民属・民衆的発展とを前に進める両輪という意味で精神力の証明とならなければならない。そのことで、たしかに今、我々がもっている諸々の印刷済み歌集も、我々の期待する新旧の民衆歌謡からなる歌集もともにその役目を果たすことができるし、果たすべきであるが[七四]、しかしすべて良好な学校では、きわめて秀逸な書物でさえ用いることもできないし、巧みな利用者を見つけることもできないことがわかるにちがいない。フォルケリ・ホイスコーレは、大部分の訪問者の気が向かず、誰の勧めもなく、通常の便宜のために利用する余地がないような書物類にはけっして依存してはならない。このことはデンマーク語ホイスコーレにもっともよく当てはまる。だから、快活で仕合せを生み、退屈しない諸々の民衆歌謡こそがとりわけ探し求めねばならないものである。それらの歌謡は、概して舌になじんだ最良のデンマーク語が話されるさい難なく母語による手立てとなり、相互理解を学ぼうとする若者の歌唱の手立てとなる。

(4)「市民の陶冶形成」異文

［K・E・ブッゲ編集のテクスト『グルントヴィの学校世界』では「市民の陶冶形成」草稿の初めの部分にかかわって、次の異文が紹介されている。］

［新時代と最新の学校］

私の理解が正しければ、我々の時代はまだそれほど啓蒙されてはおらず、それゆえ人々はどこでも、地上における三つの最重要な事象にかんして概念上の大いなる不分明に悩んでいる。それらの事象はたしかに、現状よりもいっそう生きいきと相互作用を行うべきであろう。だがまさにそれゆえに、それらはけっして相互に混ぜ合わせにされてはならない。そうなったなら、それらの活動が危険な混乱、大混乱に陥るからである。もちろん、これらの三つの事象とは、教会社会および市民社会、陶冶形成制度のこと、換言すれば教会、国家、学校のことである。それらを合わせれば、我が国の人間的関係の全体が総括されるのであり、したがってそれらは、時代の経緯のなかで活動的に保持されたかたちになっていたが、しかし現時点では影のなかに惨たらしい仕方で存在している。

他方で、万人の眼は最新の学校に注がれており、古い諸教会と諸国家の全体が引き倒されているときに、その学校には栄誉のことばが与えられている。ちなみに、古い国家と教会の倒壊はまるで魔術によって教会抜きの国家を創造するかのようであるが、その国ではすべての民衆が富裕に暮らすだけでなく、彼らが頑迷な人として死ぬまで神々として生きるとされる。まさにそのようなことが高慢ちきであるか、忌まわしい技芸とともに起こるにちがいないこと、この点について私は親しい同胞たちに長い手紙をたくさんしたためてきた……［以下省略］。

＊参考資料

ソーア・アカデミーの将来組織について（一八四七年三月二七日の国王の政令）

ソーア・アカデミーの将来組織について、主の意にかなう国王陛下は三月二七日の決定によってしごく慈悲深く次のように定められた。

ソーア・アカデミーが存続することを確認し、その他の王国の学問と啓蒙の普及のために指定された諸施設とともに維持されるのを確認することは、つねに我が国では最高度に注目されてきた点であり、配慮されてきた点であった。我が国は同様に、そのアカデミーを改組し、諸施設を拡張して付設した。そのことは最終的に次のように決した。

第一項。一八四五年七月二五日に慈悲深くも認められた学術的学校教育の準備計画は、学術的教育にかんするかぎり、これ以降ソーアの教育施設と結びついた学校にも適用されるようになる。したがって、このことの結果として「学芸の試験」（EXAMEN ARTIUM）とそのための準備学習、および学術的教育施設での準備学習との関連で整備された哲学的試験とに代えて、学校そのものによって行われる入学試験が準備計画のなかで第一〇条から一七条によって指定された諸規則と一致する仕方で行われる。

だが、「学芸の試験」は今年一八四七年においてもなお、これまで指定された仕方で行なうようになっている。こうして、同様の指定にしたがう学生たちは、彼らが直接その後に第二の試験の準備のために大学に移ることを望まないかぎり、ソーアにとどまるための門戸が確保される。したがって［これらの学生たちは］、これまでソーアの学術的施設で学術のために受けた教育と同様の仕方で、この［第二の哲学的］試験の様々な実施にしたがうことになる。

第二項。ソーアに実質諸学問のための高等教育施設が設立されること、それはソーアの実質ホイスコーレの名称のもとに、これらの諸学問の促進のために、普遍性においてもいっそう特殊な方向においても活動するという目標を掲げる。

（a）実質ホイスコーレ共通の目標は、実質学校コースの目標である準備教育、すなわちより高く、いっそう十分な実質学問の教育課程を修了した人々を輩出することである。とくに、実質ホイスコーレは祖国の言語と歴史、統計、憲法における基本的知識、くわえて私的には諸々の地位にある市民にとって最も重要な立法の諸部分の基本知識を、さらには行政およびコミュニティーに関係する知識を修得するための機会を与えねばならない。

（b）実質ホイスコーレはこのもとで、合理的国民経済に属する諸々の知識の修得といういっそう特殊な方向において、教育を仲立ちとして道案内をしなければならない。

この理論的教養のコースにたいして必要な諸準備が整えられた場合には、そのコースにいっそうはっきりした仕方で、農業と林業の実践教育が結びつけられねばならない。

第三項。実質ホイスコーレへの入学は、ソーアの学校かあるいは他の教育諸施設で完全に実質学の学校コースを修了した人々、実質ホイスコーレにおいて卒業試験を受けることを意図しているような人々、実質ホイスコーレに指定された人々にたいして開かれているだけではない。同時に、行われるであろう専門諸学問のすべてか個々のものにかかわって、諸々の講義に参加したいと願っているにちがいない他の人々にもまた開かれている。

第四項。ソーア・アカデミーの財政全体は、特殊なものとして分離された諸部門、すなわちソーアの教育施設および学術探求の学校、ソーアの実質ホイスコーレのための諸部門を含むはずである。

第五項。我々は、慈愛に満ちた仕方で「我が国の方向性」を教示し、一つの見取り図を作成してごく恭しく我々の前に提示し、我が国でこの上なく高い称賛を得ようと思う。その見取り図は先に確言した諸原則について仕上げた計画と一致する。つまり計画には、実質ホイスコーレの組織と事業、加えてその計画の遂行に必要となるような諸規則や諸組織の提案が含まれる。

第六項。同様に、我々は慈愛に満ちた仕方で「我が国の方向性」を教示し、いっそう詳細な考察を加え、見取り図を具体的な計画として作成する専門家委員会の任命について恭しくも提案の労を払うだろう。このことにより、同計画は先の第二項（b）のもとに与えられた国の経済のおける教育の規定を十分に意図的な仕方で実施に移すことができる。

原テクスト一覧および訳注

本書の訳出にあたって、オリジナル・テクストは *Danskeren: Et Ugeblad*, Vol.1, 1848, *Smaaskrifter Om Den Historiske Høiskole*, Komission hos Karl Schønenberg, 1872（以下 Smaaskrifter と略記）、G. Kristensen og H. Koch (red.), N. S. F. Grundtvig Værker i Udvalg, 1940-49, bind IV og VIII, Gyldendal（以下 *GVU* と略記）、K. E. Bugge (red.), *Grundtvigs Skole Verden i tekster og udkast*, bind I - II, Gads Forlag, 1968（以下 *GSV* と略記）、*Grundtvig Taler paa Marielyst Højskole 1856-71*, Gyldendal, 1956（以下 *GTM* と略記）である。そのさい、グルントヴィの独訳テクスト集（*N. F. S. Grundtvig: Schriften in Auswahl*, herausgegeben von K. E. Bugge, F. Lindgreen-Nielsen und Th. Jørgensen, Vandenhoeck & Ruprecht, 2010）、および英訳テクスト集（*The School for Life: N. F. S. Grundtvig on Education for the People*, edited by E. Broadbridge, C. Warren and U. Joans ed., Aarhus University Press, 2011）を適宜参照した。また訳注にかかわって、すべて断わってはいないが、*GSV* の注解や上記の英訳、独訳テクスト集、およびネット上の『デンマークの偉人』（*Den Store Danske*）、デンマーク語版および英語版、独語版のウィキペディアなどを参照した。

各原典は次のとおりである。

・「デンマーク語ホイスコーレの概念」：Bøn og Begrebet om en Dansk Høiskole i Soer, 1840, i: *GUV* IV og *GSV* II.

・「ソーア・ホイスコーレ設立のために——クリスチャン八世への書簡」：Brev Til Christian VIII om Indretninger af Søre Akademi til en folkelig Høiskole 1843, i: *GVU* IV.

・「デンマークへの祝賀」：Lykønskning til Danmark med Det Danske Dommerhoved og Den Danske Høiskole,

1847, i: *GVU* IV og *GSV* II.
・「ロンドンの大学とソーアのアカデミー」および「ロンドンの大学とソーアのアカデミーについて」: Universitet i London og Akademiet i Søre, og Om Universitet i London og Akademiet i Søre, 1827-28, i: GSV I .
・「一八三一年のホイスコーレ構想断片」: To udtaler om højskolen fra ca. 1831, i: *GSV* I .
・「市民の陶冶形成」: Om borgerlig Dannelse, 1834, i: *GSV* I .
・「デンマーク語学校――デンマーク、老スキョルの末裔の国」: Den danske Skole: Danmark, gamle Skjoldung-Rige, 1848, i: *Smaaskrifter* .
・「デンマーク語啓蒙とソーアのデンマーク語ホイスコーレ」: Om Dansk Oplysning og den Danske Høiskole i Sorø, i: *Danskeren: Et Ugeblad,* Vol. 1-20, den 2. August (1848).
・「王国議会の審議から」: Af Grundtvigs Rigsdagstaler, 1848 og 1851, i: *GSV* II.
・「デンマーク語ホイスコーレ、ラテン語派大臣、プレストーの議会議員」: Den Danske Høiskole, Den Latinske Minister og Rigsdagmanden fra Præstø, 1848, i: *GVU* IV.
・「グルントヴィのホイスコーレと『デンマーク協会』」: Svar fra Grundtvig om hans høiskole og den <Danske Forening> , 1854, i: *GSV* II.
・「陽光は漆黒の土を照らす――マリエリュスト・ホイスコーレ開校によせて」: Grundvigs Høiskole paa Marielyst aabnet 3. November, 1856, i: *GTM.*
・「グルントヴィ・デンマーク語ホイスコーレ案内」: Kundgjørelse om Grundtvigs danske Høiskole, 1859, i : *Smaaskrifter.*
・異文断片集：*GSV* I - II .
・参考資料「ソーア・アカデミーの将来組織について」: Angaaende den fremtidige Organisation af Sorø Acade-

mie: den Kgl. Resolution af 27/3-1847, i : *GSV* II, ss.322-324.

六　デンマーク語ホイスコーレの概念

『ホイスコーレ』（上）に訳出した「三　生のための学校とソーアのアカデミー」にかかわって記したように、国王クリスチャン八世は皇太子時代からグルントヴィの学校思想や当該アカデミーの再編計画に関心を示していた。彼が一八三九年に王位に就いてソーア・アカデミーでの教育再編についての議論がなされるようになり、グルントヴィは自らの理念を唱道する機会をこの論文によってとらえた。もちろんこのテクストはグルントヴィのソーアのホイスコーレ構想にかかわって興味深い諸論点を提示している。

たとえば、彼はホイスコーレに国家評議会に加わる職人や小農の国民的教育施設という位置づけを与え、さらにそれをギムナジウムに通わなかった広範囲の民衆の自由な教育の場にすることも狙い、ホイスコーレと大学との区別を鮮明にしている。また、彼は「死の学校」とは正反対に、ホイスーレの学校長、教師・指導員をかなりリベラルで積極的な人々として記述しており、訳者にはにわかに肯首できないが、英訳テクストの解説者はその雇用方法にかかわって近年しばしば話題になる北欧的概念としての「柔軟保障（フレキシキュリティ）」の萌芽的形態を示唆するとさえしている。最後に、学校運営にかかわって彼は、学生代表に運営評議会への参加や、教師や学校主の採用等の人事案件への助言的役割を認めるなど、ホイスコーレが今日からするとかなりラディカルな民主主義制度を備えることにも注目する必要がある。

にもかかわらず、グルントヴィ自身はこの論文を後に彼のホイスコーレ諸論考のなかで最も価値の低いものと見なしたと思われ、最晩年に彼も加わって共同編集された論文集『歴史的ホイスコーレ小著作集』（*Smaaskrifter Om Den Historiske Høiskole, 1872*）から除かれている。その理由は訳者には定かでないが、いずれにしても本論考は今日的には最も重要なホイスコーレ構想のテクストの一つと見なされている。

(一)ヴァルハラは北欧神話で主神オーディンの宮殿。スキョル王はサクソーの『デンマーク年代記(デンマーク人の事績)』にも見られる伝説の国王の名。

(二)国王の鏡とは国民の模範としての国王の理想の役割に言及したもの。英訳注によれば、一三世紀のノルウェーの国王と王子のための教科書『クヌングススクックシャ』(*Kunungsskuggsja*)を示唆するのかもしれないとのこと。

(三)とはいえ、グルントヴィは一八六一年、彼の聖職在任五〇周年のさいに、フレゼリーク七世により名誉監督の位階が与えられ、彼の晩年の一一年間はグルントヴィ監督として知られた。

(四)デンマークの魂を擬人化した表現だが、それはローマの魔力によって押しのけられ、六〇〇年のあいだ王位を奪われた母語、デンマーク語を意味する。

(五)ヴァルデマー(Valdemar 1. Den Store, 1131-1182)は一一五七年から一一八二年まで在位したデンマークの国王。

(六)ラテン語がデンマークで母語である「女王」を押しのけたとき。

(七)ブラーギは北欧神話で詩の神。なおイズンナはブラーギの妻で、リンゴと若さを象徴する女神である。

(八)フレゼリークやフレーゼは伝説上の国王の名。

(九)ここでグルントヴィは、ソーアのアカデミーについて言及している。

(一〇)アクセルとは、ロスキレの司教であり、ルンドの大司教だったアブサロン(Absalon, 1128-1201)のこと。彼はヴァルデマー大王の助言者であり、デンマークのバルト海方面への拡張主義を支え、また要塞都市コペンハーゲンを創設するなど顕著な活動を残すが、死後にはソーアの修道院に埋葬された。

(一一)クリスチャンとは、一八三九年から四八年まで在位したデンマークの国王クリスチャン八世(Christian VIII, 1786-1848)のこと。

（一二）サクソーの『デンマーク年代記』によると、ライレはキリストの時代に少し先だってスキョル王によって創設され、九世紀までデンマークの諸王の座となった。

（一三）一八三〇年のフランスの七月革命による民衆運動の高揚の影響を受け、デンマークの絶対君主フレゼリーク六世は、①教養市民層、②王国官吏、③地主層、④小農民（職人）層の四つの身分からなる身分制地方諮問評議会（Rådgivende Provinsialstænde Forsamling）を設立した。グルントヴィは当初それを国家評議会、つぎに民衆評議会として言及した経緯がある。

（一四）クリスチャン七世（Christian VII, 1749-1808）は一七六六年から一八〇八年まで在位したデンマーク・ノルウェーの国王。

（一五）ホルベア（Ludvig Holberg, 1684-1754）はベルゲン生まれのノルウェー・デンマークの劇作家。デンマーク文学の父ともいわれ、グルントヴィにも多大な影響を与えた。

（一六）一八二一年にラテン語に定位したカリキュラム計画がソーア・アカデミーに導入された。

（一七）第一次試験とは第二次上級学校卒業試験（examen artium）、現代的には「学生試験」のことで、さらにじっさいに学習を開始する前の、大学での文献学・哲学入門試験（examen philosophicum）が第二次試験として行われた。なお、ソーア・アカデミーでの最終試験は後者と同等のものであった。

（一八）「賢者の石」は中世の錬金術師が卑金属を金に変えるさいに触媒になるとした霊薬であり、「哲学者の石」ともいわれた。

（一九）「中国式」はグルントヴィが好んで用いる批判的用語。彼は一六世紀に広東に着いたポルトガル船の中国人が書いた細々とした試験についての記事を読んだことがあり、それを利用して試験を攻撃するさいに「中国式」という表現を比喩的に用いている。

（二〇）これらの言語の意義については、「普遍史的哲学・学芸」（グルントヴィ『生の啓蒙』所収）でも言及されていた。

（二一）聖職者、教師、司法関係者などをさす。

（二二）「トルコ的格率」によってグルントヴィは、同時代のオットマン・トルコとローマ帝国とを同一視している。

（二三）一八三九年にスレースヴィ・ホルシュタインの二つの公国に政情不安があり、また国王がデンマークのさらなる自由主義化のためのプロジェクトを斥けたことで自由主義的党派一般のなかに混乱があったことを意味している。

（二四）「デンマークの四つ葉のクローヴァー」（グルントヴィ『ホイスコーレ（上）』所収）も参照。

（二五）S・キルケゴールら同時代の大部分の知識人と同様にグルントヴィもまた暴徒大衆（非民衆）の台頭を恐れた。彼の民衆教育のヴィジョンは、民衆的国民的な覚醒によって、制御できない仕方で「革命的」空語を弄ぶ暴徒の台頭を抑止する試みともいえるだろう。

（二六）この詩はおよそ一六八五年にL・コック（Laurids Kok, 1634-91）によって書かれたものからとられ、今日も最初の祖国の歌としてポピュラーでありつづけている。

（二七）知識を集めるさいに利用できない、つまり把握できない「手」の面を意味する。

（二八）ここでグルントヴィは博愛主義の運動に言及している。

（二九）スカルド詩人は九世紀から一三世紀ころの北欧で、韻文詩を詠む吟唱詩人のこと。グルントヴィは自らをスカルドの末裔と受け取っている。

（三〇）グルントヴィは九歳の時に生まれ故郷のシェラン島のウズビュの家を離れて、学修のためユラン半島のチュルゴーの牧師館、オーフスのラテン語学校に通って、その後に神学生としてコペンハーゲンに移動したという経緯がある。

（三一）デンマークの韻文年代記は一四九五年にコペンハーゲンで出版されたはじめてのデンマーク語で書かれた年代記。ペーター・ローレ（Peter Laale）は一三世紀に、ペーア・シュー（Peder Syv, 1631-1702）の箴言集は一六八二年と一六八八年に出版された。

（三二）「ロスキレの法律家たち」によってグルントヴィはロスキレの地方評議会にかかわる法律家に言及している。

（三三）グルントヴィは一八四五年に『デンマーク箴言集』を刊行している。

（三四）讃美歌作家で有名なインゲマン（B. S. Ingemann, 1789-1862）はデンマーク語や文学を教え、詩人であり小説家のハウチ（Carsten Hauch, 1790-1872）は自然科学を教え、ウィルスター（Christian Wilster, 1797-1840）はギリシア語と英語を教えた。

（三五）ギャラーホルンは北欧神話において、神々の住むアスガルドの門番をするヘイムダルがもつ角笛であり、神々の黄昏（ラグナロク）を告げるといわれる。

（三六）英訳注によれば、グルントヴィがしばしば繰り返す過去の闘士の概念は、忘却や睡眠、死と反対の意味での、①記憶や②覚醒、③再生といった解釈学的観念の部分と見ることができ、それらはそれぞれが前の段階よりもより徹底的で深い諸段階、人間の復活の同一の普遍的過程のなかにある三段階として考慮されているという。

（三七）デーンの防塁として知られるヴァイキング時代の塁壁はホリンステズからヘゼビュまでスレースヴィ・ホルシュタインを横断するかたちで建設された。初期のデーンの防塁は五世紀に遡るものだというが、伝説上では防塁は老ゴルーム王の王妃チュラ・ダネボによって建てられたとされる。

（三八）北欧神話で主神オーディンの息子バラドルが死んで、葬儀の船に火がつけられ海に押し出されたとき、小人のリットが弔意を示さなかったので、トールはそれを見てリットを火のなかに蹴り込んだとされる。

（三九）ホルガー・ダンスケは国が危機になると眼覚めて立ち上がるデンマークの伝説上の英雄であるが、通常はシェイクスピアの戯曲『ハムレット』の居城で知られるクロンボーの地下に眠っている。なおインゲマンの詩『ホルガー・ダンスケ』（一八三七年）はデンマーク民衆の精神を祝福している。

（四〇）ここでの登場人物、マリエはフレゼリーク六世の王妃マリエ・ソフィア・フレゼリーク、カロリーネはクリスチャン八世の王妃カロリーネ・アマリエのことであり、ダネボはゴルーム老王の王妃チュラ・ダネボ、ダウマーはヴァルデマー二世と結婚したダウマー王妃のことである。

（四一）一八二一年の「ソーアの朝の夢」は息子のS・グルントヴィらが編集した『グルントヴィ詩歌集』第五巻の八九頁にある。

（四二）ルーン文字はゲルマン語の表記に用いられた二四字からなる独自の文字体系。

（四三）サクソーの『デンマーク人の事績』によればダン（Dan）は最初のデンマーク王の名前であり、デンマークの国名はここに由来する。

（四四）トロルは北欧神話やスカンディナヴィアの民話に登場する精霊や妖怪のこと。

（四五）ヴィデは約一一一三年生まれのシェラン島の荘園領主。その一族には息子でフィエネスレウを所領とするエサー・リュがおり、その息子にアクセル（アブサロン）がいた。

（四六）本論文の注（一〇）を参照。

（四七）本論文の注（五）を参照。

七　ソーア・ホイスコーレ設立のために

グルントヴィは、「デンマークの四つ葉のクローヴァー」（一八三六年）を嚆矢とする七つの主要テクストによって、近代化を牽引したフォルケリ・ホイスコーレ構想者として知られる（グルントヴィ『ホイスコーレ（上）』参照）。このテクストはその六番目のもので、グルントヴィが自らの構想を当時の国王クリスチャン八世に手紙で請願する体裁をとっている。この時点でのデンマークは絶対王政のもとにあり、国王の決断が構想を左右したからに他ならない。だが、内容は（上巻）に収められたホイスコーレの当初の理念がかなり具体性を帯びた仕方で語られる。とくにホイスコーレが必要とする教師に言及している点は興味深い。さらに、グルントヴィは一九世紀の国民国家の時代を生きた思想家、いわばフォルケリ・ナショナリストといっても不当ではないが、このテクストはそうしたナショナリズムの小国主義的性格、つまり民衆の声、母語に定位した反拡張主義、反帝国（主義）的性格を知る上でも重要である。

（一）ソーアのアカデミーにはギムナジウムとアカデミーそのものに加えて、遠隔の地からが参加する少年たちを寄宿させて学ばせる施設があった。寄宿学校のメリットはグルントヴィの学問的ホイスコーレやフォルケリ・ホイスコーレの思想にも反映されているが、とくに後者は今日においてもほとんど寄宿学校である。

（二）「人間性」は <Menneskelighed> の訳語。デンマーク語には、①人類性、②人間的ないし人間らしいといった意味合いに加えて、③人間の平等性とか一体性といった意味も込められており、グルントヴィはそれらの含意を巧みに利用している。

（三）古代ギリシアの悲劇作家エウリピデスが「アウリスのイフィゲニア」のなかで、音楽を奏でて石を動かすことのできるオルフェウスに言及したことが念頭にある。

（四）「デンマーク語」法律家とは学習訓練の期間にラテン語を免除されていた下級の法律家のこと。

（五）詩人であり讃美歌作家のインゲマン（B. S. Ingemann, 1789-1862）は一八二一年からソーアのアカデミーでデンマーク語を教え、一八二七年に教授となった。

（六）ソーアのアカデミーは一六二三年から六五年まで、一七四七年から九三年までの二つの期間には騎士のアカデミーであった。

（七）皇太子時代のクリスチャン八世はグルントヴィの『デンマークの四葉のクローヴァー』を興味深く読み、彼と謁見した経緯がある。なお、『生のための学校とソーアのアカデミー』のテクスト説明（グルントヴィ『ホイスコーレ（上）』所収）も参照。

（八）英訳注によれば、この部分の引用は詩人であり聖職者J・ソルテルップの『フレゼリーク六世の新たな英雄歌と彼の栄誉ある勝利』（一七一六年）からのものである。

（九）ここで問題となっている「党派」は組織的政党というより寄り合い所帯で、グルントヴィにたいする政治的反対勢力でもあった「国民自由党」のことである。彼らの影響力のあった時代はおよそ一八四〇年代から一八七〇年までで、最も顕著な実績は絶対王政から自由主義憲法体制への転換（一八四九年）を指導したことである。彼らは絶対王政に反対し、O・レーマン（Orla Lehmann, 1810-1870）が主張したように「才能があり、教育を受けた豊かな」当時のブルジョワ中産階級を、民衆を指導する資格のある者とみなした。ちなみに、グルントヴィが宗教論争を挑んだH・N・クラウセンもこの党派に属する。

八　デンマークへの祝賀

本書の「参考資料」に掲載したように、一八四七年の三月二七日にソーアのアカデミーの改組にかんする国王クリスチャン八世の政令が発行され、このことに対応してこの論文のタイトルは「デンマークへの祝賀」となり、本格的なホイスコーレの七つのテクストとしては最後のものになる。グルントヴィにとって政令には留保すべき点はあるものの、彼の構想に近いラインでのホイスコーレの実現に楽観的な見通しを抱くことができた。この雰囲気はこのテクストの基本トーンを明るく、伸びやかなものにしている。その後、同年一二月三一日の国王の政令「ソーア・アカデミーの実質ホイスコーレ」によって最初の政令が確定するが、この段階でアカデミーは国家統制のもとに置かれることになり、国立でありかつ自主独立のインフォーマルな学校という性格は失われることになる。さらに翌年にはモンラッズら政府サイドのサボタージュもあって、構想の実現に暗雲が垂れ込め、結果としてソーアの構想は挫折するにいたる。

なお、テクストの内容からわかるように、グルントヴィはここで激しいドイツやドイツ的なものへの批判を展開し、デンマークの民属文化独立を強調している。そこにはややもすると冷静さを欠くような表現も含まれており、テクストの歴史的制約を見て取ることもできる。この時期はデンマーク連合王国の一部であったスレースヴィおよびホルシュタインの公国の帰属問題がドイツとの関係で重要な政治的争点だったのであり、じっさい、その背景のもとにドイツとの間で二回にわたるシュレースヴィ・ホルシュタイン戦争が勃発することになる。こうした背景のもとにグルントヴィのホイスコーレ構想はラテン語学芸との闘争とともに、ドイツ文化との闘争も含むものになったのである。繰り返しになるが、この点でテクストの評価にあたって、私たちは歴史的制約に留意しなければならない。

だがそれでも、グルントヴィがデンマーク人の「愚かしさ」を肯定する点はユニークであり、示唆的でもある。やや突飛な連想だが、筆者はこの議論から戦後日本の中国文学者、竹内好による近代主義批判を想起するとも付記したい。もちろん、グルントヴィは排他的ナショナリストでも、ウルトラ・ナショナリストでもない。彼は他のエトノスの権利をデンマークのそれと同等に承認しており、各人がエトノスを通じて共通の人類性（人間性）にいたるという視点をはっきり表明している点で「民族」主義者から区別されるのであり、その議論に帝国主義や拡張主義の調子はいっさいもち込まれていない。このことは、彼の小国主義思想家としての面目躍如ということができる。なお、後半部の「（二）デンマーク語ホイスコーレ」は従来のグルントヴィの論点と重なる部分があるが、現代のデンマークの法、社会、政治制度を知る上で不可欠の論点が含まれていることだけ付記しておきたい。

（一）この諺の起源は不明とされる。
（二）トールの月とは古代における三月のデンマークでの呼び名。
（三）この日に「ソーア・アカデミーの将来の組織について」（本書「参考資料」に掲載）に国王クリスチャン八世が署名した。
（四）「実質ホイスコーレ」は〝Real-Høiskole〟に与えた訳語であり、元来が特殊な実業的教科を教えたドイツ的な制度。一八世紀の終わりにコペンハーゲンの中産階級によってデンマークに導入され、商業、数学、技術諸科学、仏、独、英などの現代語が教えられていた。なお、本論文の注（三五）も参照。
（五）一八三五年以来、デンマークは定期的に教会の記録と一八三四年の最初の国勢調査とに基づいて『統計表』を出版している。
（六）『新約聖書』「マルコによる福音書」第一二章四一から四四が念頭にある。
（七）ここでは、土地緊縛制の最終的廃止につながる一八世紀後半の諸改革への言及がなされている。
（八）本書の「一　ソーアのデンマーク語ホイスコーレ」の冒頭の詩を参照。
（九）ここではソーア・アカデミーに言及がなされている。なお、この詩の連は本書「六　デンマーク語ホイスコーレの請願と概念」の冒頭の詩のなかにも含まれていた。
（一〇）アクセルとはアブサロン（Absalon, 1128-1208）大司教のこと。
（一一）「手本としてきた人々」とはドイツ人である。じっさい、一六世紀の中頃から一九世紀の中頃まで、デンマークではドイツ的学術がとくに指導的社会階級に大きな影響を与えてきたし、国内にドイツ教会の教団の形成を許された多くのドイツ移民もいた。またデンマーク陸軍は一七七二年までかなりの部分がドイツ傭兵からなっており、その命令言語はドイツ語であった。さらに、ドイツ人はデンマーク人と同等に国家管理の様々なレヴェルに携わっていた。
（一二）本書「六　デンマーク語ホイスコーレの概念」の注（一九）も参照。
（一三）中国のこと。
（一四）カール大帝（Charlemagne, 742-814）はフランク王国の国王で西ローマ帝国の皇帝を自称した。ルイ二世（Louis II, 806-876）はカール大帝の孫で西フランク王国の国王。
（一五）「アザラシ」とは、デンマークがドイツの支配のもとでのバルト海の海軍力、つまりドイツ連邦内の海軍帝国になるべきだというドイツの同時代の発想に言及したもの。こうした発想は一八四〇年代後期に、デンマークの公衆から憤激を買った。
（一六）ここでグルントヴィはドイツ語の〈Volkstümlichkeit（民族性）〉をデンマーク語の〈Folkelighed（民属・民衆性）〉に相当することばと解している。しかし、元来は両方ともドイツの作家ヘルダー（J. G. Herder, 1744-1803）の思想からの影響による概念である。とはいえ、一九世紀の国民国家の時代という歴史的コンテクストから、内容にかかわり、グルントヴィはドイツ的概念にたいする批判的な見解を抱くにいたった。
（一七）「マルク」は野や畑、牧草地といった意味。
（一八）グルントヴィのこの引用が具体的にどの作家からのものかはわからないが、たとえば「一九世紀ドイツの自慢の作家」の一人であるヤコブ・グリム（Jacob Grimm, 1785-1863）は、『ドイツ的言語の歴史』（一八四八年）で言語学的見地から演繹してユラン半島はドイツに属すべきことを主張していた。
（一九）これらの公国のデンマークからの独立運動は一八四八年から五〇年の第一次スレースヴィ・ホルシュタイン戦争を導いた。その戦争にデンマークはかろうじて勝利したが、しかし、それらの公国は一八六四年の第二次の戦争でのデンマークの敗北によってドイツ領に帰した。
（二〇）グルントヴィにあって、人々の知的確信や行動は、知の客観的確実性を主体的に確信することにより成り立つ。なお、拙論「生の啓蒙と常識過程――グルントヴィ『哲学・学芸』の基本性格」（名古屋大学社会文化形成研究会編『社会文化形成』別冊1、二〇〇九年）を参照。

（二一）『デンマーク韻文年代記』（一四九五年）は最初にデンマークで印刷された書物。

（二二）ここでのグルントヴィはデカルトの数学的精神と自らの歴史・詩的精神を対照しているが、それは私たちに反デカルトの知を代表したイタリアの思想家ヴィーコ（G. Vico, 1668-1744）を想起させる。グルントヴィとヴィーコとの関係がどの程度親和的なものなのかは検討を要するが、教育思想家O・コースゴーも近著『N・F・S・グルントヴィ』（二〇一三年）で両者の関係に若干言及している。

（二三）ややコンテクストを逸れるが、福祉国家の導入にかんしていえば、一八八〇年代に世界ではじめてドイツで導入された福祉立法は、労働（市場参加）者を対象とする強制社会保険モデルであった。それに影響を受けながら一八九一年からはじまるデンマークの福祉立法は、労働市場関係者に限定されておらず、一定の条件を満たす全市民を対象とするものであった。これは通常普遍主義モデルとして北欧型福祉国家の原理となったものであり、ここでグルントヴィのいうドイツ型福祉制度の改定ヴァージョンということもできる。ちなみに、政治史家T・クヌズセンは福祉にデンマーク・モデルがあるなら、それは福祉国家そのものの領域ではなく、むしろ、①福祉国家の改良、②諸価値、③公的資源の行政管理のための特殊な文化にあるとしている（Tim Knudsen, *Den danske stat i Europa*, Jurist-og Økonomforbundets Forlag, 1993）。この点もまた、グルントヴィのここでの指摘が妥当する事例といえる。

（二四）ドンキホーテは、スペインの作家M・セルヴァンテスによって一六〇五年と一六一五年に発刊された小説の主人公。

（二五）「虫」とは、特殊な傾向や偏執、強迫観念などを意味している。ちなみにグルントヴィは「本の虫」を自称している。

（二六）第一の試験はいわゆる「学芸の試験」（examen artium）あるいは高等学校卒業試験（現代の学生試験）であり、第二の試験は大学への入学のための文献学・哲学的試験、いわゆる「哲学の試験」（examen philosophicum）である。なお後者は一九七一年に廃止された。

（二七）『ペア・ポース』（一七二〇年）はデンマーク・ノルウェーの劇作家ホルベア（Ludvig Holberg, 1684-1754）の風刺劇の題名。

（二八）ドナートはローマの文法家ドナチウス（Aelius Donatius, ca.320-ca.380）のことで、彼が四世紀に著したラテン語文法は後の文法家に盛んに利用された。アウロラは、デンマークの文献学者T・バン（Thomas Bang, 1600-1661）が著した初級文法書『アウロラ・ラティニタティス』のこと。その本は一六三八年から一七八九年のあいだに多くの版を重ねた。

（二九）「賢者の石」は中世の錬金術師が卑金属を金に変えるさいに触媒になるとした霊薬で、「哲学者の石」ともいわれる。本書「六　デンマーク語ホイスコーレの概念」の注（一八）を参照。

（三〇）ダーゼ（Johann Martin Zacharias Dase, 1824-1861）はハンブルク出身で、一八四〇年代頃に計算の達人となり、ドイツやオーストリア、イングランドでその技能を披露した。

（三一）アイルランドの冬は、とくにグルントヴィが著作活動をしていた時点では長く厳しいものであった。とくに一八四六年から四七年の冬には、アイルランドは「大飢饉」に襲われた。

（三二）グルントヴィが批判するドイツの普遍的啓蒙理念のイメージからすると、機械は奴隷の地位を引き受けるために完成され、そのことで人々は財産所有者になる。このことで人間は半ば肉体的にギリシアやローマの古典的社会におけるように享楽するのだが、他方、半ば非肉体的で、神に類比できるようなイメージで完成されることになる。

（三三）新約聖書マタイによる福音書第二五章の二一、二三が念頭にある。

（三四）このエピソードは、ドイツのマイスタージンガー、H・ザクス（Hans Sachs, 1495-1576）が収集した中世の物語「スラウラッフェン・ラント」（一五三〇年）から来ている。「乳と蜜の流れる国」の物語は後にグリム童話（一八一二年）に「のらくらの国」として現れた。

（三五）実質学校（Real-Skole）は、現在ではドイツ周辺諸国の一種の中等学校の名称であり、デンマークを含む北欧諸国でも発達した。しかしその歴史的起源は中世にまで遡り、そこで「実質」はラテン語<res>やドイツ語の<Sache>、<Gegenstand>、英語の<thing>といったことばの意味合いから派生したものとされる。その教育的意味は、経験的知がどのように当人の手労働によって拡大するかにかかわるものであった。時代は下るがエラスムスやトマス・モアら近世のヒューマニストたちによっても、言語の修得とともに「実質の修得」が位置づけられた。さらに宗教改革時代以後のプロテスタント系ラテン語学校がこれらの「実質」教育を分離したため、貴族層は学術的教育としての不十分さを見てとり、特殊身分的な「騎士のアカデミー」を発達させた。これが近代の実質教育の道を開いたといわれる（ドイツ語版ウィキペディア）。こうした歴史的背景から、グルントヴィのフォルケリ・ホイスコーレの構想が、本書に収録された一八四七年のクリスチャン八世の政令「ソーア・アカデミーの将来組織について」において「ソーアの実質ホイスコーレ」として扱われた背景も理解できるだろう。なお本論文の注（四）も参照。

（三六）クヌート大王（Knut I, 995-1035）はイングランド、デンマーク、ノルウェーの国王として広大な北海帝国を築いた。メルゼブルクのティットマー（Thietmar von Mersebug, 975-1018）はメルセブルクの司教であり、オットマンの時代の歴史記述者。彼が最晩年に残した『ティットマーの年代記』（一〇一二〜一〇一八年）は一千年代への転換期の東フランク・ドイツ帝国のもっとも重要な歴史作品で、グルントヴィが生きていた一八〇七年にも再刊されていた。また、バジリスクはヨーロッパでヘビの王と想像された生物であり、見ただけで死んでしまうとされた。

（三七）「レギオン」は新約聖書マルコによる福音書の第五章の九が念頭に置かれている。
（三八）デンマークの陸軍服への言及。
（三九）「黄金のさいころ」は古代の遊びや幸運、運命の戯れなどのシンボル。
（四〇）およそ一六一一年頃の讃美歌「我時節を思うとき」からの引用。
（四一）本書に収録した「参考資料」一八四七年のクリスチャン八世による国王の政令「ソーア・アカデミーの将来組織について」を参照。
（四二）「アクセル司教」はアブサロンのこと。
（四三）本論文、注（四二）を参照。
（四四）このテクストはL・コック（Laurids Kok, 1634-91）の「デーンの防塁の歌」（一六八五年）の最初の二行からとられた。一八一一年にP・ラスムセンによって曲が付けられ、最初の祖国の歌として今日までポピュラーであり続けているという。
（四五）一八一四年までデンマークとノルウェーは連合王国であり、しかもデンマークには山らしきものがない（最高「峰」は一七三メートル）ということを念頭に置く必要がある。
（四六）いずれも『ホイスコーレ（上）』に訳出されている。
（四七）ホルベア（Ludvig Holberg, 1684-1754）はデンマーク・ノルウェーの劇作家。独訳注によれば、ホルベアの空想的小説『ニールス・クリム』（一七四一年）の第一三章はヨーロッパにおける学者の共和国を辛辣に風刺する特徴がある。
（四八）本論文の注（四）、（三五）を参照。
（四九）一八四七年の王国政令「ソーア・アカデミーの将来組織について」（本書「参考資料」）を参照。
（五〇）独訳注によれば、このような主張はたとえば、ヤコブ・グリムの『普遍文学の時代』（一八一二年）

の三一から三四でなされている。

（五一）英訳注によれば、この点はコペンハーゲン大学で北欧語の最初の教授を務めたN・M・ペーターセン（Niels Attias Petersen, 1791-1862）への言及。

（五二）ハルムス（Claus Harms, 1778-1855）はドイツの聖職者であり神学者。キール大学に勤めた彼は合理主義を拒否し、シュライエルマッハーの影響のもとに熱烈な福音の教師となった。

（五三）スウェーデンのスコーネ地方は、かつてはデンマーク領であったが、一七世紀の第一次カール・グスタウ戦争（一六五七～五八年）後のロスキレ講和条約でスウェーデンに割譲され、以後スウェーデン領になっている。グルントヴィのここでの言及は、その地にデンマーク文化を背景とする住民が多数いることを念頭に置いたものと思われる。

（五四）相互作用はグルントヴィの思想の中心概念のひとつで宇宙の本源的状態である。すなわち自由で、活気づけとなり、互酬的な相互行為であり、万物の神的本性に対応するものである。この概念でグルントヴィは健康で調和のとれた生の普遍的原理を表現した。

（五五）メソポタミア語とは、理解不可能を意味するホルベアの喜劇からとられた冗談。

（五六）ここではデンマークの古い諺、「仕合せは寝ているうちにやってくる」、「無意味に働くより寝ていた方がましだ」が問題になっている。

（五七）ヴァルデマー勝利王（Valdemar Sejr/ Valdemar II, 1170-1241）はデンマークの国王。一時はエストニアなどバルト海の南部を征服したこともあったが、晩年には多くの領土を失った。

（五八）サクソー（Saxo Grammaticus, c.1150-c.1220）はデンマークの歴史家でアブサロン大司教の世俗的な活動の秘書を務めた。デンマークの年代記として知られる『デンマーク人の事績』（一五一四年）などの著作がある。

（五九）グルントヴィはサクソーのラテン語で書かれた年代記（*Gesta Danorm*）のデンマーク語への翻訳を行い、全三巻で一八一八年から二二年に公刊した。なお前注（五八）も参照。

（六〇）グルントヴィはしばしば「結び目」ということばで解決困難なことがらを表現している。その背景には次のような逸話が想定されている。すなわち、古代のフィリジア（現代のトルコ）で神託によって偶然に王になったゴルディアスが、神に感謝して自らの乗った牛車を神殿に奉納したのだが、それが誰にも解くことができないような特殊な結び目で括られていた。これは「ゴルディアスの結び目」といわれるものであり、この結び目を解いたものがアジアを支配するとの予言がなされていたが、アレクサンドロス大王が剣でそれを一刀のもとに断ち切ったとされた。

（六一）古い民謡でA・S・ウェーゼル（Anders Sørensen Vedel, 1542-1616）の『ゲルマン・グラーゼンスヴェン』からとられた。なおオリジナルの「イングランドの王女」とは「女王の娘」のことだが、グルントヴィは「王女（＝王の娘）」と記している。

（六二）「ペア・エリクセン」と彼の母の物語は伝説的な物語である。

（六三）ダンおよびハラルド・ヒルデタンが伝説上のデンマークの国王。ステルクオッダは北欧の伝説上の英雄の一人。

（六四）「純粋に歴史的」というのは学術的な意味での歴史的なものを指す。

（六五）グルントヴィのいう「民属・民衆的（フォルケリ）」（folkelig）という形容詞は、民属・民衆を表現する <folke->、国民として自由で平等で一体的な状態（いわゆる自由、平等、友愛）を表す形容詞の <lig> との合成語と考えてよい。

（六六）スヴェン・エストリセンおよびヴァルデマー大王はそれぞれ、一〇四七年から七四年、一一五七年から八二年に在位したデンマークの国王。

（六七）一八三四年に設立され、一八四九年の自由主義憲法への準備となった身分制地方諮問議会のこと。
（六八）ニールス・エッベセン（Niels Ebbesen, 1308-40）はユラン半島のラナス出身の下級貴族で、暴君と化したゲルハルト三世に反乱を起こし殺害した英雄として知られる。
（六九）「エアースン」（Øre-Sund）はシェラン島とスウェーデンの間の海峡のことであるが、ここでは「健康な（Sund）- 耳（Øre）」という文字通りの意味を重ねて掛詞で理解させようとする一種の駄洒落。
（七〇）「北欧大学」はグルントヴィがスウェーデンのヨーテボリに設立することを構想した北欧三国共通の大学。なお、「北欧の学問的連携」（『ホイスコーレ（上）』）を参照。
（七一）詩人A・エーレンシュレアー（Adam Oehlenschläger, 1779-1850）の作詞によるデンマーク民衆の国歌「素晴らしき国あり」の末尾のことば。
（七二）ウィリアム征服王（William the Conqueror, 1027-1087）はイングランド王ウィリアム一世のことであり、ノルマンディー公（ギョーム二世）でもあった。つまり、彼が「ノルマン・コンクウェスト」としてイングランドを征服してノルマン朝を開いたため、この名称となった。『ドームデイの台帳』（一〇八五年）はそのウィリアム一世が行った検地の結果を記録した土地台帳。
（七三）「民属的欠点」（Folkelyde）は一方では否定的な意味で欠点の意味であるが、他方でこのことばには肯定的に民謡の意味がある。
（七四）ボルンホルムはスウェーデンのスコーネ地方の南部にあり、バルト海に浮かぶデンマーク領の島。メン島はシェラン島の南東部にある島。
（七五）不死鳥はソーアのフォルケリ・ホイスコーレの象徴とされていた。
（七六）こうしたグルントヴィの見解や歴史観などにかかわって、訳者はグルントヴィ学徒であり、また「生活形式の民主主義」の思想家として知られるH・コック（Hal Koch, 1904-63）のグルントヴィ批判にふれておきたい。コックは第二次大戦後シェラン島北部のクロレルップに共同市民学校（＝政治的市民学校）としてのホイスコーレを開校するが、それ以後たんに「生けるもの」だけでなく、グルントヴィに欠如する「死すべき存在としての人間の考察」にあえて言及するようになる（Koch, *Om Tolerance*, Gyldendal, 1966）。ここでいう「死」はたんに生命の消滅というだけでなく、冷静なものや否定的なもの、知性（悟性）的なもの、客観的なもの、したがって科学的、機械的なものなどの意味を含むと思われる。コックはこれらをたんに忌避するだけでなく、その必要性をも正視し本格的な省察や評価を主張していると思える。

（七七）ここでの議論はことば足らずで曖昧に表現されているが、「世界の光を証明」というのは当時活発に議論された哲学的認識論にかかわる問題である。たとえば、デカルトの「われ思う」（コギト）やカントの先験的方法は、学問にとって理性の「光」が第一義的であることを説いた。これにたいする異議申し立てが生を光に先行させる主張であり、そのことがグルントヴィにとって「不動の根本真理」である。

（七八）シシュフォスはギリシア神話で冥界においてゼウスの権威に反抗したため罰を受けた人物。彼は罰として巨大な岩を山頂まで押し上げるよう命じられるが、あと少しというところまで来ると、岩がその重みで下まで転げ落ちてしまい、はじめからのやり直しとなる。この作業は永遠の苦しみとして繰り返される。

（七九）ここでグルントヴィの言及する自家農園についていえば、一五〇年後の現代デンマークで、それがコロニーハウェ（kolonihave）として広範囲に普及していることは注目すべきである。コロニーハウェは一定の期間自治体や国の所有する小さな土地に建てられた小さな家を貸し出す物件であり、貸し出しは庶民すなわち団地に住み土と接することの少ない労働者家族や小職人家族にまで広がっている。それは彼らが自分で野菜を栽培しながら自由時間を過ごす場であり、伝統と高度な福祉国家との合作による究極の「田園生活」ともいえる。デンマークが「仕合せ度世界一」といわれるのもこのような制度的福祉との結びつきで考える必要がある。

（八〇）ここではドイツ哲学とくにカント哲学に特有な、認識に先立って認識の条件を吟味する先験的方法が一般的な仕方で批判されている。

（八一）本書「六　デンマーク語ホイスコーレの概念」の注（一三）を参照。

（八二）ウェッセル（Johan Herman Wessel, 1742-85）の喜劇的詩語り『熊手』（一七八一年）からの引用。

（八三）本書「六　デンマーク語ホイスコーレの概念」の注（一三）を参照。

（八四）『デンマーク韻文年代記』（一四九五年）に登場する話す動物。

（八五）スチュワート朝は、ピューリタン革命期の一六四九年から六〇年までの期間を除く一六〇三年から一七一四年までの期間にイギリス王室に君臨した。グルントヴィはここで革命の挫折後の一六六〇年のスチュワート王室の復活に言及している。なお、ルイ一四世（Louis XIV, 1638-1715）のフランス国王在位は一六四三年から一七一五年である。

（八六）独訳注によれば、大地主たちのあいだで用いられたいい方である。

（八七）グルントヴィは一六六〇年のデンマークにおける絶対王政の導入を民衆の勝利と見ていた。英訳注によれば、それ以前のスウェーデンとの悲惨な戦争とペストの流行による五万人にも及ぶ民衆の死の後、ブルジョワ市民層や聖職者は、自身では祖税を収めない貴族層によって課される祖税の支払いを拒否した。それに続く議論によって、貴族層は祖税を支払うだけでなく、次の国王を選ぶ権利も失い世襲的王位継承が行われるようになる。フレゼリーク三世は彼と彼の官吏によってのみ統治することを宣言し、貴族の影響力を排除したのである。このことで貴族層は祖税免除を許された特権階級から、彼らの荘園での借地農民からの祖税徴収者に変身し、集権的統一国家が完成することになる。とはいえ、農民は土地に緊縛され、貴族によって生殺与奪の権利を握られ、強搾取の対象となるのである。こうして絶対王政の成立は肯定的なものと否定的なものを含む複合的事件であり、グルントヴィがいうような「民衆の勝利」という一面的な断定は大いに疑問である。だがそうした逆説のなかで、国王と民衆の公論の結合による支配というグルントヴィの政治思想の論理が貫徹する。これは後に「世論が統治する絶対王政」といわれることになる。

（八八） 一八三〇年のフランス七月革命が念頭に置かれている。

（八九） 一八四七年七月二六日に、デンマークの最初の鉄道がコペンハーゲンとロスキレのあいだで開通したことが念頭にある。

（九〇） サクソーの題材とは、彼の『デンマーク人の事績』のことであるが、スキョル王はそのなかに登場する伝説上の国王。

（九一） このフレーズは一六八三年のデンマーク法からの引用。

（九二） 最初の国家的法典であるデンマーク法は一六八三年にクリスチャン五世によって布告され、これにより中央集権国家の基礎がいっそう固められた。英訳注によれば、それ以前にはデンマークの法廷組織はユラン半島、シェラン島、スコーネ（現在スウェーデン領）の三つに分かれ、それぞれが一二〇〇年代初期の慣習法の集成に基づいていたという。

（九三）「民衆評議会」の最初の会合は一八三四年にシェラン島のロスキレと、ユラン半島のヴィボーで開催された。

（九四） 一八〇四年にナポレオンは自由主義的な民法典を布告した。後に知られるナポレオン法典である。

（九五）「ヴァルデマーの時代から伝わるデンマーク諸法」とは、ヴァルデマー二世の制定したスコーネ法（一二〇二～一六年）、ユラン半島やフュン島、スレースヴィ・ホルシュタイン地域を管轄するユラン法（一二四一年）、およびシェラン法である。なお、本論文の注（九二）も参照。

（九六） 新デンマーク法のこと。本論文の注（九二）も参照。

（九七）スカルド詩人は九世紀から一三世紀ころの北欧で、古ノルド語の韻文詩を詠む吟唱詩人のこと。彼らの多くは宮廷に仕え、戦場での王の活躍などを詩作した。
（九八）デンマークには「喜びが仕事を駆り立てる」という諺がある。
（九九）現代デンマークの法制はしばしば枠組法といわれ、詳細な規制というより大枠でのコントロールをめざすものである。しかし、それは経済的自由主義のようにすべてを市場の自由に委ねることではなく、むしろ諸個人、諸団体の対話、協議の制度が規制機能を果たしている。この意味で、福祉国家の現代化ともいえるここ数十年来のデンマーク社会の変容は、グルントヴィの思想に接近していると見ることもできる。
（一〇〇）ハンブルク郊外の地名であるが、デンマーク語の用法では特殊な宝くじとともに用いられるいい回しで、ここでは通じないということを意味する。

（一〇一）いずれも一六六〇年から一八三四年の絶対王政制下にあった諮問評議会の名称であり、テクストからうかがわれるように、グルントヴィはこれらにたいして批判的である。なお「アムト」とは日本の都道府県にあたる広域自治体アムト・コムーネのこと。一六六二年に設立され二〇〇七年に廃止された。補録の注（五二）も参照。

（一〇二）ここでグルントヴィは、無教養な民衆の時期早尚の自由を要求する革命的論調に言及している。それは国家の分裂とカオスを導くものであり、彼はこの意味での革命には距離をとっている。この問題解決のためにまさしくフォルケリ・ホイスコーレの提唱があり、そこで一方で諸々の官吏が民衆と交わり民衆の部分となること、他方で、ホイスコーレが民衆を多様な公的問題にかかわって教育することがめざされる。

（一〇三）民衆の王権への譲歩としての絶対王政が念頭にある。

（一〇四）『デンマーク人の事績』のことであり、それはキリストの誕生以前から一一八五年までのデンマークの歴史を含む。

九　補禄

　ここには、『ホイスコーレ』上の一～四、本書『ホイスコーレ』下の六～八に訳出したホイスコーレの七つの主要テクスト以外の草稿・断片集、議会討論記録、その他の幾つかの小テクストを収めた。以下、その概要をごく簡単に記しておこう。「ロンドンの大学とソーアのアカデミー」および「ロンドンの大学とソーアのアカデミーについて」（一八二七～二八年）はグルントヴィのホイスコーレにかかわる最初の着想だが、大学とホイスコーレの連続性や試験の積極的意義などが記されており、後の構想とは異なる諸要素が見られる。この構想は次第に成熟していくが、「一八三一年のホイスコーレ構想断片」、「市民の陶冶形成」（一八三四年）はその途上のテクストであり、とくに後者は未発表草稿「国家的啓蒙」（『生の啓蒙』所収）と関連し、身分制地方諮問議会の開設を控えて、彼の知的構想が市民形成に焦点を当てていく点でたいへん興味深い論点を提示している。「デンマーク語学校——デンマーク、老スキョルの末裔の国」（一八四八年）、「デンマーク語啓蒙とソーアのデンマーク語ホイスコーレ」（一八四八年）、「王国議会の審議から」（一八四八年、一八五一年）、「デンマーク語ホイスコーレ、ラテン語派大臣、プレストーの議会議員」（一八四八年）は参考資料「ソーア・アカデミーの将来組織について」（一八四七年）とともに、絶対王政の終焉と自由主義時代の到来を前後して、ソーア・ホイスコーレ実現をめぐるグルントヴィのラテン語派との最終的攻防と「挫折」の経過を描き出している。「グルントヴィ・ホイスコーレと『デンマーク協会』——ペーター・ラーセン・スクレッペンボーへの返信」（一八五四年）、「陽光は漆黒の土を照らす——マリエリュスト・ホイスコーレの開校によせて」（一八五六年）、「グルントヴィのデンマーク語ホイスコーレ案内」（一八五九年）は、ソーア・ホイスコーレの構想の「挫折」から、マリエリュストでのグルントヴィのホイスコーレの創立にいたるまでに公表されたホイスコーレ関連の小テクストである。グルントヴィ自身がこの間の経緯を「デンマーク語学芸の勝利」としていることも興味深いが、カントの啓蒙テーゼ「知性を自分で用いよ」にたいして、むしろホイスコーレが啓蒙の理念として「全人」の形成を主張するなど幾つかの重要な論点が提示されており、彼の啓蒙の思想的性格を知る上で重要である。

(一) ローマの詩人、オヴィディウス(Publius Ovidius Naso, BC.43- AD.17/18)の『メタモルフォーゼ』からの自由な引用。
(二) 本書「六　デンマーク語ホイスコーレの概念」の注(一〇)を参照。
(三) ホルベア(Ludvig Holberg, 1684-1754)はベルゲン生まれのノルウェー・デンマークの喜劇作家。デンマーク文学の父ともいわれる。
(四) 「デンマークの四つ葉のクローヴァー」および「生のための学校とソーアのアカデミー」(ともに『ホイスコーレ』上所収)を参照。
(五) フレゼリーク六世(Frederick VI, 1768-1839)のこと。
(六) グルントヴィは一八一三年にソーアのアカデミーが火災にあったことに言及している。
(七) 世界で最古の大学のひとつとされるパリ大学では、神学、法学、医学、学芸(arts)の四つの学部があった。
(八) グルントヴィは『教会の応酬』(一八二五年)の出版によってH・N・クラウセンを激しく批判したことがもとで、一八三七年まで当局による検閲下に置かれていた。なお、H・コック『グルントヴィ』(風媒社)参照。
(九) 通常、アルフレッド大王(Arfred the Great, 849-899)といわれている。
(一〇) ソーアはシェラン島南西部の小都市。

（一一）「牛の頭数」はデンマーク語では「オクセホウダー（Oxehoveder）」であり、ここではグルントヴィに特有の駄洒落で「オックスフォード」が暗示されている。

（一二）グルントヴィはこのことにかかわり次のように付記している。「『ロンドン市は人口ではほとんどデンマークと同じだが、豊かさの面ではデンマーク王国の住民よりもはるかに上を行く。』こうしたことをサクソニー等がまさにロンドンの大学の外観で述べている。」なお、二重括弧内の引用は『ウェストミュンスター・レヴュー』一八二六年四月からのもの。

（一三）この記述はおそらく、古代ヴァイキング（ノルマン人）のイギリスとの交易や略奪が念頭におかれていると思われる。じっさい、五世紀から八世紀まで彼らはブリテン諸島との交易を行っており、八世紀から以後激しい襲撃や戦闘行為が行われ、彼らの系譜に立つクヌート大王やウイリアムズ征服王のイギリスにつながっていく。一一世紀にはヴァイキングの襲撃も終るが、ノルマン人（デーン人）の子孫がブリテン島の各地に定住するようになる。

（一四）GSV の編集者K・E・ブッゲによれば、ロンドン大学の定礎は一八二七年四月に行われた（『タイムズ』一八二七年五月一日、付録）という。

（一五）ラビュリントスは、ギリシア神話でクレタ島のミノス王の宮殿を意味する。そこは迷宮になっていて、ミノタウロスという牛の頭をした人間の怪物が閉じ込められ、生贄を要求していた。英雄テセウスはこの迷宮に侵入してこの怪物を退治したのだが、そのさい。彼は王女アリアドネから授かった「導きの糸」によって迷宮から脱出できたとされる。この神話は多くの作家が引用しているが、日本ではK・マルクスが『経済学批判』「序言」で彼の唯物論的歴史観を研究の「導きの糸」と表現したことからも多くの人々に知られている。

（一六）ここで「民属の発展には時期があり、そこで……」が削除されている。

（一七）一般に、高教会はイギリス国教会のうち教会の権威や伝統を重視するカトリックに近い立場であり、これにたいして低教会は宗教改革の原理に立ち個人の内面的信仰を重視する立場といえる。
（一八）『新約聖書』ルカによる福音書の第一〇章三〇が念頭にある。
（一九）スコラ的なものとは中世の学校で行われた哲学や神学のことであり、ここではいっそう広い意味で、学校教師的あるいは教授的といったニュアンスが含まれる。
（二〇）官吏の用語で、高等な権威に文書でアクセスするイメージ。
（二一）グルントヴィ『北欧神話記』の第一序論「普遍史的哲学・学芸」（『生の啓蒙』所収）を参照。
（二二）新ギリシア語は、一八三〇年のロンドン議定書、一八三二年の列強国間での合意によりオスマン帝国から独立した近代ギリシアを念頭において言及されているものと思われる。
（二三）一八三四年五月一五日付けの国王の政令。
（二四）つまり普遍的啓蒙を促進すること。
（二五）デンマークはユラン半島とフュン島、フュン島とシェラン島とのあいだがそれぞれ、小ベルト海峡、大ベルト海峡で隔てられていること、また、古くはスコーネ地方（現スウェーデン領）もエアスン海峡によって隔てられていたことが念頭にある。
（二六）北欧神話において「神々の黄昏（ラグナロク）」といわれる日のこと。
（二七）一八三二年に採択され、その後の歳月に実施される「改革章典」が念頭に置かれている。
（二八）じっさいにはロンドンの大学の創立は一八三六年、ブリストルの大学は一九〇九年である。
（二九）グルントヴィの一八三四年の草稿『国家的啓蒙』（『生の啓蒙』風媒社所収）の第三章「学術探求の学校」を参照。
（三〇）一八三四年の草稿『国家的啓蒙』の第三章（『生の啓蒙』所収）にも類似の記述が見られる。

（三一）GSVの編者K・E・ブッゲによれば、一八六四年の「パブリック・スクール法」では九つの学校の名があげられているという。すなわち、イートン、マンチェスター、ハーロー、ラグビー、ウェストミンスター、シューズベリー、チャーターハウス、セントポールズ、マーチャント・テイラーである。しかしながら、これらのパブリック・スクールはその教育活動が結果として公的意義を担うとしても、国家支援がなく高学費に支えられたのであり、その名とは裏腹に、実質的には富裕層のエリート学校なっている。

（三二）ロスキレの司教であり、ルンドの大司教だったアブサロン（Absalon, 1128-1201）、さらにベルゲン生まれでノルウェー・デンマークの劇ホルベア（Ludvig Holberg, 1684-1754）もまたソーアの修道院に埋葬されている。

（三三）主神オーディンの乗る八本足の馬。なお、本書「六　デンマーク語ホイスコーレの概念」の挿絵を参照。

（三四）『新約聖書』マタイによる福音書、第六章の二五を参照。

（三五）ゴート族がゲルマン系の一民属であり、ローマ帝国に侵入し、そのことで西ローマ帝国が崩壊したこと、ルターが宗教改革によってローマ教会の軛を断ち切ったことが念頭にある。

（三六）『新約聖書』マタイによる福音書第七章の九および一〇を参照。

（三七）フレーゼはデンマークの伝説上の国王であり、彼の時代に北西ヨーロッパ全体の平和が実現したとされる。スキョルにかんしては、アイスランドの詩人スノッリの『ユングリング家のサガ』が、オーディンが北欧を征服し、スウェーデンをユングリング家に、デンマークをスキョルと彼の子孫に与えたと記している。

（三八）サクソーのデンマーク年代記によれば、農民ヒヤルネは国王フレーゼの死のために記念の詩（ヒャルネの歌）を書いたことで王位を得たという（『デンマーク人の事績』「第六の書」谷口幸夫訳、東海大学出版会）。

（三九）フレイは北欧神話のもっとも重要な神の一柱で、とくに穀物や農業、富、豊穣さに結びついている。なおフレイアは双子の妹。
（四〇）新約聖書『マタイによる福音書』第三章の一が念頭にある。
（四一）参考資料「ソーア・アカデミーの将来組織について」を参照。
（四二）「対自的、自主的に」は<for sig>に当てた訳語で、ドイツ近代哲学の文脈では<für sich>に当たる。これは自立的、自覚的、自分だけ単独で、といったことを意味する。
（四三）幼年学校は、七歳から一四歳までの年代でしばしばフリースクールあるいは特別な学校にかかわっていわれる。
（四四）ここは第一次スレースヴィ戦争（一八四八年〜五〇年）を指している。
（四五）この詩はL・コックの「デーンの防塁の歌（チュラ・ダネボについて）」（一六九五年）の最初の二行から採られた。なお、「デンマークの四つ葉のクローヴァー」（『ホイスコーレ』上）も参照。
（四六）一八四八年にフランスで起こった二月革命の広がりは、「諸国民の春」としてヨーロッパ各地で三月革命となり、当時のヴィーン体制を崩壊させた。デンマークでもこの「春」の影響によって自由主義憲法が制定され、絶対王政に終止符が打たれることになった。そのさいグルントヴィも一八四八年秋にプレステーから憲法制定議会の議員に選出されるが、この議会には一五二人（実際には一五八人）がメンバーに選ばれ、一八四八年一一月から一八四九年の六月まで活動した。
（四七）モンラッズ（Ditlev Gothard Monrad, 1811-87）はデンマークの政治家であり高位聖職者。一八四八年の絶対王政から議会主義への転換時に国民自由主義を背景とした指導者の一人であり、一八六四年のドイツとの戦争時には首相を勤めていた。
（四八）マズヴィ（J. N. Madvig, 1804-1886）はデンマークの文献学者であり国民自由主義の政治家。コペンハーゲン大学で古典文献学の教授を勤めるとともに、学術探求の学校の監督官でもあった。グルントヴィの視点からすればラテン語派の急先鋒になる。

（四九）フロー（Christian Flor, 1879-1875）は、博士の学位をもちキール大学の講師も務めたが、「農民層が民属・民衆の核をなす」というグルントヴィのことばにしたがい一八四四年に世界最初の「フォルケホイスコーレ」を南ユランのレディンに開校した。後に、憲法制定議会のメンバーにもなった。

（五〇）デュペルは南ユランにあるデンマークの防塁のある丘。ちなみに、ここでいわれている「戦闘」は一八四八年六月五日のもので、デンマーク側の勝利とされている。

（五一）この点にかかわって、R・スコーマンは彼の学位論文で、一八四八年の三月議会当時に文化大臣の任にあったモンラッズは、前年の政令となったソーア・アカデミーの改編を、上位監督者の不在、財政問題、同年三月の諸事件等への対応などの理由で留保したが、そこには同時に別の理由もあったとしている。すなわちモンラッズは一八四八年五月三日付で、国中のすべての学校当局者やアムト評議会に問題の「回状」を送り、グルントヴィやクリスチャン八世の計画とは全く別の計画を通知した。つまり、それは選挙法の観点で、民衆啓蒙が重要になるという趣旨のものであったという（R. Skovmand, *Folkehøjskolen i Danmark 1841-1892*, Det Danske Forlag, 1944,）。

（五二）アムトスコーレとは、日本で都道府県に相当したアムトコムーネ（一六六二年に設立され、二〇〇七年にレギオンに再編）の運営する若者のための学校という意味。

（五三）あごでこき使い、手（指）で指図すること。

（五四）「禁断のソドムのリンゴ」とは旧約聖書の『創世記』で語られる、性的堕落に満ちた死海沿岸の町ソドムをヤーヴェの神が滅ぼそうとしたことを象徴する。

（五五）本書「九　補緑」の「（七）王国議会の審議から」の「一八四八年の王国議会でのグルントヴィの質問」

を参照。
（五六）「（七）王国議会の審議から」の「一八四八年の王国議会でのグルントヴィの質問」における文化大臣マズヴィの答弁を参照。
（五七）「ヒュペルボレイオイ」（hyperboreioi）は、ギリシア神話で「北風のかなたに住む人々」のこと。古代ギリシア人は北風の神がトレイス（北東ギリシア、ブルガリア、トルコ周辺地域）に住むと考えていたので、「ヒュペルボレイオイ」はさらにその北方に住む人々という意味になる。
（五八）ゲーテの『ファウスト』のことば「すべての理論は灰色で、生の黄金なす樹は緑だ」が念頭におかれている。
（五九）アース神族およびヴァン神族は北欧神話の二組の神の系譜であり、前者にはオーディンやトールらがおり、後者にはフレイやフレイアらが属する。
（六〇）グルントヴィへの賛同者、つまり通称グルントヴィ派といわれる人々への言及。
（六一）ドイツの哲学者カントの『啓蒙とは何か』（一七八四年）の冒頭のテーゼ「自分自身の知性を用いる勇気をもて」が念頭にある。
（六二）ここでは民属的なものを越えた「純粋な人間」、すなわちキリスト者であることを前提とし人間になるという発想に言及している。
（六三）『旧約聖書』「箴言集」第四章の二三を参照。
（六四）ドイツの哲学者ヘーゲルは『精神現象学』「序言」のなかで「見知られているものは、そうだからといって「学問的に」認識されているわけではない」という有名なことばを残しているが、グルントヴィはこれにたいしてむしろ、そのような概念や認識への飛躍の前に、見知ったりなじんだりする経験の次元を重視し正当に評価すべきであることを主張している。

（六五）グルントヴィはここでラテン語ギムナジウム、いわゆる「死の学校」に言及している。
（六六）「デンマーク協会」は一八三九年に創立されたデンマーク最初の民衆的学芸講演のためのアソシエーションであり、グルントヴィが初代議長を一〇年間務めた。
（六七）「神的集会」は、とくに一七九〇年から一八四〇年のあいだの一般民衆のキリスト教復興にかかわる敬虔主義の集会を意味する。彼らは既成のルター派教会にきわめて批判的で、独自の宗教的礼拝を催していた。P・L・スクレッペンボーはそうした集会のさいの巡回説教師の一人である。いずれにせよ、集会は一八四八年の絶対王政終結を導いた運動の一部であったが、その影響は一八五五年の教区の紐帯の緩和措置、一八六八年の自由教会の設立にかかわる法制化に及んだ。
（六八）一八三五年からこの方、デンマーク国家は『統計表』を定期的に発行している。それはデンマーク教会の記録や一八三四年に最初に行われた人口調査を基にしている。
（六九）K・E・ブッゲによれば、グルントヴィは「いつも争いを望む者は何がしかに苦悩する」というデンマークの諺を念頭に置いている。
（七〇）北欧、とくにノルウェーに伝承される精霊や妖怪。様々な容姿が語られるが、一般には醜悪で、知的でなく粗暴な性格をしているとされる。
（七一）「空飛ぶ人々」が誰を意味するのか不明であるが、このテクストが一八四〇年のものであることから、たとえば『アラビアンナイト物語』や、このテクストの一年前の一八三九年にH・C・アンデルセンがトルコの話として発表した「空飛ぶトランク」などイスラム圏の人々が念頭にあるのかもしれない。
（七二）インゲマン（B. S. Ingemann, 1789-1862）はソーアのアカデミーでデンマーク語講師を勤めたデンマークの讃美歌作家であり歴史小説家。ちなみにグルントヴィとは親しい関係にあった。なお、本書「六 デンマーク語ホイスコーレの概念」訳注（三四）、「七 ソーア・ホイスコーレ設立のために」訳注（四）

などを参照。

（七三）O・コースゴーによれば、こうしたところにグルントヴィの競争論、闘争論の精髄が表現されているという（Korsgaard, O., *N. F. S. Grundtvig*, Jurist- og Økonomforbundets Forlag, 2012）。

（七四）ちなみに、これらの歌集がまとめられ一八九四年に『ホイスコーレ歌集』の初版として刊行されて以来、この歌集は総計で二百四〇万部の発行というデンマークで最も普及した歌集となり、現在、その第一八版が利用されている。

グルントヴィのホイスコーレ構想が拓いたもの

——訳者解説

はじめに

グルントヴィはデンマークの社会・国家形成について語り、論議を組織する上で必須となる伝説的人物である（Hall et al. 2015）。もちろんグルントヴィへの関心は日本では萌芽的であり、その研究は緒についたばかりである。しかし、彼の思想が最初に紹介されたのはおよそ百年前に遡り、愛知県の安城周辺地域に象徴される豊かな農村づくり、いわゆる「日本デンマーク」運動においてであった（岡田 1992）。現在、このような視点からの研究関心がないわけではないが、遠い過去の民話にようにも聞こえる。じっさい、およそ七〇年後の「再発見」において、グルントヴィはもはや農村文化の思想家というより、近代日本を支配する「死の学校」「死せる教育」にたいするオルタナティヴの提起者であり、脱原発、再生可能エネルギー開発のインスピレーションの提供者であった（コースゴー他 1993; 江口 2010）。訳者もまたこうした関心に刺激を受け、それをさらに展開しようと考えている。

もっとも訳者は、グルントヴィがデンマークで何より自由の思想家とされることを知っているのだが、この視点も現代日本では無前提には議論しにくいと感じている。彼が改革しようとしたルター派国家教会という宗教的制度の前提がないこともある。しかしそれ以上に、自由主義思想はすでに日本には他の欧米諸国から多様な仕方で導入され、昨今の新自由主義の台頭と格差・貧困化社会の趨勢に有効に対処できずに、その信頼性が傷つけられており、再出発が必要である。訳者にかんしていえば、現代日本がグルントヴィから有益なメッセージを受け取れるとすれば社会的自由主義、あるいは社会的ヒューマニズムになると考えている。このことは説明を要するが、ここでは立ち入らず、むしろその視点を前提に解説を進めたいと思う。

ところで、訳者がデンマークやグルントヴィ研究に携わるようになったきっかけのひとつに、一九九〇年代のいわゆる介護保険制度論議があった。当時「寝たきり老人のいない国」（大熊 1991）といったことばで公的社会保障の整備されたデンマークへの関心が表現され、社会科学研究者のあいだでは「福祉国家レジーム」論の活況を呈していた。それらのことが刺激となって素人ではあるが訳者もはじめてデンマークを訪問したと記憶している。

とはいえ、そうした関心は訳者のなかではしだいに近代発展の思想へと変化し、デンマーク型社会発展とグルントヴィとの関係を追究するようになった。この点は別途に書いたので（小池 2010）、ここで詳しく辿らない。だが、今から考えると訳者の関心を持続的に後押ししたのは、訳者が最初に留学した研究機関での共通の研究枠組であった「協議経済」の理論であったと思える（Pedersen 1993; Pedersen et al. 1994）。それ以来訳者は、現代デンマーク社会を制度史から辿るとともに、その思想をグルントヴィのテクストから説明しようという構想のもとで牛の歩みの研究を続け、『グルントヴィ哲学・教育・学芸論集』に集成した諸論考も和訳し、刊行してきた。

そして、二〇一一年三月一一日に東日本大震災とフクシマの原発事故が襲った。この「三・一一」はじっさい、日本の近代発展の根底的問いなおしを提起し、その後の政治反動によっても消し去ることのできないテーマを私たちに突きつけた。それ以降、グルントヴィと近代デンマークからどんな示唆を私たちが受け取れるのかが、訳者にとっていっそう切実な研究テーマとなった。この解説はその意味での訳者の初期的報告であり、今後の研究への指針である。

本題に入ろう。ここで訳者が読者に紹介するN・F・S・グルントヴィは一九、二〇世紀には北欧を除いてごくわずかな人々に知られていただけだったが、近年、世界各地でその名が客光を浴びるようになっている。それは彼が「世界一の仕合わせな国デンマーク」の精神的基礎をすえ、他方でリベラルな価値と社会連帯とを結合する哲学によって、国家、国民、社会の形成過程に左右の政治イデオロギーを問わずユニークで決定的な影響を与えたという事情による（Pedersen 2010; Korsgaard 2012; Hall et al. 2015）。じっさいに彼は、一九世紀デンマークではリベラルな農民思想家として知られ、二〇世紀への転換期から第二次大戦にかけて国民思想家に変貌し、コンセンサス型民主主義や社会経済の創出、福祉国家形成にも価値的基礎を提供し、第二次大戦時のナチ占領下にあってはデンマークの対独レジスタンスの精神的結集点にもなった。

だがそれらにとどまらず、グルントヴィの名声は開発途上国でも生活世界に起点をおいた内発型社会開発の思想家として知られるようになり、「グルントヴィ・プログラム」はヨーロッパで成人教育の代名詞として認知されるようになった。そして今ではグローバル化した国際環境のもとでの維持可能な知識基盤型社会の思想的創始者とされ、国民的競争、制度的競争といった視座を提示した点でも評価がなされはじめている。死後すでに一四〇年余を経過するが、「グルントヴィ」は近代デンマークの伝説的思想家として、多くの政治家の発言のなかで盛んに引用されている。（一）だがそのことにとどまらず、訳者自身は彼がデンマークを越えてさらに人類的思想家として評価可能という予感をもっている。そのことを簡潔に小国主義というキーワードで要約できると考えるのだが、拙訳『グルントヴィ哲学・教育・学芸論集』が日本でのそうした議論の呼び水になればと思う。

いずれにしても今、グルントヴィ研究の活況があることは疑いない。管見のかぎりでもデンマーク内外で優れた研究が次々と刊行され、グルントヴィ像を現代的に更新している。くわえてK・E・ブッゲらの編集による独訳テクスト集『N・F・S・グルントヴィ選集』（*N. F. S. Grundtvig: Schriften in Auswahl*, herg. von K. E. Bugge et al., 2010）や、E・ブロードブリッジらの編集による英訳テクスト集『生のための学校――グルントヴィの民衆教育観』（*The School for Life: N. F. S. Grundtvig on Education for the People*, ed. by E. Broadbridge et al., 2011）など、翻訳類の刊行も相次いでいる。繰り返しになるが、時代は一九世紀ヨーロッパの辺境に生きたグルントヴィを遅まきながら人類的視野をもった思想家に仕立てようとしている。幸運にも歴史の巡り合わせによって、訳者もその輪のなかに加わろうとしている。

とはいえ、依然として日本では「グルントヴィって誰、どこの人」と問われる状況にある。より正確にいえば、昭和初期の農業恐慌以後、東海大学など一部の学術サークルで語り継がれたものの、二〇世紀末にフォルケホイスコーレへの関心によって彼が「再発見」されてもなお、その知名度は回復していない。フォルケホイスコーレは二〇一二年段階で、デンマークで七五校ほどが活動しているとされ（AFHD 2012）、日本でも徐々に知られつつあるが、その社会的、政治的意味について議論はまだ皆無といえる。そこには地理的距離や言語および宗教の相違、テクストの難解さ、未知の思想的系譜など、数えればきりがないほどの障壁があることを訳者は承知している。研究が初期的であることから、この解説も十分に委曲を尽くしたものとはなりえない。とはいえ訳者は『ホイスコーレ』上下巻の刊行を機会に少し大風呂敷を広げ、脳裏にある関心をあまり細部にこだわらずに表現することにしてみたい。とくに焦点を当てるのは、順に知の改革、政治哲学、政治的影響、「社会」の構築といった一連のテーマになるであろう。そして最後に、とくに日本との関係でそれらのテーマを小国思想と要約して簡単にコメントをくわえ、この拙い解説を閉じることにしたい。

一　知の改革としての「生の啓蒙」

既述のように、グルントヴィは一方で世俗的諸事象を論じた思想家であったが、他方で元来は神学者でありデンマーク国民教会の聖職者であった。後者にかかわって論議の深みを紹介する準備は訳者にはほとんどない。だが、重要なことは彼が「信仰」（Tro）と、世俗的諸事象を知的にとらえる「直観」（Anskuelse）とを区別し、後者をたんにキリスト者だけでなく、「自然主義者」や「異教徒」にも開かれ、接近可能なものとしたことである。それは、「モーゼ・キリスト的直観」（mosaisk-kristelig Anskuelse）とも、「歴史・詩的直観」（historisk-poetisk Anskuelse）ともされるが（グルントヴィ 2012）、この直観知が、「フォルケリ・ホイスコーレ」[一一]（folkelig Højskole）の基礎を支え、「生の啓蒙」（Livs-Oplysning）とされる改革の知の母体となる。現代日本のグルントヴィへの関心もおおかたそこに収斂しているので、訳者はまず、この知の形式を近代思想史の系譜の上に位置づけるよう試みたい(三)。

さて、ヨーロッパに端緒をもつ近代思想は、しばしば一七世紀のデカルト哲学を引き合いに出して論じられる。なぜならデカルトは「我思う、ゆえに我あり」(『方法序説』)として近代自我の哲学を本格的に立ち上げ、知の確実性の基準を明晰判明に思考する人間理性に求め、ここに強固な人間的主観の原理を打ち出したからである。この主観原理を訳者は人間理性の原理と呼ぶとするが、それは強力な思考様式の変革力によって合理主義思想の潮流をかたちづくり、グローバルに波及した。この潮流は数学的自然科学者らの力強い支持を得て一七世紀末には古代の古典的学芸を凌駕したとされ、一八世紀にいわゆる啓蒙の時代を開花させる。この啓蒙は人間理性の光によって暗がりを照らすことで得られた知見を拡大普及することとされるが、大まかにいって、イギリスに発達した経験論型と大陸ヨーロッパの演繹論型とに区分されている。とはいえ、それらは総じて主観的な人間理性を知の核とし、フランス革命に象徴される市民革命に猛威を振るい、今日にいたるまで非合理な独裁体制を解体し、変革し続けている。政治革命、経済革命という表現との比較でいえば、それはまさしく連続的、過程的な思考の革命、あるいは哲学革命といえるのである。

この人間理性のプロセスは「啓蒙」という表現にかかわって、しばしばドイツの哲学者カントの有名なテーゼを参照させる。すなわち、啓蒙とは、人間が自己の未成熟の状態から抜け出すことであり、「自分自身の知性を自ら使用する勇気をもつ」という自律への覚醒である(『啓蒙とは何か』)。しかし、この啓蒙はフランス革命を背景に、また教会に代替する知的制度としての学校と、そこで開発される知的慣習を媒介に、今日のいわゆる知識社会を創出して行く。この知的伝統の豊穣さは認知的にも実践的にも自明であり、その全面的な否定はもはや不可能であるのだが、しかし、二一世紀の現時点からすると、同時に、そこにはらまれる毒性、すなわち様々なリスクや抑圧の深刻さもしだいに認識されつつある。これが思想史上では「啓蒙の弁証法」の概念で把握される事態である。(四) とくに近代科学にかんしていえば、一九四五年の「ヒロシマ・ナガサキ」、二〇一一年の「フクシマ」を経験した私たちにとって、理性の非理性への反転の弁証法は理解しやすい。じつにグルントヴィは一方でこうした主観的理性の原理の意義を承認しながらも、他方でそこにはらまれる諸問題をすでに一九世紀の段階で洞察、告発しており、この原理はらむ毒素の抗体を含んだ知の形式を「生の啓蒙」として掲げ、その制度である「フォルケリ・ホイスコーレ」を拠点としてオルタナティヴ近代の径路を照らし出そうとした。換言すれば、グルントヴィは人間理性の原理に内在する「毒素」を篩にかけ、主観的理性を社会生活に有機化して埋め込もうとした。そこに結晶した作品が現代デンマーク社会だと訳者は想定しているのである。

ちなみに、この人間理性の「毒素」という問題性にかかわって、その生命のない原子論的発想や画一性に反発して感情、個性、生、全体的調和などを掲げて対抗したロマン主義は当然の参照点となる。グルントヴィの思想史的系譜を考慮するなら、スピノザの「神即自然」といった汎神論の形而上学を一九世紀ドイツのコンテクストで体系化したシェリング哲学が、ノルウェー＝デンマーク出身の哲学者H・シュテフェンス（Henrik Steffens, 1773-1845）によるコペンハーゲンでの連続哲学講義（一八〇二、〇三年）で北欧に導入され、北欧ロマンティズムを開花させていった経緯は決定的である。この連続講義は当時のデンマークにおいて、民衆の国歌を書いた詩人A・エーレンシュレアー（Adam Gottlob Oehlenschlæger, 1779-1850）や童話作家のH・C・アンデルセン（Hans Christian Andersen, 1805-75）、孤高の哲学者S・キルケゴール（Søren Aabye Kierkegaard, 1813-55）らを輩出したデンマーク文化の黄金期の精神的母体となった。もちろんグルントヴィもまたこの精神に連なる。じっさい彼自身、様々なテクストのなかでこの連続講義を思想的「事件」として意義づけており、彼の従兄弟であるシュテフェンスをホイスコーレの知的な産みの親と認めているのである（コック 2007; ダム 2014）。

とはいえ、グルントヴィはロマン主義をそのまま承認するわけではない。たとえば、その哲学的旗手であったシェリングは、精神と自然との「絶対的同一性」を哲学原理とし、それが天才的な知的直観においてのみ把握できるとし、その教育的普及はまったく無駄と宣言している（Scharling 1947）。グルントヴィはこれにたいして、ロマン主義的直観の原理的意義を承認しながらもシェリングとは正反対に、私たちが直観の分析と再統合の連続的過程を通じて、たとえ完全にではないとしても真理に接近できると考えている。直観は分析解明の歴史過程と結合され、ロマン主義は啓蒙主義と連結される。グルントヴィの「生の啓蒙」はこの直観知と分析知の媒介、相互作用にあって知の産出過程として成立するのである（小池 2009）。

じっさいグルントヴィは人間理性の原理に基づく啓蒙を「浅薄な啓蒙」、シャローな啓蒙とし、これを解毒して摂取しようとした。すなわち理性的知見の意味を有機的、社会的な生の連関にまで深め、そのなかに埋め込もうとした。これが彼の「いっそう根底的な啓蒙」（グルントヴィ 2011）、ラディカルでディープな「生の啓蒙」の立場である。このことの要点は、知の真理性、確実性が対象と個人の理性との経験的一致、あるいは理性による対象の構成に求められるはするが、それらは認知的関係に還元されるわけではなく、むしろその真理性は原理的には、通常の言語的相互作用を通じて諸個人の健全な「常識（コモン・センス）」（sund Menneske-Fornunft）として合意されてはじめて客観的、相互主観的に成立する、こうした表現が許されるなら、「下から」の民衆的国民的合意によって成立するという立論である（Grundtvig 1905）。それゆえ、「常識」はたんに概念や数式によって把握され、「普遍言語」を通じて学術サークルの狭域で承認される知ではなく、それ以上に、多様な人々に理解できる「生けることば」で語られ、対話や討論、衝突や紛争を含む諸個人、諸集団、諸国民の歴史・社会的プロセスのなかで醸成される知の地平である。その過程で、「常識」は人類の知的共通資産として運動し、切磋琢磨を受けて深化し、その質を向上させる。[五]このことは知の社会化や歴史化というだけでなく、さらに知の民主化とも表現できる。それゆえ、グルントヴィの「生けることば」や「相互作用」といった基本諸概念は抽象的、思弁的に把握された「社会」や「コミュニティー」によってとらえられないことはもとより、バラバラに分断された、没政治的でトリビアルな生活知に限定されることなどけっしてありえない。それらの基本諸概念の背後には一方で伝統的（新）人文主義の権威主義的秩序の民主化があること、同時に近代科学に象徴される人間理性の原理にも随伴する権威主義の陥穽、例えば業績権威主義や過度の専門家崇拝とそれに基づく社会全般の階級的再編成への異議申し立てがあること、それゆえ端的に知の民主化、民衆化を同伴する一定の政治哲学であることを、私たちは理解しておかねばならないのである。

二　知・政治的資源の再配置と主体形成

本節は、これまで述べた知の改革「生の啓蒙」の特徴を三点、すなわち架橋の知、国民主体の形成、ホイスコーレ型知的慣習にかかわってふれる。順を追って述べよう。第一の架橋の知というは、グルントヴィのめざす知がつねに何らか分断を橋渡しする過程だからである。たとえば、「フォルケリ・ホイスコーレ」構想にかかわるテクストで、しばしば「啓蒙と陶冶形成」（Oplysning og Dannelse）という表現が用いられる。この場合、グルントヴィの「生の啓蒙」もまた啓蒙として何らかの知識の普及、授受であるが、そこに不可欠な仕方で「陶冶形成（ダンネルセ）」が随伴することが核心となる。ここで彼は知識の授受による諸主体の成長、すなわち内実変化を問題にしている。つまり、一般に教会が信仰にかかわり、絶対者にたいする信頼と帰依を本質とするのにたいして、学校が扱う知は主観にかかわり、個人の覚醒に関与する。その意味で、とくに近代以降発達する学校は多かれ少なかれ個人化あるいは自我の覚醒のための制度である。しかし、グルントヴィが「陶冶形成（ダンネルセ）」という場合、この個人化は表層のレヴェルでの知の授受として、したがって因果論的一方向性として把握されるだけのものではない。授受が言語的な「相互作用」（Vexel-Virkning）のなかで行われ、個々人の個性やユニークさへの覚醒、アイデンティティーの獲得が同時にある種の人間的でディーセントな共同性において成就される。成長とは相互作用、すなわち個人化と共同性への人間的発達・成熟の両者を含むのである。通常は共同性に家族や親族、地域、職域などの諸相が想定されるかもしれない。だが「フォルケリ・ホイスコーレ」の場合、「陶冶形成（ダンネルセ）」はそれらの諸相と区別された関係、アリストテレスが友愛（フィリア）と呼んだ質の関係に媒介される。すなわち「フォルケリ・ホイスコーレ」の活動は、自立と共同のもとづく国民形成、あるいは市民形成と不可分なのである。

なお、デンマーク語の表現では「陶冶形成（ダンネルセ）」と区別された「教育（ウズダンネルセ）」（uddannelse）ということばがあり、これは当人が外部から受け取る未知の専門的知識やスキルの授受、したがって主観の拡張にかかわる。この「教育（ウズダンネルセ）」だけを分離して学校の課題にすることを、私たちが当たり前のように考えるかもしれないが、それこそがグルントイヴィが「浅薄な啓蒙」、「シャローな啓蒙」とする知的慣習であり、個々人を差異化して分断するだけで、相互作用をもたらさず、それゆえ共同性や市民性を導くことがない。こうして私たちは、「フォルケリ・ホイスコーレ」構想が「相互作用」すなわち共同によって、個人性への覚醒を民衆・国民と結合すること、換言すれば市民社会に生きる個人の形成を基本課題とすることを知っておかねばならない。「生の啓蒙」が架橋の知だというのはそうした意味でまずなにより、啓蒙が政治的意味を含む知の運動であり、個と共同性とのベクトルを相互に異にする両要素を連結する過程だからなのである。

ただし、グルントヴィのいう「市民社会」は、「学者の共和国」といった仕方で自然やエスニックな要素から完全に分離した空中楼閣ではない。それはまた一二歳から一八歳までの少年の一部が通った「未成年男子学校」でのように、ラテン語や数学、普遍的記号を知のメディアとするのでもない。むしろ「市民社会」は第一次的には土着言語、すなわち「生けることば」(det levende Ord) としての母語を用いることよって「民属・民衆性(フォルケリヘズ)」として、あるいは国民的共同性を境位として存立する。グルントヴィがラテン語学校や学術探求の学校と区別して「市民学校」とする「フォルケリ・ホイスコーレ」を、「デンマーク語ホイスコーレ」、「ノルウェー語ホイスコーレ」等と表現するのもこの論理によることなのである。

たしかに、母語としてのエスニックな言語を知のメディアとすることは、一方で相異なる言語を用いる諸国民を区別する。このことは制約的な事実である。しかし、同じ市民社会内部で知の分断を架橋して克服することも事実である。後者が国民形成の進められた一九世紀の中心課題なので、問題の焦点をここに当てるが、その意味にしたがう架橋の形式は多様であろう。それは基本的には精神と自然(身体)、理性と感情などの二元論的形式の架橋であり、ロゴスとエロース、学問と啓蒙、外来のものと土着的なもの、規範的思考と実感的思考、エリートと大衆、男と女、支配者と被支配者、中心と周縁、文明と野生等々の架橋と考えることができる (Korsgaard 2011)。グルントヴィがめざしたのはこのような分離の架橋、すなわち同一の共同性のなかでの知的資源の再配置(知的福祉)であり、ひいては政治的上部構造の再配置であった。だが、その論理を延長していって政治的解放は実現するかもしれないが、社会的格差などの多様な物質的不均等、不平等問題は依然として残存する。これにたいして社会主義思想や福祉国家制度は物質的格差・分断の克服を資源の再配置の基本問題とみなし、そこから上部構造における対立の克服をめざした。このことと対比していえば、グルントヴィの出発点は知的資源の再配置（知的福祉）、ひいては政治（資源）の再配置であり、より一般化して上部構造の再配置であって、そこにはさらに経済的土台への浸透という課題が残される。この問題は「グルントヴィ」と「マルクス」という思想家の名で象徴的に表現できるかもしれないが、これは後に若干ふれることにする。いずれにしても、グルントヴィはあくまで知的・政治的資源の再配置という基本関心から出発して時代と格闘し、高等教育の再設計に取り組んだ。ホイスコーレ構想のテクストからすると、この再配置は「北欧の光」のもとでの「学問」と「啓蒙」の両者の制度化によるものであった。この点をさらに敷衍しよう。

まず前者の「学問」についていえば、私たちはここでグルントヴィの「学問的ホイスコーレ」（videnskabelig Højskole）、すなわちスウェーデンのヨーテボリに構想された「北欧大学」に注目しなければならない。彼は一方で「フォルケリ・ホイスコーレ」を「生のための学校」（Skolen for Livet）とし、そこに民属・民衆的、国民的な相互作用の知の圏域を想定するが、その場への参加者の大部分は一般庶民である農民であり、同時にそこに法律家や聖職者、教師、行政官等（の候補生たち）が、試験等のチェックを抜きにして同じ国民あるいは市民の資格で参加するとした。これにたいして「喜びの学校」（Skole for Lyst）といわれる。「学問的ホイスコーレ」は物理的学問と歴史的学問の二本柱で枠づけられ、デンマーク、ノルウェー、スウェーデンの北欧三国の知的慣習を背景としながら「人間性」(Menneskelighed)の普遍史的解明がめざされた。そのさい北欧の学問的慣習は、分析知の支配と、その下での学問と人間性の荒廃状況を、それゆえ知的、精神的疎外を独自の直観知を導きの糸として克服することを使命とした。グルントヴィはこの知の基礎に宗教的信仰と区別された意味での「モーゼ・キリスト的直観」等々をすえ、そこにキリスト者であれ自然主義者であれ、異教徒であれ、文化的相違を横断する普遍性の次元が拓けることを指摘したのである(グルントヴィ 1912, 1914)。

とはいえ、ここで訳者は彼の学問論の詳細に立ち入ることを控える。要点として、グルントヴィの構想においてホイスコーレは市民的生の陶冶形成をめざす「フォルケリ・ホイスコーレ」と、人類の普遍史にかかわり世界と人間性とを学術的に解明する「学問的ホイスコーレ」とに区別されること、参加者も前者の市民であろうとする者、後者の学術探求を志望する者とに区別されること、そのさい法律家や官吏の育成が「学問的ホイスコーレ」の課題ではなく、むしろ「フォルケリ・ホイスコーレ」のそれだとされ、このことで、法曹や官吏は、王権や支配階級の下僕ではなく、優れて民衆的国民と連携する公僕と意義づけられること、「学問的ホイスコーレ」と「フォルケリ・ホイスコーレ」とは相互作用し、相互補完的であることなどを確認することでよしとしよう。

第二に、知的改革の目標である国民主体についてふれよう。グルントヴィは「生のための学校」のテクストの末尾で「奴隷なき民属・民衆」のスローガンを掲げ、官吏や学者、聖職者が公僕として「共通の最善」(det Fælles Bedste)あるいは「公共の福祉」に貢献しなければならないと強調しているが、このことは彼の知の改革が強く時代の転換を意識した政治哲学として打ち出されていることを意味する（Birkelund 2000, 2001a, 2008）。すなわちフランス革命以後の世界が絶対王政から代議政体への転換期にあり、とく一八三〇年のフランスの七月革命によって復古的ヴィーン体制が動揺するなかで、デンマーク連合王国内の四か所に身分制地方諮問議会が設立されたのだが、このことにたいしてグルントヴィは敏感に反応した。この諮問議会は一八三五年からシェラン島のロスキレとユラン半島のヴィボーで活動を開始する。グルントヴィは公論に基づき「上から」改革を実行する絶対王政の擁護派であり、身分制諮問議会の可能性を懐疑し、時期尚早と考えていたのであるが、議会のじっさいの活動は彼の心情を揺さぶり、議会懐疑派から肯定派へと変化することになる。彼は遅かれ早かれ民主化が到来する必然性を理解するようになり、一般「庶民」がその制度を担い、議会でも教養市民層に伍して討論できるよう、彼らの陶冶形成を焦眉の急として強く確信する。すなわち、彼は代議制国家の形成と相対的に区別される国民の主体形成、あるいは市民の形成を時代の優先課題としたのであり、本書のテクストに見られるように、シェラン島の中央部にあるソーアの学術施設に「フォルケリ・ホイスコーレ」を付設するよう当時の国王クリスチャン八世に請願するのである。

ちなみに、「市民」や「民衆」と区別され、それらの主体の前提となるデンマーク語の「庶民（アルムエ）」（Almue）ということばには興味深いものがある。それは文字通りには「全体資産」あるいは「共同資産」であり、身分社会にあって下に投げ置かれた「サブジェクト」として受動的労働力であり、政治的臣民であった。しかし、「庶民」は実質的に小農民なのであるが、民主化を進展させ、その制度を良好に機能させるにはその「庶民」が近代的「サブジェクト」に、すなわち国家運営の主体としての「民衆的国民」ないし「市民」へと脱皮し、成長しなければならない。ソーアに構想された「フォルケリ・ホイスコーレ」はこの陶冶形成を担い、ひいては「共同資産」にたいして主体的、全面的な発達への道を開く施設と解することができる。それゆえ、「フォルケリ・ホイスコーレ」がめざす「庶民（アルムエ）」から「民衆」への成長、すなわち「フォルク」や「フォルケリ」、「フォルケリヘズ」といった主体形成は、グルントヴィの市民的、政治的プロジェクトを要約する。それは自由、平等、友愛を掲げたフランス革命の「国民」をデンマークのコンテクストにおいて適切な仕方で形成することであり、その射程はすでに国民国家、高度な民主的福祉国家、さらには「社会（サムフンズ）」を担う主体にまで及んでいたというべきである。

さて、第三の注目点は「フォルケリ・ホイスコーレ」の知的慣習についてである。すでに述べたが、ホイスコーレは「死の学校」を代替する「生のための学校」といわれる。この場合「死」（Død）には、テクストが繰り返し述べるようにラテン語に代表される非日常言語の習得と古典文献に基づく人文主義的教育が念頭に置かれる。それは綴りや文法、成句を暗記して試験に備えるといった機械的学習を常套手段とし、学校をメカニカルな規律・訓練の場にする。そのさい、個人のアイデンティティー獲得や社会化は非本質的であり、結果的にメリトクラシーの論理による垂直的社会的序列の新たな生産が本質的要素となる。グルントヴィは、こうした事態にたいして「フォルケリ・ホイスコーレ」構想で「生けることば」による「相互作用」すなわち共同化を掲げ、学校がたんに私たちの知性を刺激し機能させるだけではなく、同時に魂や心（ハート）をも揺さぶって解放し、冷静な知性と暖かい心情の両者を備えた豊かな人間を育成することを展望した。歌謡や物語、神話などの題材がそのことを力強く支えたのである。

そこで紹介しておきたいのだが、そもそもグルントヴィにとって「生」（Liv）は理性以上のものであり、感覚作用、想像作用は知性を内に含むものである。生の「経験」（Erfahring）はたんに認識論的な意味での「経験」「実証」に尽きるわけではなく、むしろ後者は個人の生、社会的生、人類の生を包括する歴史的経験のなかに包摂され、位置づけられることになる。こうしてグルントヴィの「生の啓蒙」は冷徹な主観的人間理性の光に象徴されるのではなく、むしろ暖かく人間性を全体として解放する太陽の光の比喩に依拠する。じっさいマリエリュスト・ホイスコーレの開校によせた彼の詩は象徴的にこのことを詠っている（グルントヴィ 2015）。

太陽が春の季節に輝くように
それが夏の日々を暖めるように
真の啓蒙はいつも温暖で優しい
だから我等の心は寛げるにちがいない
　闇の脅威にもかかわらず
光線の腕に抱かれれば

光と暖かさによって
心は歓喜する

ここで啓蒙と人間形成の制度である学校は「陽光」に照らして世界の闇を照らすとともに、心を歓喜させる。啓蒙は「頭」と「心（ハート）」、「精神」と「塵（身体）」を架橋するケアや癒しの次元を同時に拓いた。ホイスコーレは、哲学者K・E・レーストルップ（Knud Ejler Løgstrup, 1905-1981）のことばを借りれば「至高の生の諸表出」、つまり生の勇気、喜び、信頼、暖かさ、希望などの諸価値の表出の場であり（Birkelund 2001b）、メカニカルな主体を自然で人間的な共同主体へと再生させる場だったのである。

このような知の慣習や学校のイメージは、精神的自由が失われ、新自由主義的な競争至上主義と強権的国家コントロールに支配された現在の日本では想像することが困難になっている。学校は序列創出型に設計され、過剰な機械的「教育（ウズダンネルセ）」の装置となって「陶冶形成（ダンネルセ）」の余地を奪う傾向にあり、そこに人間疎外と社会の退嬰からの回復の機能が発揮できているとはいいがたい。今この問題に立ち入る余地はないが、事態は「生の啓蒙」を知の慣習とするようになったデンマーク型近代と、そのことを合理化の名のもとに切り捨ててきた日本型近代とのあいだで、学校のコンセプトに大きな隔たりが生じたことを証言している。たしかに第二次大戦の直後に日本型近代に亀裂が生じ、その隙間からデンマーク型の「太陽」が覗いたことは想像できる（小池 2005a）。

だが、その後は戦前とは別形態のメカニカルで「死せる学校」が再現されている。それでも訳者は「フォルケリ・ホイスコーレ」が一九世紀デンマークを支配した「死せる学校」に対抗し、知的慣習の改革を学校一般に押し広げたように、日本でも生の喜びや民主的市民の覚醒と不可分に結合した知やスキルの獲得が完全に遮断されたわけではないと考えており、現在および将来、多様な改革の試みが叢生することを期し、基礎準備に寄与したいと願っている。

三「共通の最善」とその具体化

こうして、元来は聖職者であり、詩人、讃美歌作家として知られるグルントヴィではあるが、訳者は彼をまずは知の改革者、しかも政治的性格を帯びたそれと受け取ってきた。このことと関係するが、近年、グルントヴィを神学者あるいは宗教家とする以上に、世俗思想家であり独自の政治哲学者とする視点からの研究が活発化しており、訳者もまたこの傾向に棹さすことになる。

ちなみに、グルントヴィと政治との関係で訳者は以前、H・コック（Hal Koch, 1904-63）の『グルントヴィ』（コック 2007）を邦訳し、そのさいに、第二次大戦時のドイツの占領下にあってグルントヴィがデンマーク独立のための国民的結集点であったことを紹介した（小池 2007）。すなわち、すでに一九世紀の段階で、デンマークとドイツの緊張がとくにスレースヴィ・ホルシュタイン地域をめぐって高まり、二度の戦争に発展したが、その雰囲気は本書の「デンマークの祝賀」などのテクストからもうかがえることである。そのなかでグルントヴィ自身は自国の独立の権利を主張し、一八四四年のスカムリンの丘での集会においてナショナリズムの高揚に一役買うことになる。だが、他方で彼は他の諸国民の独立の権利を同等に承認しており、領土拡張主義や帝国主義的言辞をいっさい弄していない。この点に私たちは彼の小国主義を見ることができるのである。

焦点を防衛問題にすえれば、グルントヴィはじつに「いわゆる『一般的兵役義務』に反対するデンマーク王国議会での演説」(一八四八年)によって、国家武装や徴兵制を民衆抑圧的なものとみなし、むしろ祖国防衛を自発的な民衆あるいは国民の心(ハート)に依拠するものと表明していた。この中立と民衆自身による自主防衛路線はさらに、平和主義者として知られる急進自由党(Det Radikale Venstre)の指導者P・ムンク(Peter Munch, 1870-1948)によって、日本国憲法にも通じるような非軍事中立路線に練り上げられる。ムンクは国が他国に占領され、国家機能が停止しても、国民的結束が維持できれば、祖国は必ず復興すると表明していたのであり(Korsgaard 2006)、この中立平和主義がコックによって継承され、非軍事的抵抗路線として彫琢され、一九四〇年のコペンハーゲン大学でのグルントヴィ連続講義となったのである。とはいえ、本節では以下で政治家グルントヴィではなく、むしろ彼の政治哲学の核心を解明することにしたい。

さて、一八世紀から一九世紀初期のヨーロッパで、人間の理性を原理とする啓蒙思想が頂点を迎えると、身分社会から自由で平等な市民社会への転換が力強く推進され、社会契約思想とその具体化としての国家や社会の創出が試みられるようになる。なるほどグルントヴィは生涯の大部分を独自な観点からの絶対王政の支持派として生きたが、しかし、王政から代表制議会主義へ、身分制社会から市民社会への転換を歴史の必然と解するようになり、フランス革命の錯誤と混乱を厳しく批判しながら、デンマークにおける成功裡の政体移行を模索するようになった。そのさい彼はすでにふれた「共通の最善」を理念として高く掲げており、注目を要する。この理念はアリストテレスの概念を借りれば「賢慮（フロネーシス）」、すなわち他の仕方ではありえない一義的な認識の真理（エピステーメー）とは異なり、他の仕方でもありうるが、しかし最善である実践的真理を照らし出すものであった。それゆえこの知はアプリオリにではなく、むしろアポステリオリに歴史経験を踏まえて与えられる。「共通の最善」は諸々の既成の知を権力や暴力によってではなくロゴスによって、つまり対話や討議、ルールに基づく紛争などの言語的相互行為を通じて変容させて導くことから得られるが、グルントヴィの時代の脈絡にあっては、一方で「上から」の啓蒙的統治を担う官僚層によって「最善」が「合理的」に解釈されるだろうし、他方で、議会を占める多数派の見解によって解釈が決定される方向も想定されるだろう。これにたいしてグルントヴィのアプローチは啓蒙絶対主義か、議会主義かという選択の狭間で独自の観点から与えられる。それが「デンマークの四葉のクローヴァー」などでも論じられる「国王の自由」と自由な「民衆の声」とを結合する政体観であり、いわゆる「世論が統治する絶対王政」（den opinionstyrede enevælde）である（Birkelund 2008; グルントヴィ 2014; Damsholt 2015）。

すなわち、グルントヴィは「国王の自由」と「民衆の声」との結合が最善の自由を創出すると考え、この理念へと通じる一六六〇年のデンマーク絶対王政の成立さえ、ある種の「革命」とみなした。すなわち彼は、フランス絶対王政の場合、国王と貴族、聖職者の特権的諸階級からなる権力ブロックが全体の「九六パーセント」を占めるブルジョワ・民衆ブロックを抑圧し支配すると解する。これにたいしてデンマークの絶対王政の成立は、「危険な賭け」ではあったが、国王や聖職者がブルジョワ・民衆ブロックと連携して広大な土地を所有する地方貴族の専横支配を制度的に抑止し、国内外の難問解決に大きな一歩を踏み出したとするのである（Grundtvig 1877; グルントヴィ 20014/15）。

訳者はこうした歴史把握の妥当性についてにわかに判断できないが、歴史家の議論も後者のの絶対王政が「統治の法」（Lex Regia）に基づき、かなり公正で腐敗度の低い合理的システムだとしており、グルントヴィの理解と帰を一にするものがある（Knudsen 1993）。本書でもいわれるように、デンマークの政体にはヴァイキング時代の「偉大なる『シング』（Ting）」、すなわち法とリーダーによる一元的統治と民衆の自由との結合の伝統があり、その政治文化は大枠では今日においても失われておらず、一元的な政治中枢と世論や多様な協議回路との連結、あるいは法治国家の単一性と高度にリベラルな市民社会との結合に具体化されている。だが問題は一方で国家の単一の統治を、他方で民衆の自由な声の国家統治への反映をそれぞれ保障し、賢慮としての「共通の最善」をどのように導くことができるかである。

このことにかかわってグルントヴィは一方で絶対王政擁護の心情をもち続け、他方で代表議会の多数派を通じたブルジョワの特殊利害追求には賛同できなかった。彼の政体観からすると「共通の最善」の導出の成否は、一八三〇年代の身分制地方諮問議会の設立によって「民衆の声」が良好に機能するようになること、そのことで国家権力と民衆との相互作用が推進されることに依存していた。そのさい問題は「民衆の声」の成長であり、とりわけ「庶民」すなわち小農層が政治主体として覚醒して「市民」あるいは「国民」となり、議会でも教養層や官僚、地主に伍して自らの価値観や利害関心を表明し、討議によって「共通の最善」を導出できること、さらには官僚層、教養層が民衆的感覚を獲得し、民衆的「国民」の一部となることは決定的であった。ソーアの「フォルケリ・ホイスコーレ」はその意味で、教養層の陶冶形成、そして基本的には「庶民」の民衆的「国民」への陶冶形成の制度でもあり、法と世論に基づき、かつ政治中枢をもつ政体を現実に機能させる前提だったのである。

補足として、ここでグルントヴィが「国民」の観念を「ネイション」や「ナショナル」という用語法によってではなく、「フォルク」や「フォルケリ」、「フォルリヘズ」等と表現したことについてふれておきたい。(六) いうまでもなく「ネイション」はフランス革命以来「国民」を表す概念であるが、一九世紀のデンマークにあってこの用語はドイツ的教養を背景とし、一八四九年の自由主義憲法を領導した教養市民層によって掲げられた。彼ら自身が自らを「国民自由主義」（Nationalliberalisme）と称したのであるが、この党派的ネットワークは大学でラテン語やドイツ語を通じて学問（ヴィッセンシャフト）を習得した選良のサークルとして、あくまで未熟な「庶民」の代弁者たろうとした。たとえば、国民自由主義の主要リーダーであったO・レーマン（Orla Lehmann, 1810-1870）は、絶対王政から議会制への体制転換を国王からデンマークの選良層への権力移管と理解し、「蒙昧な一般庶民の手に国家統治を委ねたのではない」（Korsgaard, 2012, s.55）と公言していた。こうした言説において「民衆のための統治」は主張されるが、「民衆による統治」は不在である。これにたいして、グルントヴィの民衆的「国民（フォルク）」あるいは「国民性（フォルケリヘズ）」（Folkelighed）の観念は、繰り返し述べるように身分社会の一構成層である「庶民」がそれ自身を精算して、自由かつ平等な仕方で結束する「民衆」「国民」として自覚することを基本とする。この意味での「国民」は選良である教養市民層に代表されず、農民層自身を中心としてボトムから立ち上げられた自由で平等な能動的主体である。この主体の立ち上げにさいして「フォルケリ・ホイスコーレ」の決定的役割が想定されていたのである。じっさいの歴史の経緯からするとグルントヴィのソーアの構想は挫折するものの、とくに一九世紀の後半の対独戦争敗北後に、小さな民間のフォルケホイスコーレがグルントヴィ派の人々の努力で叢生し、理念は独自の仕方で継承される。そのことに並行して台頭した政党「統一左派」自由党（Venstre）は指導者を含む多くのメンバーがホイスコーレ出身者であったし、二〇世紀の「体制転換」後に首相になったJ・C・クリステンセン（Jens Christian Christensen, 1856-1930）はマリエリュスト・ホイスコーレ（グルントヴィのホイスコーレ）の学生でさえあったのである。

四　「社会（サムフンズ）」の形成

さて、本節で訳者は「社会（サムフンズ）」形成にかかわって三点に敷衍しよう。なお、この場合の「社会（サムフンズ）」は、たんに精神的結合だけでなく、物質的関係をも含意するものとする。要点を先取りしていえば、グルントヴィは知的・政治的改革者として生きたが、その哲学はその後のデンマーク「社会（サムフンズ）」の独特な過程をつくりあげ、福祉国家のあり方にも多大な影響を及ぼしたのである。

まず第一点に市場経済モデルにかんしてであるが、私たちに周知であるのは、グルントヴィ派のフォルケホイスコーレが農業経済の革新というべき協同組合運動の担い手を輩出し、すでに百年前の日本にも影響を与えたことである。すなわち、一九世紀のデンマークにおいてイギリスやヨーロッパへの穀物輸出が重要産業となっていたが、蒸気船や鉄道の発達により新大陸からの安価な穀物輸送が可能になると、デンマーク農業は大きな困難に遭遇した。農民たちはそこで生産と輸出の主力を酪農製品に転換し、しかもそれを協同組合型経営に担わせ、銀行や保険業なども独自に創出することによってデンマーク農業を復活させた。そこに豊かな農業国デンマークの伝説的物語が生まれたのである（ダム 2014; Bhattachary 2011）。ちなみにこれらの協同組合は国家から独立した私的経済単位でありながら、同時にそこに民主主義的運営が貫かれた。たとえば、それぞれの家産経営の規模や家畜の保有数にかかわらず一人一票の政治的平等が貫かれたことなどは特筆すべきである。ここには、国家による経済への介入の契機が含まれるわけではないが、しかし市場を自律的、政治的に自己調整する市民社会、あえていえばデンマーク型市場経済モデルの原型が確認できるのである。

第二点目に、グルントヴィと福祉国家形成の関係にふれたい。訳者は必ずしもこの関係が積極的なものとして議論されているようには思えないが、日本の文献ではグルントヴィが二〇世紀の福祉国家を導いた思想家と紹介される事例もあり問題は錯綜している（アナセン 1999）。じっさい、グルントヴィ自身はとくにナポレオン戦争後の経済破綻を受けて、知的な意味での公的保障を除いて必ずしも公的福祉制度を支持しておらず、むしろ福祉の仕事を主に家族や共同体の課題として伝統的な仕方で理解している（Philip 1947; Korsgaard 2014）。また経済政策にかんしては、アダム・スミスのように市場の自由と「共通の最善」との予定調和にたいするオプティミズムに立脚しているともされる（Vind 2015）。たしかに彼は一九世紀の前半期に四度イングランドに渡航し、「鉄の手袋をして自由を獲得する」機械制大工業と議会主義的喧騒に驚嘆し、そこに古北欧の闘争精神を再発見した（グルントヴィ 2014; コック 2007）。だが彼がプロレタリアートの大量出現とそれに伴う深刻な社会問題の本質を理解していたとは思えない（Tjørnehøj 2004）。なるほど彼は機械制大工業が人間を無思慮にし、機械の奴隷に貶めること、職人的な技能を駆逐すること、イングランドの救貧法がきわめて非人間的な仕方で施行されていることなどいわゆる人間疎外を告発する（Grundtvig 1877; グルントヴィ 2014）。だが、そのことにかかわる問題解決が論じられているわけではない。グルントヴィのテクストは、彼が生の哲学者であり、社会的自由主義者であることを証言するが、しかし、彼自身の思索のなかには産業化以前の自由主義ユートピアが歴史的制約として残存している。それゆえに彼が、本書にもうかがわれるように宗教の自由や出版の自由のために論陣を張った改革者であったとしても（Birkelund 2008; Korsgaard 2011）、彼の歴史的制約を看過し、福祉制度にかかわって彼のことばや事績を過大に評価することはできない相談なのである。

だがそれにもかかわらず、訳者はグルントヴを非社会的、あるいは反福祉国家の思想家に数え上げるつもりはない。じっさい、有名な彼の平等主義テーゼは産業化以後に噴出する社会問題の解決の指針となり、大規模な資源再配置を実施する北欧型の普遍主義的福祉国家構築に導きの糸を提供し、今日においても多くの継承者を獲得しているからである。訳者もこのテーゼを幾度か読者に紹介したことがあるが（小池 2005b, 2011; 小池・西 2007）、それは格差型社会に変貌した現代日本のなかでもインパクトは強く、反応も大きいのである。

過剰に所有する者がほとんどおらず
過少に所有する者はなおさらいない
そのとき我等は豊かさを得ているのだ
（「はるかに聳える山々」一八二〇年）

公的社会保障にかかわっていえば、訳者は一九世紀にデンマーク国教会のシェラン島監督を務めたH・L・マーテンセン（Hans Lassen Martensen, 1808-84）の社会思想に言及する必要性を感じる。彼は資本主義的産業化のもたらす社会問題と正面から対峙し、自由主義と空想および革命的社会主義との両イデオロギーへの批判を媒介として、キリスト教の精神と結びつく「倫理的社会主義」（Etisk Socialisme）を主張する。そのさい彼はスミスやマルサスを厳しく批判し、マルクスやエンゲルスを肯定的に引用し、パリ・コンミューンの問題提起を留保つきながら承認し、私的福祉の余地を認めながらも公的福祉制度の重要な役割を提起する。それは、二〇世紀福祉国家の先駆的構想とも思える議論であり、驚くことに、そこにはすでに今日「フレキシキュリティ」といわれる積極的労働市場政策の発想さえも含まれ、古びたところがほとんど感じられない（マーテンセン 2012）。そのマーテンセンはおそらくグルントヴィから薫陶を受けたのであろう、先に示した平等主義テーゼを立論の出発点にすえている。つまり彼はグルントヴィと社会主義、エリート的視点と民衆的視点との相互作用の交点に立つともいえるのである。

このことにくわえて、デンマーク社会主義へのグルントヴィ哲学の浸透も問いうる。前者は一九世紀にL・ピオ（Louis Pio, 1841-94）らがマルクス、エンゲルスらの指導する第一インターナショナルの支部として活動を開始し、当初は革命路線を採用して激しい階級闘争を展開していた。だが、とくに二〇世紀以降、一方で第一次世界大戦における中立政策を保持するとともに、他方で階級闘争を議会主義改革路線に結びつけ、さらに一九三三年に著名な首相であったTh・スタウニン（Thorvald Stauning, 1873-1942）による農民を中心とする自由主義との歴史的妥協、いわゆる「カンスラーガーゼ合意」（Kanslergadeforliget）を導き、社会相K・K・スタインケ（Karl Kristian Steincke,1880–1963）のイニシアティヴによる総合的な社会福祉立法を実現する。一九三四年には社会主義がナショナルな共同理念を積極的に摂取し、「国民のためのデンマーク」（Danmark for Folket）綱領を採択するのである（Christiansen 1978）。

これらのことは世界恐慌の危機のなかで、名実ともにデンマーク社会主義が労働者の党派であると同時に、「国民」的党派であることを宣言し、民衆的「国民（フォルク）」の観念と民主主義、社会主義の三要素を統合したことを意味する。この経緯の知的背景にかかわり、私たちは労働者の教育組織の創設やグルントヴィ派のフォルケホイスコーレの経験を模倣した労働者ホイスコーレの設立など、グルントヴィおよびグルントヴィ主義の影響を見て取ることができる。そのことがひいては、危機の時代においてスターリニズムやナチズムの全体主義イデオロギーの労働者への浸透を回避しえた主要因だったのである（コースゴー 1999; Korsgaard 2015）。

第三に、訳者は現代デンマークを理解する上で重要な「協議経済」理論について紹介しておきたい。すでに述べたように、グルントヴィのデンマークへの貢献が「共通の最善」に基づく国民形成であるにしても、それはいわゆる上部構造にかかわる共同であった。だが二〇世紀以後の歴史は、彼の哲学がたんに農村協同組合に具体化されただけではなく、広く社会経済のなかに実質化されることを物語る。それは哲学の土台における実現であり、そのベクトルはマルクスの唯物史観の説明とはちょうど逆になっている。つまり近代デンマークには、グルントヴィ的な理念が物質的諸関係へと浸透する運動と、マルクス的な物質的土台の変革の上に立って上部構造を再構築する運動との相異なる二方向の運動の相互作用があることを確認できる。その最初の交点として、両運動がきわめて意義深い仕方で制度化されたのが一八九九年の労資による基本合意、いわゆる「九月合意」（Septemberforliget）である。訳者はそこに独自の「社会（サムフンズ）」（samfund）が誕生したと理解したい。

この「九月合意」は労働市場において相争う労資が相互の諸権利を承認し、同じ有機体の構成諸要素として、しかも対等平等な諸要素として、ある場合は国家にたいして自律的に、ある場合は国家を交えて三者で賃金や労働条件、紛争など労働市場をめぐる諸問題を協議・決定するデンマーク型ネオコーポラティズムの礎石をすえるものであった[七]。それは後に世界恐慌と第二次大戦を経ていっそう拡張され、経済的「共同秩序」（samordning）、すなわち経済的有機体としてのデンマークの観念を生み、パートナー間の紛争を介しながらも討議、情報交換、相互学習、国民経済運営の諸手段を鍛えあげ、主題においてもアクターにおいても労働市場の範囲内に限定されず、財政や経済政策、環境政策、テクノロジー開発などにも議論を拡張しながら今日においても生きている。このように国家から相対的に自律的な仕方で、デンマークの社会経済は市場経済、混合経済とともに特定の諸問題にかかわって「協議経済」（forhandlingsøkonomi/ negotiated economy）を不可欠の調整手段として組み入れるようになったのであり、そのさい協議参加者は、自身の特殊な権利や利益に配慮するとともに、同一の船の乗組員のように社会経済の課題解釈と運営、また開発に水平的に共同責任を負う義務も承認しているのである（Pedersen 1993, 2011; Pedersen et al. 1994）。

　こうしてデンマーク「社会（サムフンズ）」はたんに、諸個人の契約関係だけでは説明できず、国家と市民社会の機械的二分法によってはとらえられない有機的性格を獲得している。この「社会（サムフンズ）」はたしかに制度的にはすでに述べた一九世紀末の労資の「九月合意」に遡る。だが、その理念的起源に遡れば、あるいはたんに物的資源の再配置でなく、知的資源や学習・開発機能に着目すれば、さらにおよそ五〇年を遡り、グルントヴィ哲学とホイスコーレ構想にいたることは明らかだろう。要するに、グルントヴィの理念は一九世紀末の労資の基本合意において経済を構造化して「社会（サムフンズ）」あるいは「社会経済」（samfundsøkonomi）を形成し、さらに今日、学習や知識・情報化を骨格に組み込む「社会（サムフンズ）」へと進化していると解することができるのである。（八）

しかしながら、私たちは今日いくつかの問題が顕在化していることも知っている。それは、この「社会（サムフンズ）」が物質的な関係を含むことで「国家」や「国民」を越えて拡張された結果であり、一九世紀の国民国家の形成期とは基本的に異なる段階に至っていることである。たしかにデンマークも古くから国外に開かれた経済を保持していたが、今日ではEU加盟をはじめとしたトランスナショナルな関係、およびグローバルな関係をいっそう広範囲に、いっそう密接に取り結んでいる。かつてのようにエスニックな等質性を前提する「国民」も「社会（サムフンズ）」ももはや前提できない。じっさい、現在では非デンマーク文化を背景とする市民の割合は全住民のおよそ一〇パーセントを数えるようになり、そこに生まれるコンフリクトや社会問題は、一九世紀型、二〇世紀型の国民的「社会（サムフンズ）」に挑戦している。遺憾ながらこの現状にかんして、今訳者は多くを語ることができないが、その脈絡から一方でグルントヴィの「デンマーク的性格」（Danskhed）の言説が文化的排外主義的に利用され、頑なに等質的エスニシティーを保護する盾として働くことにもなるし、他方では、そうした「グルントヴィ」にたいする批判も表明されることになる（Larsen 2015）。このことはグルントヴィの理念にとって不幸であり、最大の試練になると思われる。

とはいえ訳者は、ある種「模範国」ともいえるデンマークにおいて、これまで獲得した「良い生活」が、すなわち社会的市民権が保障され、ディーセントな経済が安定的に機能することはきわめて重要であると考える。そのためには社会経済の理念やその国民的紐帯、民主的政治文化、高度な福祉国家が継承され、重要な役割を担い続けねばならない。ただし、そのさいの社会紐帯にあってはコッホが指摘したように、文化的紐帯以上に政治的なそれが（Koch 1942）、しかも経済に密接に結びついた政治紐帯がいっそう考慮されることは予想できるであろう。つまり、一定の国土に生まれて特定の文化背景を共有する者のみならず、何らかの経緯でそこに住むが、多様な文化を背景とする住民もまた「生けることば」による相互行為を営む知的・政治的デンマークを形成し、グローバル化する経済をもそこに係留すること、こうした意味での「デンマーク的性格」がいっそう人間的な政治・経済として進化することがグルントヴィの思想枠組からも予想できるし、アクチュアルになるであろう。このことにもかかわるが、彼のテクストがつねにそのような実験精神を参照させることも紹介しておかねばならない。それにしたがえばじつに、人間は「世界の終末まで自己自身の模倣を運命づけられた猿」ではなく、新たな次元と形態で精神と「塵」とを、すなわち理念と現状とを浸透させ架橋する「神の実験」（guddommeligt Experiment）に他ならないというのだからである（グルントヴィ 2012）。

おわりに――グルントヴィと私たち

結びとして、デンマークと日本との関係から訳者の現在の研究関心にふれよう。デンマークは九州ほどの面積で人口もおよそ五六〇万人にすぎないが、それにもかかわらず同国は近年、高度な社会保障制度を保持し、顕著な経済的成功を収め、また「世界一仕合わせな国」の枕詞によって人口に膾炙するようになった。だが、私たちにあっては、「かの国は小国だから」というありふれた理由づけで思考が停止され、それ以上の学術探求に歩み出さない傾向がある。じっさい現日本政府は、この一五〇年の近代化の過程で世界の列強に伍する経済大国となったことを自負し、今後さらに軍事大国を再現しようとしている。だがこの頑なな「大国」願望には階級支配の意思は顕著だが、国民合意の民主主義的な政治、経済への希望は宿らない（渡辺他 2014）。

これにたいして訳者は、デンマークという国の存在自体が「大国」にたいする疑問符を体現し、またそのパラドクスを照射しているように思える。じつは、このような小国視点からの大国にたいする留保や批判はおよそ一五〇年前の近代化の初発の時点から、日本の良識層のなかに懐胎していたことであった。なるほど、近代日本は最初にプロイセン・ドイツをモデルとした軍事大国化を推進し、第二次大戦での挫折を受けて転身し、次にアメリカ資本主義に範をとって経済大国化に邁進してきた。だが私たちは、両形態の大国化路線がつねに小国、あるいは小国主義との緊張関係を伴い、また後者の抑圧の上に推進されてきたこと、したがって逆にいえば、日本の近代史には小国探求の水脈があるときは伏流として、あるときは本流として脈々と流れ続け、それが陰に陽にグルントヴィやデンマークへの関心とも絡み合っていることを押さえておかなければならない。それはたとえば、日本の近代化構想に重要な役割を果たした一八七〇年代前半の岩倉使節団の欧米回覧において、デンマークを含むヨーロッパの小国に熱い視線が注がれた事実に示されるし、この経験を受けた自由民権やその後の大正デモクラシーの思想家、植木枝盛や中江兆民、三浦銕太郎、石橋湛山らによって小国の価値や優位性にはっきりとした表現が与えられてきたことに顕著である。そして第二次大戦後に制定された日本国憲法の平和や民主主義、社会福祉などの諸理念には、これらの小国思想が本流のように流れ込んで結実しているのである（田中 1999）。こうした小国思想が大国路線の破綻ないし行き詰まりにあって、多様な民衆・社会運動、宗教思想、民間ジャーナリズムの活動などを通じて、時々の政治権力を批判し、大国や侵略主義を代替する歴史径路を対置してきたことは推定できる。この小国主義の径路が具体的にどのように展開されたのか、どのような仕方で現在及び将来の日本で具体性を帯びることができるのか。それらの研究に必ずしも十分な蓄積があるとはいえないが、それだけに、訳者には大きな関心の的である。

このこととかかわって、訳者は「大日本帝国」の体制下にあって小国デンマークの意義を先駆的に論じた内村鑑三の講演「デンマルク国の話」（一九一一年）ついて言及せずにはおれない。この物語は「信仰と樹木とをもって国を救いし話」の副題が付され、一八六四年の対独戦争に敗北し、領土を奪われて小国化したデンマークが、「外にて失いしものを内にて回復すべし」（H. P. Holst, 1811-93）とする祖国再生の国民精神を背景に、ユラン半島の荒蕪地にノルウェー産の樅を植林して豊かな農地を獲得したE・ダルガス（Enrico Mylius Dalgas, 1828-94）らの努力とその教訓を語ったものである（内村 1946）。この講演内容はたしかにじっさいのダルガスを神話化し、美化するなど、歴史家によって伝聞と創作の所産であり、史実とは異なる日本的なデンマーク受容の現象と批判されている

（百瀬・村井 1996; 村井 2010）。この指摘自体は正当であり、したがうべき事実であるが、それでも訳者はこの講演が思想史上において普遍的意義を帯びると考える。このことについても詳しく論じる余地はないが、その内村が結論的に要約する三点を改めて紹介し、読者に一考を促すことにしたい。

すなわち内村はデンマークの小国化の教訓を、第一に国の興亡は戦争ではなく、民衆の平素の修養、すなわち啓蒙と陶冶形成に依存すること、第二に天然の自然は無限のエネルギーと生産力を擁していること、第三に、国の力は軍事力や経済力によって測られるのではなく、「信仰」の力に依拠すると主張している。第三点目の「信仰」をあえて広い意味で、普遍的視野に立つ「哲学」と考えることにしよう。すると、これらの諸点はいずれも小国主義の基本要素に的確な表現を与えていると思えるのである。なるほど内村は「グルントヴィ」の名をあげていない。彼は洗礼や教団を否定する無教会派なのだから、教義の上では「生けることば」を原理とするグルントヴィの対極におり、そのためもあってグルントヴィを知らなかった可能性がある（村井 2010）。だが、先の三点はいずれもグルントヴィのテクストから読み取れる基本思想である。たとえば一点目についていえば、本書の「デンマークへの祝賀」などでグルントヴィはデンマーク語啓蒙の重要性とともに拡張主義や侵略主義を排し、デンマークと同様に他の諸民属の存在の権利も承認し、小国デンマークに満足することを明言している。この意味で、国は一九世紀に「陸の六分の一を占める英国」であるべきではなく、さらに日本がかつての帝国ドイツから学んだ侵略的軍国主義であってはならなかった。第二次大戦後の脈絡でいえば、旧ソヴィエト型国家社会主義でも、アメリカ型新自由主義でもあってはならない。むしろ内村はデンマークに、多種多様な大国覇権主義を克服しうる小国型発展モデルを見ていたのである。

二点目に、デンマークはチェルノブイリ原発事故以前の一九八五年に議会で原子力発電不採用の決断を行い、周知のように再生可能エネルギーの開発に国をあげて力を注いできた。じつに風力発電にかんしては、すでに一九世紀にユラン半島のアスコウ・フォルケホイスコーレでＰ・ラクール(Poul la Cour, 1864-1908) らによって先駆的に開発の実験が開始されており、およそ百年後に大規模な実用化に成功したのである。訳者はこの発想転換とブリコラージュ風の開発にかかわって「陽光」や「手」、「口」といった思想要素に着目し、グルントヴィの「生の啓蒙」が近代科学の解毒装置の役割を果たしたと指摘したことがある（小池 2012）。

最後に、「哲学」としてはすでに長々と述べてきたので、ここではグルントヴィ哲学が小国型国民国家形成を支え、さらに社会経済や社会保障制度、先駆的自然エネルギー開発など現代的な社会的ヒューマニズムを具体化することによって、その人類史的意義の認知がはじまっていると再確認することでよしとしよう。このようにグルントヴィ哲学は、一方で独自の知的・政治的文化と社会制度とによって一国の安定的な生活保持への径路を照らし出したし、他方で遅ればせであるが、その普遍的な「人間性」(Menneskelighed) への貢献が評価されつつある。「デンマルク国」とはこのような質をもつ小国哲学の結晶、作品と考えることができるのである。

注

（一）二〇〇〇年代のデンマークにあって活発にグルントヴィに言及する政治家たちがかなりの数にのぼる。ただしそのなかにはグルントヴィをデンマーク的性格とキリスト教とを擁護する頑ななナショナリストの代表に仕立てて非デンマーク文化や非キリスト教徒と対置し、排除する立場も含まれている（Larsen 2005）。たしかに、一九世紀人であり、国民国家の思想家であるグルントヴィに顕著なナショナリズムが見られることは事実であり、彼の歴史的制約である。だが同時に彼は排外的ではなく、エスニックなものを越えたヒューマニティーの価値や他文化、他宗教の諸権利を承認しており、文化的背景を異にする者にも教訓となる様々な思索を展開している。それゆえ、訳者のような非デンマーク文化圏にある者にとって、排外的「グルントヴィ」からは何ら示唆を受けるところがない。それは逆にグルントヴィを貶下し、彼の思想の人類的価値を看過するように思える。

（二）近代思想といっても、訳者の認識の制約上大陸ヨーロッパの思想史との関連で若干論じているにすぎない。だが、グルントヴィの思想史的理解には一方で歴史哲学にかかわるJ・Gヘルダーの影響が跡づけられねばならないし、他方でA・スミスやファーガソンらスコットランド啓蒙や、ベンサム、ミルらの功利主義との比較対照が必要である（Vind 2015）。今後の検討課題としたい。

（三）「ホイスコーレ」（højskole）や「フォルケホイスコーレ」（folkehøjskole）が今日一般的な用語法である。かつてドイツ文化から多大な影響を被ったデンマークでは、「ホイスコーレ」は元来「大学」を意味していた。だがグルントヴィは、このことばを言語的に限定して「デンマーク語ホイスコーレ」、「ノルウェー語ホイスコーレ」等とし、その一般的名称として「フォルケリ・ホイスコーレ」（folkelig Højskole）を用いている。これはソーアのアカデミーで構想された母語に基づく学芸の場を意味し、そこに庶民であれエリートであれ、誰もが同じ「国民」、すなわち民属・民衆の一員として訪問できるかなり大規模な国立施設が想定されていた。なお、「四　北欧の学問的連携」（『ホイスコーレ』上）のテクストに見られるように、グルントヴィは他方でスウェーデンのヨーテボリに北欧共通の大学を創設するプランを提起している。これは「学問的ホイスコーレ」（videnskabelig Højskole）とされるが、通常私たちが「大学」と呼ぶ機関に対応する。こうした用語法を手がかりにすると、グルントヴィのオリジナルなホイスコーレ構想、とくに「フォルケリ・ホイスコーレ」の独自性が浮かび上がる。なお、グルントヴィのテクストには「フォルケホイスコーレ」という表現はない。この用語法の起源は歴史家のR・スコーマンによれば一八四四年にCh・フローらによって南ユランに初めて開校されたレディン・フォルケホイスコーレに求められるという（Skovmand 1944, 1983）。グルントヴィのソーアの構想は挫折したが、彼の理念は多数にのぼる小規模な私立学校「フォルケホイスコーレ」を通じて具体化され、継承されてきたことになる。

（四）この概念は周知のように、アドルノ、ホルクハイマーの著作によって人口に膾炙することになったが、その事態そのものは近代の理想を現実に移したフランス革命の偉大さと、それが陥ったテロリズムの狂乱に象徴的に現れており、たとえばヘーゲルはこのことをはっきりと洞察していた。同様のことは、ワーマール共和国のナチス・ドイツへの退行、ロシア革命のスターリン独裁への反転等々、これまでの歴史過程で多様な仕方で現出している。グルントヴィもまた、ヘーゲルのようにフランス革命とその反転を「啓蒙の弁証法」と類似した仕方で理解することで自らの社会・政治哲学を鍛え上げた（Grundtvig 1877; Birkelund 2001a）。すなわち、留保つき改革主義である（Hall et al. 2015）。この点を詳しく論じないが、いずれにしても「生の啓蒙」が「浅薄な啓蒙」に対比して「いっそう根底的な啓蒙」だという論点がここにかかわっている。

（五）ここで「常識」はより正確に表現すればつねに常識過程である。訳者はこのことを治安維持法によって獄死させられた唯物論哲学者戸坂潤（1900-45）から学んだのだが、彼は常識（コモン・センス）の自己向上機能を「常識水準」とし、たんなる「常識」と概念的に区別することで解明していた。この区別は、戸坂が常識分析を没政治的生活世界の分析にとどめず、社会的、政治的、歴史的な過程と結合させている理由である。訳者はこの点もグルントヴィの常識理解に通底していると考える（戸坂 1977; 小池 2009）。

(六)「フォルク」、「フォルケリ」、「フォルケリヘズ」にうまく対応する日本語を探すことはたしかに難しい。適切な訳語になるまでしばらく研究と議論が必要であろう。ただ訳者の意図としては「民衆」の語によってボトムから形成される国民の意味を込め、「民属」の表現によって一定のエトノスよりも、むしろ居住地区への帰属性にアクセントをおいた。つまり、グルントヴィにおいてはまだ両義的と思えるのだが、「民属」が文化概念である以上に、居住地区住民の意味での「デーモス」という政治的概念であることを表現したかったからであり、この意味で訳者は、民衆の共同を伝統文化ではなく政治的なものとするハル・コックの主張にしたがった（Koch 1942, コック 2004）。

(七) 社会的パートナーの規定は、ここで述べた一八九九年の「九月合意」によって労資及び国家の三者によってスタートする。ここで国民的経済共同体、いわゆる労資協調体制が成立するが、それはあくまでナショナルなレヴェルの、しかもコンフリクトを含む共同関係であって、企業別に組織されて成立する労資癒着体制ではない。このような質の共同が北欧型の普遍主義的社会保障を構築したのであり、逆に企業別協調はビスマルク型社会保険制度などを可能にするかもしれない。だがとくに日本の例から私たちは、企業別協調は労働者の企業への過剰な忠誠と企業間競争の激化、労働者の分断と競争の拡大、労働条件や生活の格差の創出、女性の排除や差別につながるデメリットを見ておかねばならない。

(八) 訳者はこうした社会のあり方について、とくに、今日いわれる知識社会、情報社会とされる社会の進化について、さらに掘り下げが必要であると考えるがここではふれることができない。なお、日本では今日でも社会を類型化するさいに、テニエースのいう「ゲマインシャフト」と「ゲゼルシャフト」、すなわち地縁、血縁、親族などとして結合する共同組織と、契約関係によって結合する機能組織とがしばしば対照される。しかし、ここにいわれる「社会（サムフンズ）」は、共同組織と機能組織、社会と国家とを截然と区別する自由主義的二分法でとらえられない独自の社会類型である。この点についても、今後の探求課題としておきたい。

欧文参考文献：

The Association of Folk High Schools in Denmark [AFHD] (2012), *The Danish Folkehøjskole*.
Bhattachary, A. (2011), *Education for the People: Concepts of Grundtvig, Tagore, Gandhi and Freire*, Sense Publishers.
Birkelund, R.(2000), Grundvigs syn på Videnskab og Uddannelse af praktiske Embedsmænd, i: *Nordisk Pedagogik*, Vol. 20, Nr.2.
——(2001a), Grundtvig og Demokratiet: Om Oplysning, Dannelse og Demokrati i: O. Korsgaard(red.), *Poetisk demokrati: Om personlig dannelse og sam-fundsdannelse*, Gads Forlag.
——(2001b), Knud Ejler Løgstrup: Sansning, Samfund og Sundhed, i: R. Birkelund (red.), *Eksistens og Livsfilosofi*, Gyldendal.
——(2008), *Frihed til Fælles Bedste: En Oppositionel Stemme fra Fortiden. Om Grundtvigs Frihedsbegreb*, Århus Universitetsforlag.
Christiansen, N. F. (1978), Reformism within Danish Social Democracy, until Nineteen Thirties, in: *Scandinavian Journal of History* 3.
Damsholt, T. (2015), "Hand of King and Voice of People": Grundtvig on Democracy and Responsibility of the Self, in: Hall, J. A., O. Korsgaard and O. K. Pedersen (red.), *Building the Nation: N. F. S. Grundtvig and Danish National Identity*, McGill-Qeen's University Press.

Grundtvig, N. F. S. (1877), *Mands Minde 1788-1838: Foredrag over det sidste halve Aarhundredes Historie,* Holdete 1838, Karl Schoenbergs Forlag.

——(1905), Om Videnskabeligheds Forhold til Erfahring og sund Menneske Forstand, i: H. Betrup (red.), *N. F. S. Grundtvigs Udvalgte Skrifter,* Bd.3.

Hall, J. A., O. Korsgaard and O. K. Pedersen (red.), (2015), *Building the Nation: N. F. S. Grundtvig and Danish National Identity,* McGillQeen's University Press.

Knudsen, T. (1993), *Dansk Stat i Europa,* Jurist- og Økonomforbundets Forlag.

——(2000), Tilbliversen af den universalistiske Velfærdsstat, i: T. Knudsen (red.), i: *Den nordiske Protestantisme og Velfærdsstaten,* Aarhus Universtetsforlag.

Koch, H. (1942), *Dagen og Vejen,* Westermann.

Korsgaard, O. (2004), Kampen om Folket, Gydendal.

——(2006), The Danish Way to Establish the Nation in the Hearts of People, in: Campbell, J. L., J.A. Hall and O. K. Pedersen (ed.) (2006), *National Identity and Varieties of Capitalism: The Danish Experience,* McGill-Queen's University Press.

——(2011), Grundtvig's Philosophy of Enlightenment and Education, in: Broad-bridge et al. (ed.), *The School for Life: N. F. S. Grundtvig,* Aarhus University Press.

——(2012), N. F. S. Grundtvig. Jurist- og Økonomforbundets Forlag (English version: *N.F.S. Grundtvig: As a Political Thinker,* Djøf Publishing, 2014).

——(2015), Grundtvig's Idea of a People's High School and Its Historical Influence, in: *Building the Nation: N. F. S. Grundtvig and Danish National Identity.*

Larsen, E. L. (2015), An Ongoing Influence: The Political Application of Grundtvig's Ideas in the Debate on Danish Society, 2001-09, in: *Building the Nation: N. F. S. Grundtvig and Danish National Identity.*

Pedersen, O. K. (1993), The Institutional History of Danish Polity: From Mixed Economy to a Negotiated Economy, in: Sv-E. Sjøstrand (ed.), *Institutional Change: Theories and Empirical Findings,* M.E. Shape.

——(2010), Grundvig som Samfundsbygger, til: Fordrag holdt 24.1.2010 på Vartov i Forbindelse med Konference, *"Grundtvig som Samfundsbygger".*

——(2011), Konkkurencestaten, Hans Reizels Forlag.

Pedersen, O. K. et al. (1994), *Demokratiets lette Tilstand,* Spektrum.

Philip, K. (1947), *Staten og Fattigdommen,* Gjellerup Forlag.

Scharling, C. I. (1947), *Grundtvig og Romantiken,* Gyldendal.

Skovmand, R. (1944), *Folkehøjskolen i Danmark 1841-1892,* Det danske Forlag.

——(1983), Grundtvig and the Folk High School Movement, in: *N. F. S. Grundtvig; Tradition and Renewal,* Det danske Selskeb.

Tjørnehøj, H. (2004), Den ufolkelige Grundtvig, i: *Kristelig Bladet,* 13. februar.

Vind, O. (2015), Grundtvig and English Liberalism, in: *Building the Nation: N. F. S. Grundtvig and Danish National Identity.*

和文参考文献：

アナセン、R．B．（1999）「デンマーク社会福祉の道」（平林孝裕訳、橋本淳編『デンマークの歴史』創元社）。

内村鑑三（1946）『後世への最大遺物、デンマルク国の話』（岩波文庫）。

江口千春編著（2010）『デンマークの教育に学ぶ』（かもがわ出版）。

大熊由紀子（1991）『「寝たきり老人」のいる国いない国』（ぶどう社）。

岡田洋司（1992）『ある農村振興の奇跡――日本デンマークに生きた人々』（農山漁村文化協会）。

熊野聰（1984）『北の農民ヴァイキング』（平凡社）。

グルントヴィ、N. F. S.（2010）『世界における人間』（小池直人訳、風媒社）。

――（2012）『生の啓蒙』（小池直人訳、風媒社）。

――（2014）『ホイスコーレ（上）』（小池直人訳、風媒社）。

――（2015）『ホイスコーレ（下）』（小池直人訳、風媒社）。

コック、H.（2004）『生活形式の民主主義――デンマーク社会の哲学』（小池直人訳、花伝社）。

――（2007）『グルントヴィ』（小池直人訳、風媒社）。

小池直人（2005a）『デンマークを探る〈改訂版〉』（風媒社）。

――（2005b）「生活形式の思想史――デンマーク社会研究への序論」（竹内章郎他『平等主義が福祉をすくう』青木書店）。

――（2007）「コックのグルントヴィ論――訳者解題」（コック『グルントヴィ』風媒社）。

――（2009）「生の啓蒙と常識過程――グルントヴィ『哲学・学芸』の基本的性格」（名古屋大学社会文化形成研究会『社会文化形成』別冊1）。

――（2010）「訳者解題」（グルントヴィ『世界における人間』風媒社）。

――（2011）「環境保全型福祉国家と〈農〉の基礎経験――グルントヴィ哲学の射程」（尾関周二他編『〈農〉と共生の思想』農林統計出版）。

――（2012）「デンマークの脱原発合意とその条件」（若尾祐司他編『反核から脱原発へ――ヨーロッパ諸国

の選択』昭和堂）。

――（2015）「デンマーク福祉国家とボランタリー社会活動――その現状と関係史」（名古屋哲学研究会編『哲学と現代』第三〇号）。

小池直人／西英子（2007）『福祉国家デンマークのまちづくり』（かもがわ出版）。

コースゴー、O．（1999）『光を求めて』（川崎一彦監訳、高倉尚子訳、東海大学出版会）。

コースゴー、O．／清水満他編著（1993）『デンマークが生んだフォルケホイスコーレの世界』（新評論）。

コック、H．（2004）『生活形式の民主主義――デンマーク社会の哲学』（小池直人訳、花伝社）。

――（2007）『グルントヴィ』（小池直人訳、風媒社）。

田中彰（1999）『小国主義』（岩波新書）。

戸坂潤（1977）『日本イデオロギー論』（岩波文庫）。

ダム、P．（2014）『グルントヴィ小伝――時代と思想』（小池直人訳、名古屋大学社会文化形成研究会、社会文化形成ディスカッション・ペーパー、No.14-1）。

マーテンセン、H．L．（2012）『倫理的社会主義』（小池直人訳、社会文化形成ディスカッション・ペーパー、No.12-1）。

村井誠人（2010）「『外に失いしものを、内にて取り戻さん』考――我が国におけるデンマーク紹介の常套句が固定的に使われることを考える――」（早稲田大学大学院文学研究科紀要、第四分冊五六）。

百瀬宏・村井誠人（1996）『北欧』（新潮社）。

渡辺治他（2014）『〈大国〉への執念』（大月書店）。

訳者あとがき、謝辞（Tak）

グルントヴィのテクスト翻訳を思い立ってから二〇年の長い歳月が経過した。この間の事情については、『世界における人間』のあとがきで書いたことなのでここでは繰り返さない。ただ、訳者の頼りない語学力も、わずかばかり向上し、また、独訳や英訳のテクストが刊行されたことで、グルントヴィは以前より接近しやすくなったということはできる。

とはいえスピード時代にあって、この二〇年の変化は著しい。訳者の職場である大学の研究環境もすっかり変わった。ひとことでいえば、新自由主義の価値観が定着し、競争と効率、グローバルに通用する迅速な成果が求められるようになった。だが、そうした変化は訳者のように人文社会科学の基礎的研究に携わり、地道に一歩一歩を積み重ねるアナログ的な作業を行っている者には違和感が増すばかりであり、じっさいに政府サイドからさえ公然と「役立たず」「無用」の声が聞こえてくる。しかも、そうした「合理的」学問観は、経済や軍事の論理を優先させることで、内外の社会関係を不安定化させ、破壊する仕方で拡大しているのである。いったい何のための学問なのか。知のあり方が根底から問われる変化が進行している。訳者はグルントヴィを起点にしてこうした日本型知の変容の問題性を突き詰める必要を感じている。

ところで大きな変化といえば、デンマークをめぐる環境にも生まれている。三〇年ほど前に財政破綻や失業に沈んだと思われた福祉国家は危機の時代をすっかり抜け出たかのようであり、今では「世界で最も暮らしやすい国」という枕詞を授かっている。経済もそれなりに安定しており、高度な公的福祉制度が国民的競争国家の強みを十全に発揮させるという言説さえ生まれている。ここからデンマークは二〇世紀とは別の課題に歩みを進めた、つまり共同性の高い社会経済と高度な福祉国家の上に立って、人間は何ができるのか、何をなすべきなのか、何を望むのかといった新次元の問題探求に一歩を踏み出したという論理も出てくる。不自由や不平等、貧困の不安が深刻化している現代日本から見ると異次元といえるほど先を歩んでいるのだが、他方でこれとは正反対に、移民問題をはじめとしたコンフリクトの噴出やテロリズムの頻発、またこれらの引き金ともなる中立平和主義から軍事を含む「積極」外交への転換など、多くの問題が付随してもいる。こうした事情は、私たちにデンマークの理解を難しくしているところであり、難問をどう埋めるか、私の研究課題でもある。

こうした経緯から、デンマークの到達点に示唆を与え続け、「近代デンマーク社会の父」とさえいわれるようになったグルントヴィの評価や解釈方向のチェンジがなされてくだろう。訳者には世界のなかのデンマークと対応して、人類の知的共通遺産としてグルントヴィをどう浮き彫りにするかがポイントになると思える。彼のテクストは膨大であり、難解そのものであるが、とにかく彼をこのまま忘却と未知の淵にとどめないというつもりでこれまで訳出を進めてきた。正確さという点でも問題が多々残っており、改善を要することは重々認識しているのだが、微力の訳者に多くを望むこともできない。強靭ともいえない思考力と体力の許す範囲内で、少なくとも教育論、政治論、哲学論、歴史論の訳出までは終えたい、また独立してデンマーク社会論の研究を仕上げたいという精一杯の願望だけをここで表明して筆を置くことにしたい。

最後に、『ホイスコーレ』上下の訳出にあたって、いちいちお名前をあげないが、多くの方々にお世話になり、ご援助いただいたことに改めて感謝したい。とくにグルントヴィの思想内容にかんして、今回もまたご教示をいただき、また翻訳のためのさまざまな便宜を図っていただいたライナー・ビルケルン（南デンマーク大学）およびキース・ビルケルンご夫妻に感謝したい。また優れた政治哲学案内『N・F・S・グルントヴィ』のファイルをお送りくださったO・コースゴー教授（オーフス大学）にも感謝したい。末筆ながら、出版にかかわって、いつものように風媒社の劉永昇さんにお世話になった。重ねて感謝の意を表したい。

（Tak : Jeg vil gerne rette ”Tusind tak” til Kys og Regner Birkelund, som altid giver mig mange hjertelige støtter og nyttige oplysninger, og også tusinde takke til professor Ove Korsgaard, som venligt har skænket mig sin udmærkede bog, ”*N. F. S. Grundtvig*”.)

索　引（＊50音順）

■著者紹介

グルントヴィ
(Nikolaj Frederik Severin Grundtvig, 1783-1872)

P·スコーゴーによる肖像画（1847年）

近代デンマークを代表する思想家、詩人であり聖職者、政治家。童話作家H・C・アンデルセン、哲学者S・A・キルケゴールらの同時代人。宗教的には書かれた聖書よりも、語られる「生けることば」による「相互作用」を原理として伝統的なルター派神学を批判し、覚醒神学のリーダーとなる。他方で、「生の啓蒙」の理念を提唱して信仰から世俗的世界を解放し、「歴史・詩的な」直観知の領域を開く。それは「フォルケリ・ホイスコーレ」に具体化されて、デンマークをはじめとした北欧諸国の社会文化形成や教育思想に重要な足跡を残した。後年にはデンマーク王国議会議員も歴任。日本では20世紀初頭の「日本デンマーク」運動とともに「農村文化の父」として紹介され、その後忘却されたが、近年、彼の再評価と本格研究がなされるようになった。『デーンの防塁』、『北欧神話記』、『世界史手帳』、『デンマーク人』、『キリスト教の児童教程』をはじめとして膨大な著作が残されているが、主なものはH・ベートルップの編集の全10巻選集（*N. F. S. Grundtvigs Udvalgte Skrifter, Bind I - X,* 1904-09）およびG・クリステンセンとH・コックの編集による全10巻選集（*N. F. S. Grundtvig Værker i Udvalg, Bind I - X,* 1940-49）、息子S・グルントヴィらの編集による全9巻からなる詩歌集（*N. F. S. Grundtvigs Poetiske Skrifter, Bind I - IX,* 1880-1930）などに収録されている。なお、ネット上で電子版テクストを見ることもできる。

■訳者紹介

小池　直人（こいけ・なおと）

1956年、群馬県生まれ。名古屋大学情報科学研究科に勤務。社会思想、北欧社会研究を専攻。主な著書に『デンマークを探る（改訂版）』（風媒社、2005年）、『福祉国家デンマークのまちづくり』（西英子との共著、かもがわ出版、2007年）など、訳書に、H・コック『生活形式の民主主義』（花伝社、2004年）、コック『グルントヴィ』（風媒社、2007年）、N･F･S･グルントヴィ『世界における人間』（風媒社、2010年）、『生の啓蒙』（風媒社、2011年）、『ホイスコーレ（上）』（風媒社、2014年）、P・ダム『グルントヴィ小伝』（社会文化形成ディスカション・ペーパー、2014年）などがある。

ホイスコーレ〈下〉　［グルントヴィ哲学・教育・学芸論集 3］

2015年11月30日　第1刷発行　（定価はカバーに表示してあります）

著　者　N・F・S・グルントヴィ
訳　者　小池 直人
発行者　山口　章

発行所　名古屋市中区上前津2-9-14　久野ビル　振替00880-5-5616　電話052-331-0008　http://www.fubaisha.com/　風媒社

乱丁・落丁本はお取り替えいたします。　＊印刷・製本／モリモト印刷

ISBN978-4-8331-4114-7

●グルントヴィ哲学・教育・学芸論集1

世界における人間

小池直人訳

18世紀・啓蒙の時代において進行した「心と精神の物象化」を克服すべく、「身体」「精神」「魂」という三つの視角から人間存在の諸条件を論じた哲学書。近代デンマークの国民的思想家・グルントヴィの若き日の思索をオリジナル・テキストから本邦初訳。

1800円+税

●グルントヴィ哲学・教育・学芸論集2

生の啓蒙

小池直人訳

デンマークの「国父」ともいわれる思想家・グルントヴィのテクストを和訳し、現代に生きるグルントヴィ哲学を再構成する。2では、啓蒙哲学にかかわる諸論説や詩歌のなかから重要な著作を選出して掲載。

2500円+税

ハル・コック著　小池直人訳

グルントヴィ

●デンマーク・ナショナリズムとその止揚

理念と現実とを架橋するグルントヴィの哲学〈生の啓蒙〉の成立過程を丹念に辿りながら、人間中心主義を越えた独自のヒューマニズム論の核心を取り出す。デンマークを代表する思想家の全貌を伝える名著。

2100円+税